1000

jus, boissons vertes et smoothies

1000

jus, boissons vertes et smoothies

DEBORAH GRAY

97-B, Montée des Bouleaux, Saint-Constant, Qc, Canada, J5A 1A9
Internet : www.broquet.qc.ca – Courriel : info@broquet.qc.ca
Tél. : 450 638-3338 – Téléc. : 450 638-4338

Catalogage avant publication de Bibliothèque et Archives
nationales du Québec et Bibliothèque et Archives Canada

Gray, Deborah

    [1000 juices, green drinks & smoothies. Français]

    1000 jus, boissons vertes et smoothies

    Traduction de : 1000 juices, green drinks and smoothies.

    Comprend un index.

    ISBN 978-2-89654-472-1

    1. Jus de fruits. 2. Jus de légumes. 3. Smoothies. 4. Livres de
cuisine. I. Titre. II. Titre : 1000 juices, green drinks & smoothies.
Français. III. Titre : Mille jus, boissons vertes et smoothies.

    TX840.J84G7314 2015   641.87'5   C2014-942553-8

Nous reconnaissons l'aide financière du gouvernement du Canada par
l'entremise du Fonds du livre du Canada pour nos activités d'édition.
Nous remercions également l'Association pour l'exportation du livre
canadien (AELC), ainsi que le gouvernement du Québec : Programme
de crédit d'impôt pour l'édition de livres – la Société de développement des entreprises culturelles (SODEC).

Titre original : *1000 juices, green drinks & smoothies*

Première publication au R.-U. en 2014 par
Apple Press, 74-77 White Lion Street
Londres N1 9PF, Royaume-Uni
www.apple-press.com

Photographe : Simon Pask
Stylistes culinaires : Jessica Moxley, Gemma Stoddart,
                Laura Wathen, Jodene Scott, Freya Matchett, Lucy
                Kingett, Alice Sambrook
Designer : Rod Teasdale
Rédacteur en chef de projet : Katherine Stathers
Directeur artistique : Michael Charles
Directrice de production : Emma Bastow
Éditeur : Mark Searle

Pour l'édition canadienne en langue française

Traduction et adaptation : Jean Roby et Christiane Laramée
Révision : Andrée Laprise, Diane Martin
Infographie : Nancy Lépine

ISBN : 978-2-89654-472-1
Imprimé en Chine

Table des matières

Introduction

En combinant avec art de merveilleux produits frais, les gens redécouvrent la saveur magique des fruits et des légumes. Le régime alimentaire occidental a dévié vers les produits transformés chargés de matières grasses et de glucides et la consommation de fruits et de légumes a décliné. La récente popularité croissante des jus et des smoothies aux fruits frais est, pour l'essentiel, une réaction à ce triste état des choses. On ne considère plus comme une corvée le fait de consommer cinq fruits et légumes par jour selon la recommandation des diététistes : c'est un plaisir.

Ce livre regorge de fantastiques combinaisons de fruits et de légumes pour toute occasion. La plupart sont santé, mais quelques-unes sont des gâteries gourmandes. Les boissons sont réparties en sections pour faciliter votre choix de la boisson idéale pour l'occasion, qu'il s'agisse d'un substitut de déjeuner, d'une boisson revigorante après une séance d'exercices, du dîner des enfants ou d'un cocktail sans alcool avec des amis un soir d'été.

Saines habitudes

Un régime alimentaire bien équilibré, riche en fruits et légumes, est la meilleure garantie de santé pour l'organisme ; il maintient un niveau d'énergie élevé et l'esprit équilibré. Comme il est vital de garder l'organisme bien hydraté, la boisson verte, le jus de fruits ou le smoothie quotidien est le complément idéal du régime alimentaire. Ce livre ne prône pas la fabrication de jus thérapeutiques, mais présente plutôt un vaste éventail de combinaisons de saveurs pour vous aider à diversifier la gamme de fruits et de légumes de votre régime. N'oubliez pas que les jus de fruits en particulier, riches en fructose, ajoutent une bonne dose de calories à votre régime.

SOYEZ CRÉATIF

Les boissons dans ce livre devraient être perçues comme un point de départ. Si vous n'avez pas un ingrédient particulier sous la main, remplacez-le par un autre que vous estimez approprié. De même, ne vous sentez pas lié aux proportions des ingrédients dans les recettes. Presque toutes les saveurs et quantités sont ajustables au goût de chacun. Surtout, soyez créatif. Si vous n'êtes pas sûr d'apprécier la combinaison des asperges et des pommes, extrayez séparément leurs jus, puis combinez-les un peu à la fois pour voir si cela vous plaît.

Jus versus smoothies

Les jus sont exempts de fibres, tandis que les smoothies sont des boissons mixées qui conservent la pulpe et les fibres du fruit. Les fibres sont essentielles pour la santé des systèmes digestif et cardiovasculaire et, aussi, pour assurer l'équilibre du taux de glycémie. Boire des jus ne remplace pas la nécessité de manger des fruits, au contraire de la consommation de fruits en smoothies. Néanmoins, les diététistes affirment qu'un seul jus de fruits par jour peut être inclus dans votre consommation quotidienne de fruits et légumes.

Équipement

Pour réussir vos jus et vos smoothies, vous devez investir dans l'achat de quelques accessoires. Vous aurez besoin de trois éléments principaux : un extracteur à jus pour les fruits et légumes plus fermes, comme les pommes et les carottes ; un mélangeur pour les fruits tendres, comme les pêches et les avocats ; et, au choix, un presse-agrumes pour un jus d'orange parfait.

EXTRACTEURS À JUS

Ce que vous devez déterminer dans ce cas, c'est si vous devez opter pour une centrifugeuse ou un extracteur à broyage.

CENTRIFUGEUSES

La centrifugeuse est l'extracteur à jus le plus courant et le moins coûteux. C'est probablement le meilleur choix si vous êtes un débutant ou si vous ne prévoyez pas extraire des jus à grande échelle. Cet extracteur électrique déchiquette le fruit ou le légume, puis en extrait le jus par rotation à vitesse élevée. La plupart des centrifugeuses sont munies d'un récipient qui recueille le jus et d'un bol qui recueille la pulpe et les résidus fibreux.

EXTRACTEURS À BROYAGE

Ce type d'extracteur est disponible en version électrique ou manuelle ; en général, il est aussi plus coûteux qu'une centrifugeuse. Il broie le fruit ou le légume, puis presse la pulpe qui en résulte à travers un fin maillage. Il est plus efficace que la centrifugeuse, car il produit plus de liquide. Le jus extrait de cette façon contient aussi plus de nutriments et un taux d'enzymes plus élevé.

CONSEILS POUR L'ACHAT D'UN EXTRACTEUR À JUS

Sera-t-il facile à nettoyer ? Ayez l'œil pour les recoins difficilement accessibles et les pièces difficiles à démonter. Va-t-il au lave-vaisselle ?

Sera-t-il facile d'insérer les fruits et les légumes ? Recherchez une cheminée d'accès large.

Vérifiez la contenance du collecteur de pulpe.

La pulpe passe-t-elle de façon continue dans le bol ou s'accumule-t-elle dans le panier filtrant ?

Pouvez-vous voir ce qui se passe quand vous l'utilisez ?

Quelle est la puissance de l'appareil ? Certains extracteurs à jus ont un wattage plus élevé, tandis que d'autres sont pourvus d'un réglage de puissance multiple et d'une touche pulsion très pratique.

MÉLANGEURS

Il s'agit de récipients en verre ou en plastique à la base desquels de petites lames sont actionnées par un moteur. Ce sont les appareils classiques pour fabriquer smoothies et laits frappés. Ils réduisent en purée très efficacement les fruits tendres quand on ajoute un peu de liquide. Certains appareils sont dotés de moteurs puissants leur permettant de broyer la glace. Si vous achetez un mélangeur dans le but spécifique de faire des smoothies, il vaut la peine de payer un peu plus cher pour un appareil doté d'un moteur puissant.

ROBOTS CULINAIRES

Ces appareils polyvalents sont souvent munis d'un accessoire mélangeur. Certains sont munis aussi d'accessoires de centrifugeuse, de presse-agrumes et de broyage de glace. En général, quoiqu'ils soient moins efficaces qu'un mélangeur pour produire des smoothies, ils sont néanmoins en mesure de faire de bons smoothies et, avec l'accessoire adéquat, de bons jus.

MÉLANGEURS À IMMERSION

Aussi appelés mélangeurs à main, ces appareils peuvent faire de bons smoothies, mais leur moteur est relativement petit et ne peut traiter que de faibles quantités de fruits tendres. Si vous prévoyez faire fréquemment des smoothies, il est préférable d'investir dans un mélangeur sur socle.

PRESSE-AGRUMES

Ils sont disponibles en quatre versions : presse-agrumes électrique ; presse-agrumes à levier manuel, qui presse le jus dans un récipient ; presse-agrumes manuel en trois formats, pour les oranges, les citrons et les limes ; presse-agrumes manuel, où la main exerce la pression et le jus passé est recueilli dans un récipient.

NETTOYER VOTRE APPAREIL

On n'y échappe pas : nettoyer un extracteur à jus ou un mélangeur est une tâche ennuyeuse. Il est vrai aussi qu'y voir dès après usage est la meilleure chose à faire, et de loin, car la pulpe de fruits séchée sur le broyeur et les lames est beaucoup plus difficile à enlever.

Démontez votre extracteur à jus ou votre mélangeur et utilisez une petite spatule flexible pour retirer le maximum de résidus de pulpe (excellents pour le compostage). Rincez toutes les pièces non électriques à l'eau courante pour chasser la plupart des résidus restants, puis faites-les tremper brièvement dans l'eau chaude. Ensuite, lavez les pièces à la main avec une brosse à vaisselle ou mettez-les dans le lave-vaisselle (si elles résistent au lave-vaisselle). Essuyez le boîtier du moteur et les autres éléments fixes de l'appareil avec un linge humide.

ÉQUIPEMENT ADDITIONNEL

Outre les gros appareils, beaucoup d'accessoires de cuisine s'avéreront pratiques.

PLANCHES À DÉCOUPER

Il est pratique d'en avoir une grande et une petite sous la main. Les modèles en plastique sont plus faciles à nettoyer que ceux en bois, surtout pour des ingrédients au goût prononcé, comme le gingembre, et les fruits et légumes qui tachent, comme les betteraves et les petits fruits. Pour faire disparaître la plupart des taches, faites tremper dans une solution de deux parties d'eau et une partie de vinaigre blanc.

COUTEAUX

Le couteau de chef est pratique pour découper l'écorce des ananas et des melons, tandis que le couteau à fruits sert plus à couper les pêches et les poires. Pour certaines tâches, un couteau denté sera commode. N'oubliez pas qu'une lame affûtée est plus sécuritaire qu'une lame émoussée.

TASSES ET CUILLÈRES À MESURER

Un gros récipient de 1 litre (4 tasses), un ensemble de tasses à mesurer, de préférence pourvues d'un bec verseur, et un ensemble de cuillères à mesurer seront utiles pour réaliser les recettes de ce livre.

TAMIS

Ces ustensiles sont pratiques pour retirer les graines des petits fruits et la pelure des fruits, comme les abricots et les tomates, qu'on a mixés. Éviter d'utiliser des tamis en métal, car ils peuvent réagir à l'acide des fruits et affecter leur saveur ; parfois, des fruits comme les prunes virent au noir.

AUTRES ACCESSOIRES

Râpe – La râpe-zesteur Microplane est idéale pour prélever le zeste des agrumes.

Zesteur – Un petit zesteur manuel râpe le zeste du fruit grâce à des trous à la surface du couteau. Les longues lanières qui en résultent font de jolies garnitures. Certains modèles sont munis d'une deuxième lame pour des lanières plus épaisses.

Spatule en caoutchouc – Cette spatule souple est idéale pour gratter jusqu'à la dernière goutte de smoothie dans le récipient, mais aussi pour nettoyer l'équipement.

Éplucheur – Cet ustensile est plus facile à utiliser qu'un couteau pour peler des fruits et des légumes comme les pommes et les carottes.

Brosse à légumes – Pour extraire le jus des fruits et des légumes, il n'est pas nécessaire de les peler. Toutefois, ils doivent être nettoyés à fond et exempts de cire : pour ce faire, la brosse à légumes est essentielle.

Cuillère à crème glacée – Une cuillère solide en acier est ce qu'il y a de mieux pour la crème glacée dure et les sorbets utilisés pour les laits frappés et les boissons glacées.

Vide-pomme – Retirer le cœur des pommes et des poires est un jeu d'enfant avec cet ustensile. Ce n'est pas nécessaire pour l'extraction du jus, mais ce l'est pour les boissons mixées.

Dénoyauteur – Quoique cet ustensile relève de l'équipement spécialisé, il simplifie beaucoup le dénoyautage des olives et des cerises.

Tiroirs à glace – Recherchez des tiroirs flexibles dont on peut retirer aisément les glaçons.

Seau à glace – C'est un accessoire utile pour garder le jus au frais, surtout quand on reçoit.

VERRES ET CARAFES

Les smoothies et les jus sont des boissons à savourer et à partager. Par conséquent, recherchez un assortiment de verres et de carafes aux formes et aux couleurs qui s'harmoniseront à vos boissons. Ne vous limitez pas aux boutiques d'articles pour la maison et aux grands magasins, mais furetez aussi dans les ventes-débarras et les boutiques d'entraide. Les verres en plastique sont essentiels pour les excursions et les réceptions en plein air, quand les enfants sont en liberté.

Techniques d'extraction et de mixage de jus

Ce qui suit est un ensemble de conseils pour tirer le maximum de votre extracteur à jus ou de votre mélangeur.

EXTRACTEURS À JUS

PRÉPARATION DES FRUITS ET DES LÉGUMES

Lavez et brossez tous les fruits qui ne seront pas pelés. Cela les débarrasse de toute saleté et de tout résidu chimique vaporisé. Pour éliminer la cire dont on les enduit pour prolonger leur durée de conservation, utilisez quelques gouttes de savon à vaisselle et frottez bien avec une brosse à légumes, puis rincez à fond.

Il n'est pas requis de peler et d'enlever le cœur de la plupart des fruits et des légumes ; toutefois, ils doivent être coupés en morceaux qui s'inséreront dans la cheminée d'accès de l'appareil. Par exemple, les pommes doivent être coupées en quartiers, tandis que les melons doivent êtres tranchés.

Coupez en deux les fruits à noyau, comme les pêches et les mangues, et tordez-les légèrement pour séparer les deux moitiés. Retirez délicatement le noyau.

Vous devez peler les agrumes pour éviter que le goût amer du zeste ne gâche la saveur plus délicate du jus. Ensuite, coupez le fruit en gros morceaux.

Évitez les fruits et les légumes très tendres qui peuvent engorger l'appareil. Si celui-ci se bouche, ajoutez un fruit ou un légume plus ferme, comme une pomme ou une carotte.

Choisissez des fruits et des légumes qui sont presque mûrs plutôt que très mûrs, car ils produisent le maximum de jus et de saveur.

TRANSFORMATION DES FRUITS ET DES LÉGUMES

Assurez-vous toujours que toutes les pièces de l'appareil sont en place et que le récipient se trouve sous le bec verseur.

Utilisez le poussoir inclus pour introduire les ingrédients dans l'extracteur à jus.

Poussez les fruits et les légumes à un rythme régulier.

Les forcer à un rythme trop rapide peut engorger l'appareil.

Pour le meilleur fonctionnement de l'appareil, alternez les ingrédients tendres et les ingrédients fermes. En outre, alimenter l'appareil de cette façon favorise le mélange des jus.

SAVOURER LES JUS

Pour éviter que le jus ne brunisse, buvez-le dès que possible après l'avoir mixé. Si vous devez le conserver pendant un certain temps, vous pouvez y ajouter un peu de jus de citron ou de la poudre de vitamine C.

Si la saveur du jus est trop intense, diluez-le avec un peu d'eau filtrée ou d'eau minérale. On devrait toujours servir des jus dilués aux enfants.

Comme la teneur en fructose – sucre naturel des fruits – des jus de fruits est élevée, diluez-les pour éviter un pic initial de concentration de sucre suivi par une chute du taux d'énergie. Comme la teneur en sucre des jus de légumes est moins élevée, ils n'exigent pas d'être dilués à cette fin.

MÉLANGEURS

PRÉPARATION DES FRUITS ET DES LÉGUMES

Pelez tous les fruits et légumes dont la pelure est non comestible, comme les avocats, les bananes, les kiwis, les mangues, les papayes et les ananas. Pelez aussi les fruits dont la pelure est comestible, comme les pommes, les poires, les pêches et les prunes, quand vous désirez obtenir un smoothie lisse et velouté. Ou bien, mixez-les avec leur pelure, puis passez-les dans un tamis non métallique avant de les servir.

Ôtez le cœur de fruits comme les pommes et les poires. Dénoyautez les fruits à noyau et retirez les pépins des raisins.

Coupez tous les fruits en morceaux assez petits pour les insérer dans la cheminée du robot culinaire ou les accumuler au fond du mélangeur.

Les fruits à petites graines, commes les framboises, les fraises, les fruits de la Passion, les goyaves et les kiwis, doivent être transformés

entiers ou coupés en deux. Ensuite, le smoothie fini doit être passé dans un tamis non métallique à l'aide d'une spatule.

TRANSFORMATION DES FRUITS ET DES LÉGUMES

Dans un mélangeur, ajoutez le liquide avec le fruit et mixez à basse vitesse jusqu'à ce que le fruit soit découpé en petits morceaux uniformes ; ensuite, mixez à vitesse élevée jusqu'à ce que le tout soit lisse. Ajoutez des glaçons selon les recommandations du fabricant du mélangeur.

Dans un robot culinaire, ajoutez tous les fruits et les légumes dans le bol de l'appareil, puis actionnez pour obtenir une pulpe épaisse et lisse. Ajoutez le liquide, puis remettez en marche jusqu'à ce que le mélange soit homogène. En général, l'usage de glaçons n'est pas recommandé.

Avec un mélangeur à main, n'utilisez que des fruits très tendres, comme les pêches, les bananes et les petits fruits. Mixez les fruits dans un pot ou un bol profond, puis ajoutez le liquide et mixez jusqu'à ce que ce soit homogène. N'ajoutez pas de glaçons.

SÉCURITÉ AVANT TOUT

Débranchez toujours l'appareil avant de le démonter ou d'introduire des ustensiles dans le récipient.

GLACE

Utilisez des glaçons dans le mélangeur pour rafraîchir les boissons et les épaissir. Pour éviter de les diluer, fabriquez des glaçons aromatisés au jus de fruit. Il est toujours pratique d'avoir sous la main des glaçons de jus d'orange (*idem* pour des glaçons de jus de pastèque), car ils se combinent bien avec la plupart des autres saveurs de fruits.

Pour obtenir des glaçons différents, ajoutez quelques petits fruits, des graines de grenade, une petite feuille d'herbe fine, une fleur comestible ou un zeste d'agrume.

Si votre mélangeur ne peut broyer la glace, faites-le à la main. Placez les glaçons au centre d'un linge à vaisselle propre, puis repliez le linge pour les enfermer, ou mettez-les dans un sac en plastique résistant. Écrasez-les avec un maillet, un rouleau à pâtisserie ou une petite poêle lourde. Conservez au congélateur dans un sac en plastique jusqu'à ce que vous en ayez besoin.

guide des fruits

AGRUMES

Avec les pommes, les agrumes sont la pierre d'angle du répertoire des jus. La saveur acidulée rafraîchissante du jus d'orange donne le coup d'envoi traditionnel de la journée. Tous les agrumes se combinent bien aux autres jus et peuvent contribuer à équilibrer l'intense saveur sucrée de certains fruits, comme l'ananas et la poire.

Achetez des fruits qui semblent lourds pour leur taille : un fruit plus léger indique souvent un vieux fruit dont le jus s'est asséché. Évitez tout fruit dont la pelure présente des taches humides et pâles ou, dans le cas des limes, des taches jaunâtres. Achetez des fruits biologiques, surtout si vous utilisez le zeste. Dans tous les cas, lavez-les bien pour éliminer la cire et les pesticides. La plupart des oranges se conservent environ une semaine dans un lieu frais et sec. Les fruits se conservent plus longtemps au réfrigérateur, mais remettez-les à la température ambiante avant d'en extraire le jus.

Pour un rendement maximal quand vous extrayez le jus des agrumes, coupez le fruit en deux et utilisez un presse-agrumes. Si vous utilisez un extracteur à jus, ôtez la pelure, mais laissez la peau blanche afin de profiter des bioflavonoïdes, qui facilitent l'absorption de la vitamine C. Coupez en morceaux pour les insérer dans la cheminée. Il n'est pas requis d'enlever les pépins, car ils sont riches en calcium, magnésium et potassium. Pour mixer, ôtez la pelure, la peau blanche et les pépins, puis coupez en morceaux adaptés à la cheminée ; les petits agrumes peuvent être transformés entiers ou coupés en deux.

ORANGES

Il y a deux catégories d'oranges : douces et amères. La plupart des oranges sont douces, riches en fructose et très riches en vitamine C. Les oranges sanguines sont particulièrement douces et produisent un beau jus, rose ou rouge. Ajoutez du jus de citron, de lime ou de pamplemousse pour contrebalancer le goût sucré du jus d'orange, ou buvez-le dilué. On ne recommande pas les oranges amères, surtout les oranges de Séville, pour l'extraction du jus : le goût est très acide et la pelure, épaisse.

Calories : 48 par 100 g (3 ½ oz)
Pour 100 ml (3 ½ oz) de jus : 1 grosse orange

Bienfaits pour la santé
Les agrumes sont très riches en vitamine C, qui stimule le système immunitaire pour combattre les rhumes et la grippe, et riches aussi en d'autres antioxydants qui favorisent la santé et le bien-être général. Les fibres dans les oranges sont bonnes pour la santé du côlon.

CITRONS

Les citrons contiennent deux fois plus de vitamine C que les oranges, mais comme ils sont très amers et acides, il faudrait toujours boire leur jus dilué. Achetez toujours des fruits vivement colorés, car ils pâlissent avec l'âge. Pour maximiser le rendement, utilisez-les à la température ambiante ou chauffez-les 10 secondes au micro-ondes, puis roulez-les entre vos paumes ou sur le comptoir avant d'en extraire le jus.

Calories : 29 par 100 g (3 ½ oz)
Pour 100 ml (3 ½ oz) de jus : 2 citrons

Bienfaits pour la santé
Très riche en vitamine C, le citron stimule le système immunitaire ; en outre, il est bon pour la santé de la peau et des cheveux. Utilisé traditionnellement pour la santé du foie et des reins. La plupart des minéraux essentiels requis par l'organisme sont présents dans le citron.

LIMES

De petite taille et vert vif avec une chair vert pâle, les limes ont un goût acide rafraîchissant, souvent utilisé pour rehausser la saveur d'autres fruits. Les variétés courantes comprennent la lime de Tahiti ou de Perse, variété à pelure épaisse la plus cultivée à des fins commerciales, et la lime des Keys (ou mexicaine, ou des Antilles), plus petite, à pelure plus mince et au goût plus vif. Utilisées comme les citrons, elles sont néanmoins plus acides et contiennent 21 mg de vitamine C par 100 g (3 ½ oz), par rapport aux 53 mg des citrons.

Calories : 30 par 100 g (3 ½ oz)
Pour 100 ml (3 ½ oz) de jus : 3 limes

Bienfaits pour la santé
Riche en vitamine C, la lime stimule le système immunitaire. Elle était le remède initial contre le scorbut.

PAMPLEMOUSSES

Le plus gros des agrumes courants, le pamplemousse peut être jaune, avec un goût acide très amer, mais il s'adoucit en variantes roses à rouge rubis, à saveur douce-amère.

Calories : 42 par 100 g (3 ½ oz)
Pour 100 ml (3 ½ oz) de jus : ½ pamplemousse

Bienfaits pour la santé
Riche en vitamine C, le pamplemousse stimule le système immunitaire. On pense que le lycopène, qui le colore en rose ou rouge, peut protéger contre certains cancers. On pense aussi qu'il favorise la réduction du cholestérol.

Mise en garde – Le pamplemousse devrait être évité avec certains médicaments, dont quelques types de chimiothérapie et d'inhibiteurs calciques ; en cas de doute, consultez un médecin.

AUTRES AGRUMES

Ceux-ci comprennent les mandarines, clémentines, satsumas et tangelos : tous des croisements d'oranges avec d'autres agrumes et tous plus doux que les oranges. L'ugli est un gros agrume, à saveur douce et sucrée, qui est excellent pour le jus. Le minneola est un agrume doux contenant peu de pépins. Le pomélo a une saveur d'orange et de pamplemousse, mais il est moins juteux, donc moins bon pour le jus. Le kumquat est un petit cousin dont on peut extraire le jus ou qu'on utilise entier dans les smoothies, avec discrétion ; il garnit bien les verres.

FRUITS DU VERGER

Fruits du verger les plus courants, les pommes et les poires sont disponibles toute l'année. Leurs jus doux et sucrés sont à la base de nombreux mélanges. Ils se combinent bien avec la plupart des fruits et des légumes. Les deux s'oxydent (virent au brun) très vite et, donc, buvez-les dès que possible, ou ajoutez-leur quelques gouttes de citron ou une pincée de poudre de vitamine C.

Achetez des fruits fermes, sans tache, biologiques si possible, pour minimiser les résidus de pesticides. Conservez les pommes et les poires dans un lieu sombre et frais.

POMMES

La pomme est le fruit le plus polyvalent qui soit et il en existe des centaines de variétés. Parmi les variétés commerciales, Golden Delicious, Royal Gala, McIntosh et Pink Lady sont de bons choix pour un jus sucré, tandis que la Granny Smith donne un jus plus acidulé. Les pommes Cox, au goût délicieux et unique, produisent un jus plus épais, qui brunit plus vite que celui des autres variétés.

Pour extraire le jus, ôtez le pédoncule et coupez en quartiers. Les pépins étant comestibles et contenant du potassium, il n'est pas nécessaire de les ôter.

Pour mixer, pelez, ôtez le cœur et hachez pour insérer dans la cheminée.

Calories : 52 par 100 g (3 ½ oz)
Pour 100 ml (3 ½ oz) de jus : 2 pommes

Bienfaits pour la santé
La pomme est riche en pectine, qui réduit le cholestérol et maintient une bonne santé digestive ; en acide malique, bon aussi pour la digestion ; et en vitamine C, pour le système immunitaire. Bonne pour détoxifier.

POIRES

Les poires sont plus douces que les pommes et leur goût subtil est vite submergé par d'autres saveurs. Pour cette raison, les poires sont bonnes pour contrebalancer des saveurs prononcées de légumes. Pour extraire le jus, utilisez des poires mûres mais fermes – les poires tendres bouchent rapidement les extracteurs. Les poires juteuses et mûres se mixent bien. Comice, Conference et Bosc sont de bonnes variétés.

Pour extraire le jus, ôtez le pédoncule et coupez en quartiers. Les pépins étant comestibles, il n'est pas nécessaire de les ôter.

Pour mixer, pelez, ôtez le cœur et hachez pour insérer dans la cheminée.

Calories : 57 par 100 g (3 ½ oz)
Pour 100 ml (3 ½ oz) de jus : 2 poires

Bienfaits pour la santé
La poire est riche en fibres, ce qui est bon pour la santé digestive et réduire le cholestérol. Le lévulose, sucre naturel des poires, est mieux toléré par les diabétiques que la plupart des sucres de fruits. La poire est très riche en vitamines C, pour stimuler le système immunitaire, et K, pour les os, le sang et le fonctionnement du cerveau. Bonne pour détoxifier.

FRUITS À NOYAU

Les prunes, les abricots et les cerises sont des fruits à noyau ; en outre, ils sont plus saisonniers que les fruits du verger. Ils font de délicieux jus sucrés.

Choisissez des fruits sans tache, fermes au toucher, mais qui cèdent un peu quand on les presse légèrement. La peau devrait être vivement colorée et parfumée. La meilleure façon de conserver les fruits du verger tendres, c'est au réfrigérateur une fois qu'ils sont mûrs. Lavez à fond si vous ne les pelez pas.

On peut peler ces fruits ainsi : submergez-les 20 secondes dans l'eau bouillante, puis plongez-les dans l'eau froide. La pelure devrait se détacher aisément.

PÊCHES ET NECTARINES

Ces deux fruits sont interchangeables, quoique la nectarine donne un peu plus de jus, tandis que la pêche est un peu plus sucrée. Les deux donnent plus de jus au mélangeur qu'à l'extracteur. Comme le jus est assez épais, on peut le diluer avec de l'eau.

Pour extraire le jus et mixer, coupez en deux et dénoyautez, puis coupez pour insérer dans la cheminée. Les pêches devraient être pelées avant d'être mixées.

Calories : 60 (pêches), 45 (nectarines) par 100 g (3 ½ oz)
Pour 100 ml (3 ½ oz) de jus : 2 fruits

Bienfaits pour la santé

La pêche et la nectarine sont riches en vitamine C, en bêtacarotène et autres antioxydants qu'on pense bénéfiques pour la vision, la santé digestive et la prévention de certaines maladies du vieillissement et possiblement certains cancers. Ces fruits sont faciles à digérer et légèrement laxatifs.

PRUNES

La couleur des prunes peut varier du pourpre foncé au jaune. Elles sont sucrées et juteuses quand elles sont mûres, mais amères si elles ne le sont pas. Leur meilleur usage, c'est associées à d'autres fruits et, si elles ne sont pas mûres, elles peuvent contrebalancer des fruits plus sucrés. Parmi les fruits apparentés, on compte la prune de Damas et la reine-claude. Les pruneaux sont des prunes séchées, qu'on peut utiliser réhydratés.

Pour extraire le jus et mixer, coupez en deux et dénoyautez.

Calories : 38 par 100 g (3 ½ oz)
Pour 100 ml (3 ½ oz) de jus : 4 à 6 prunes

Bienfaits pour la santé

La prune est riche en vitamine A, pour la santé des yeux, des os et du système reproducteur, et en antioxydants, pour la santé générale. Elle a aussi de bonnes propriétés laxatives, notamment sous forme de pruneau.

CERISES

Disponibles en nombreuses variétés, les cerises douces sont préférables pour le jus. Choisissez des cerises mûres, car elles ne mûrissent plus une fois cueillies. Bonnes à utiliser en petites quantités combinées avec d'autres fruits.

Pour extraire le jus et mixer, coupez en deux et dénoyautez, de préférence avec un dénoyauteur.

Calories : 48 par 100 g (3 ½ oz)
Pour 100 ml (3 ½ oz) de jus : environ 170 g (6 oz)

Bienfaits pour la santé

La cerise est riche en vitamine B2, pour libérer l'énergie ; en bêtacarotène et autres antioxydants pour la santé générale et la prévention de maladies ; et en vitamines A et C. Traditionnellement, on l'utilisait comme analgésique, pour traiter la goutte. La cerise noire est bonne aussi pour la santé dentaire.

PETITS FRUITS

Les baies et les groseilles sont fantastiques pour donner des couleurs vives et intenses aux smoothies et frappés. Nul besoin d'une grosse quantité, une petite poignée suffit pour faire la différence.

Prenez toujours soin de vérifier les petits fruits préemballés pour vous assurer qu'ils sont mûrs uniformément et qu'il n'y a pas de baies écrasées ou moisies sous la couche supérieure. En général, ces petits fruits sont disponibles en été et devraient être consommés dès que possible après l'achat ; s'ils sont conservés au réfrigérateur, ils devraient durer un jour ou deux. Si vous achetez des petits fruits que vous ne pouvez manger dans ce laps de temps, mettez-les en une seule couche sur des plaques à pâtisserie, congelez-les, puis transférez-les dans un contenant en plastique ou un sac de congélation refermable. Les baies se congèlent bien et, une fois congelées, on peut les utiliser dans toutes les recettes du livre, soit décongelées, soit congelées pour un effet glacé.

Pour extraire le jus, notez que les baies se transforment mal, car elles bouchent l'appareil. Si vous devez en extraire le jus, traitez de petites quantités à la fois et alternez avec des fruits plus fermes. Il n'est pas nécessaire d'ôter les feuilles, ou calice, des fraises.

Pour mixer, ôtez les feuilles, les pédoncules, y inclus le calice des fraises. Tous les smoothies et frappés aux petits fruits contiendront de minuscules graines. Si cela vous déplaît, passez les boissons dans un tamis non métallique avant de servir, mais rappelez-vous que cela réduira la quantité de fibres alimentaires dans la boisson finale.

BAIES D'AÇAÏ

La baie est un petit fruit violet foncé, produit par le palmier açaï d'Amazonie. On trouve rarement des baies fraîches sur le marché, mais elles sont disponibles surgelées, la plupart du temps sous forme de purée. Étonnamment, la baie d'açaï contient environ 50 % de matière grasse, dont 75 % sont des omégas (les bons acides gras).

Calories : 70 par 100 g (3 ½ oz)
Pour 100 ml (3 ½ oz) de jus : environ 200 g (7 oz)

Bienfaits pour la santé

La baie d'açaï est très riche en antioxydants et en vitamine A, ce qui est bon pour les yeux, la croissance et le développement, de même que la protection des cellules de l'organisme contre plusieurs dangers, dont les polluants. Elle contient des quantités utiles de calcium pour les os et la régulation de la pression artérielle. Parfois vantées pour leur utilité dans la perte de poids, les baies d'açaï sont utilisées traditionnellement pour soigner la diarrhée, les hémorragies et les ulcères, et contre les parasites.

MÛRES

Quoique disponibles dans les épiceries, la façon la plus agréable de se procurer des mûres, c'est de les cueillir en pleine nature. Cueillez-en autant que vous voulez, puis congelez votre butin. Les mûres produisent un jus pourpre foncé.

Calories : 30 par 100 g (3 ½ oz)
Pour 100 ml (3 ½ oz) de jus : environ 200 g (7 oz)

Bienfaits pour la santé

La mûre est riche en antioxydants pour la santé générale, en vitamine C pour le système immunitaire et en fibres (notamment, si on ne tamise pas le jus). Elle contient aussi des quantités utiles de vitamine K et de manganèse, un oligoélément essentiel.

BLEUETS

Les bleuets produisent un jus de couleur bleu foncé sans pareil qui dominera tout autre jus coloré du mélange. Ils sont disponibles toute l'année, quoiqu'ils aient une courte saison naturelle en été. Excellents s'ils sont congelés.

Calories : 57 par 100 g (3 ½ oz)
Pour 100 ml (3 ½ oz) de jus : environ 200 g (7 oz)

Bienfaits pour la santé

Le bleuet est riche en pigments antioxydants, en vitamines C et K, et en manganèse pour la santé générale. Ce petit fruit est bon pour le système nerveux, le cerveau et la santé du cœur.

CANNEBERGES

Ce sont des baies d'hiver, au goût amer, qui doivent de ce fait être combinées avec des fruits sucrés ou du sucre. Elles s'associent particulièrement bien aux oranges, aux pommes et aux poires.

Calories : 46 par 100 g (3 ½ oz)
Pour 100 ml (3 ½ oz) de jus : environ 200 g (7 oz)

Bienfaits pour la santé

La canneberge est riche en vitamine C pour le système immunitaire, en fibres et en manganèse. Célèbre surtout pour le traitement des infections du système urinaire, elle procure aussi des effets anti-inflammatoires et des bienfaits au système cardiovasculaire et à des parties du système digestif.

GROSEILLES À GRAPPES

Les groseilles noires sont plus courantes, quoiqu'on trouve aussi les rouges et les blanches.

Calories : 71 par 100 g (3 ½ oz)
Pour 100 ml (3 ½ oz) de jus : environ 150 g (5 ¼ oz)

Bienfaits pour la santé

La groseille est très riche en vitamine C et utilisée couramment pour survolter le système immunitaire. C'est une bonne source de potassium et de manganèse et, traditionnellement, on l'utilise pour soigner le rhume, la grippe, l'arthrite et la diarrhée, et comme diurétique. Les graines contiennent des acides gras essentiels utiles à la santé des femmes.

RAISINS

On trouve des variétés de raisins noirs, rouges et verts (ou blancs), avec ou sans pépins. Ils produisent un jus doux et parfumé qui s'associe bien à d'autres fruits, notamment à des jus plus épais qui requièrent d'être éclaircis, et aux jus de légumes.

Calories : 69 par 100 g (3 ½ oz)
Pour 100 ml (3 ½ oz) de jus : environ 150 g (5 ¼ oz)

Bienfaits pour la santé

Le raisin est une bonne source de vitamines C, pour un système immunitaire renforcé, et K, pour les os, le sang et le fonctionnement du cerveau. On pense que le resvératrol, présent dans la peau et les pépins des raisins rouges et noirs, a des effets bénéfiques sur le système cardiovasculaire.

FRAMBOISES

Aussi délicieuses que colorées, les framboises constituent un ajout merveilleux aux boissons aux fruits. Comme elles sont fragiles et sujettes à moisir, traitez-les avec soin. Elles se congèlent particulièrement bien ou peuvent être achetées surgelées.

Calories : 50 par 100 g (3 ½ oz)
Pour 100 ml (3 ½ oz) de jus : environ 200 g (7 oz)

Bienfaits pour la santé

La framboise est riche en vitamine C pour le système immunitaire ; en vitamine B6 pour les protéines ; en sucre et en acides gras pour le métabolisme ; en magnésium et en fer. On les utilisait traditionnellement pour entretenir le système digestif, calmer l'indigestion et la diarrhée, et pour le bien-être des femmes durant les menstruations.

FRAISES

Quoique disponibles toute l'année, les fraises fraîches estivales sont gorgées d'une saveur intense par rapport au goût terne des fraises forcées et hors saison du commerce. Il vaut mieux congeler les fraises d'été qu'utiliser les autres. Les fraises congelées perdent leur texture, mais cela importe peu si on les destine au mélangeur. Équeuter les fraises signifie ôter le calice, ce qui devrait être fait avant de les mixer. Mélangées avec un peu de jus de citron, leur saveur s'en trouve rehaussée ; elles s'associent bien aussi à d'autres fruits, notamment les bananes et les framboises.

Calories : 33 par 100 g (3 ½ oz)
Pour 100 ml (3 ½ oz) de jus : environ 200 g (7 oz)

Bienfaits pour la santé

La fraise est riche en pectine et en acide ellagique pour purifier et détoxifier l'organisme, et en vitamine C pour stimuler le système immunitaire. C'est une bonne source de potassium et de magnésium.

FRUITS TROPICAUX

À une époque, ces fruits étaient un cadeau du temps des Fêtes, mais ils sont disponibles désormais sur le marché toute l'année. Les melons et les ananas sont excellents pour l'extraction de jus, mais la plupart des autres conviennent mieux au mélangeur.

AVOCATS

Les avocats sont considérés comme des fruits sucrés dans leurs pays d'origine, mais sont utilisés comme légumes dans les autres régions du globe. Ils ne conviennent pas du tout à l'extracteur à jus, mais peuvent être mélangés à des jus de fruits pour des smoothies ou à des tomates et du concombre pour des boissons vertes. La chair brunissant vite, il faut y ajouter un peu de jus de citron ou de lime.

Pour mixer, coupez en deux, tordez délicatement pour ôter le noyau, pelez et coupez en morceaux.

Calories : 224 par 100 g (3 ½ oz)

Bienfaits pour la santé

Très riche en potassium et en acides gras essentiels, l'avocat offre le taux de protéines le plus élevé parmi les fruits. Riche aussi en acide folique, en vitamines A, C et E, et la plupart des vitamines du complexe B, et d'une vaste gamme de minéraux. Un excellent fruit pour la santé générale.

BANANES

Les bananes étant devenues un aliment de base dans le monde entier, on oublie souvent qu'elles sont des fruits tropicaux. Elles ne conviennent pas à l'extracteur, car elles bouchent l'appareil. Par contre, elles sont excellentes dans les smoothies et les frappés, car elles se mixent avec succès et utilement pour donner du corps aux jus de fruits plus clairs. Choisissez des fruits mûrs et sans tache pour leur saveur et leur goût sucré. On peut les peler et les congeler, sans les décongeler pour les smoothies. C'est une bonne façon d'utiliser les bananes qui brunissent dans le bol à fruits. Comme elles brunissent rapidement, elles bénéficient de l'ajout de quelques gouttes de citron, à moins qu'on ne le mixe avec un autre fruit acide.

Pour mixer, pelez et brisez en gros morceaux. Peut être mixée jusqu'à ce qu'elle soit lisse avant d'ajouter d'autres ingrédients.

Calories : 89 par 100 g (3 ½ oz)

Bienfaits pour la santé

La banane est une bonne source de vitamine B6 pour le métabolisme des protéines, du sucre et des acides gras ; de vitamine C ; et riche en fibres alimentaires, pour la santé de l'intestin. Elle contient aussi un taux élevé de potassium, nécessaire pour le fonctionnement des nerfs, des reins et du cerveau ; en outre, elle contrebalance le sel, ce qui contribue à abaisser la tension artérielle.

KIWIS

On les appelle parfois groseilles de Chine, leur pays d'origine, mais leur culture est désormais courante en Nouvelle-Zélande. À l'achat, la peau velue devrait être exempte de rides et ferme au toucher.

Pour extraire le jus et mixer, pelez et hachez au besoin pour insérer dans la cheminée.

Calories : 61 par 100 g (3 ½ oz)
Pour 100 ml (3 ½ oz) de jus : 3 kiwis

Bienfaits pour la santé

Riche en vitamine C pour le système immunitaire et l'un des rares fruits à contenir de la vitamine E, pour une peau saine, et de la vitamine K pour les os, le sang et le fonctionnement du cerveau. Le kiwi est aussi une bonne source de potassium, de cuivre et de fibres. On l'inclut souvent dans les régimes de détoxification et de purification et il contribue à la bonne santé digestive.

MANGUES

Fruits populaires ayant une chair orangée, sucrée et parfumée, les mangues sont disponibles en plusieurs variétés, mais beaucoup de gens disent qu'Alphonso est la meilleure. Choisissez des mangues sans tache, qui cèdent légèrement sous la pression et qui dégagent un léger arôme de fleur. Pour la préparation, fendez d'un côté jusqu'au grand noyau plat, découpez des carrés, puis pressez depuis le côté pelure pour dégager les carrés de fruit. Séparez les morceaux de la pelure, puis répétez de l'autre côté.

Pour extraire le jus, coupez en deux, ôtez le noyau, coupez en morceaux.

Pour mixer, dénoyautez, coupez en morceaux et pelez comme nous l'avons décrit ci-dessus.

Calories : 60 par 100 g (3 ½ oz)
Pour 100 ml (3 ½ oz) de jus : ½ mangue

Bienfaits pour la santé
La mangue est riche en vitamine C pour le système immunitaire et très riche en vitamine A (bêtacarotène) pour les yeux, des muqueuses saines et une belle peau. Elle est riche aussi en fibres et en potassium.

MELONS

Ils appartiennent à la famille des courges et comptent de nombreuses variétés : cantaloup, charentais, melon Galia, melon miel Honeydew, melon à cornes, melon Ogen, melon brodé, melon de Montréal et pastèque (melon d'eau), pour n'en nommer que quelques-uns. Ils sont mûrs quand ils sont lourds et que, sous une pression légère près du pédoncule, ils cèdent légèrement et dégagent un parfum. Le jus de melon est joli en soi et ses nutriments sont plus efficaces consommés sous cette forme, mais il s'associe bien à d'autres jus, notamment à goût prononcé comme l'orange et l'ananas.

Pour extraire le jus, les peler est optionnel, car la pelure contient de bonnes quantités de nutriments. Coupez en quartiers pour les insérer dans la cheminée.

Pour mixer, pelez, ôtez les graines et tranchez pour insérer dans la cheminée.

Calories : 36 (cantaloup), 30 (pastèque) par 100 g (3 ½ oz)

Pour 100 ml (3 ½ oz) de jus : ¼ cantaloup, 125 g (4 ½ oz) de morceaux de chair de pastèque

ANANAS

Ces gros fruits distinctifs ont une saveur sucrée prononcée qui doit être mixée avec d'autres fruits avec soin, sans quoi elle domine tout. Un ananas mûr devrait avoir un parfum fort. La couleur de l'écorce indique moins sa maturité, car certains ananas sont mûrs quand ils sont verts. Recherchez plutôt une écorce sans rides et des feuilles vertes saines.

Pour extraire le jus, pelez et hachez en morceaux pour les insérer dans la cheminée. N'ôtez pas le cœur.

Pour mixer, préparez comme pour en extraire le jus, mais ôtez le cœur.

Calories : 50 par 100 g (3 ½ oz)
Pour 100 ml (3 ½ oz) de jus : ¼ ananas

Bienfaits pour la santé
L'ananas contient de la broméline, une enzyme qui décompose les protéines et qui est utile contre les maux de digestion, mais aussi pour purifier le sang et décomposer les caillots de sang. C'est aussi une bonne source des vitamines C et B6, de fibres, de manganèse et de cuivre.

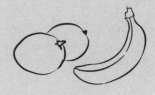

Légumes

BETTERAVE

La betterave produit un jus rouge et riche au goût prononcé mais sucré. On doit l'utiliser judicieusement avec d'autres jus, sinon il sera dominant. La betterave est trop ferme pour le mélangeur ; néanmoins, les feuilles peuvent être passées dans l'extracteur avec la racine. Le jus de betterave s'associe bien aux jus d'orange et de carotte. Enfilez des gants quand vous hachez une betterave, pour ne pas vous tacher les mains.

Pour extraire le jus, brossez à fond, ôtez la base, puis hachez pour insérer dans la cheminée. La betterave ne convient pas pour le mixage.

Calories : 43 par 100 g (3 ½ oz)
Pour 100 ml (3 ½ oz) de jus : ½ betterave moyenne

Bienfaits pour la santé

La betterave est très riche en fibres, acide folique, potassium, manganèse et fer ; c'est aussi une bonne source de vitamine C. Traditionnellement, on l'utilisait pour fortifier le sang, améliorer le taux de fer et pour la santé menstruelle des femmes. L'acide folique est important pour le système nerveux et pour le développement du fœtus.

POIVRONS

Les poivrons produisent un jus excellent, mais il convient de les utiliser en petites quantités avec d'autres jus : le goût sucré varie autant que leurs couleurs, du vert au jaune et au rouge. Le jus de poivron se marie bien à celui des tomates et des carottes. Quoique, sur le plant, un poivron vert devienne rouge en mûrissant, il ne mûrit plus une fois cueilli. Les poivrons sont souvent cirés et doivent être lavés, même s'ils paraissent immaculés. Ils sont la troisième source en importance de vitamine C, après les piments et les goyaves.

Pour extraire le jus, ôtez le pédoncule, puis coupez en morceaux pour insérer dans la cheminée. Il n'est pas nécessaire de retirer les graines.

Calories : 20 (vert), 25 (rouge) par 100 g (3 ½ oz)
Pour 100 ml (3 ½ oz) de jus : 3 poivrons moyens

Bienfaits pour la santé

Le poivron est riche en antioxydants et en vitamine C pour le système immunitaire. Les poivrons rouges contiennent plus de vitamines et de nutriments : environ neuf fois plus de lycopène (antioxydant) et de bêtacarotène que les poivrons verts et deux fois plus de vitamine C.

CAROTTES

Le jus de carottes est très sucré et c'est pourquoi il est l'un des rares jus de légumes qu'on boit seul. Cela dit, il est utile comme base de nombreuses boissons vertes, car son goût sucré adoucit le goût amer d'autres légumes. Il se mêle bien à des fruits comme l'orange, la pomme, la poire et l'ananas. On extrait le jus des carottes parce qu'elles sont trop dures pour le mixage. Choisissez des carottes fermes, bien colorées et sans rides.

Pour extraire le jus, brossez à fond, ôtez la couronne et la pointe, puis hachez pour insérer dans la cheminée. Les carottes ne conviennent pas pour le mixage.

Calories : 41 par 100 g (3 ½ oz)
Pour 100 ml (3 ½ oz) de jus : 2 carottes moyennes

Bienfaits pour la santé

Une seule carotte contient assez de bêtacarotène pour fournir la ration quotidienne de vitamine A, bonne pour la vision et la peau. Elle est riche en vitamines C, pour le système immunitaire, et K, et en potassium. Elle est riche aussi en calcium quoique, pour l'absorber, on fait mieux de compléter avec 5 ml (1 c. à thé) d'huile de lin ou de noix.

CÉLERI

C'est l'un des aliments naturels contenant le moins de calories. Les branches de céleri produisent un jus très goûteux, il est préférable de mêler à celui d'autres légumes, car sa saveur est prononcée et il contient un taux relativement élevé de sodium, ce qui est déplaisant en soi. Choisissez un pied de céleri ferme, dont les feuilles sont érigées et les branches pâles. Le fenouil a des propriétés semblables à celles du céleri, mais avec un goût fort, apparenté à l'anis.

Pour extraire le jus, ôtez les bouts feuillus et parez la base de la branche. Lavez à fond. On peut insérer la branche telle quelle dans la cheminée. Le céleri ne convient pas pour le mixage.

Calories : 16 par 100 g (3 ½ oz)
Pour 100 ml (3 ½ oz) de jus : 2 branches de céleri

Bienfaits pour la santé
Le céleri est riche en vitamine C pour le système immunitaire ; en vitamine A pour les yeux, la santé des muqueuses et une belle peau ; en vitamine K, acide folique, potassium et manganèse. C'est un purifiant puissant et il a des vertus diurétiques. Traditionnellement, on l'utilisait dans le cas de problèmes aux reins et à la vésicule biliaire.

CONCOMBRE ET COURGETTE
Ces légumes contiennent beaucoup d'eau et leur saveur est douce, ce qui les rend idéals pour des mélanges avec d'autres légumes et des fruits. Le concombre est un peu plus sucré que la courgette. Les variétés principales sont le concombre de jardin et le concombre anglais, plus long et mince. Choisissez des légumes fermes à pelure de couleur vive. Comme on peut avoir ciré les concombres pour préserver leur fraîcheur, lavez-les à l'eau légèrement savonneuse, puis rincez-les bien ; ou, mieux encore, achetez des légumes biologiques. Les concombres anglais sont souvent emballés dans une pellicule plastique pour conserver leur fraîcheur.

Pour extraire le jus, pelez si désiré (la peau peut être un peu amère) et hachez pour insérer dans la cheminée.

Pour mixer, pelez et ôtez les graines, puis hachez pour insérer dans la cheminée.

Calories : 15 par 100 g (3 ½ oz)
Pour 100 ml (3 ½ oz) de jus : ½ concombre anglais ou 1 concombre du jardin ou courgette

Bienfaits pour la santé
Ce sont d'excellents ingrédients de détoxication, contenant beaucoup de potassium pour contrôler l'équilibre des liquides corporels et abaisser la tension artérielle. Ils sont riches en vitamines C, pour le système immunitaire, et K, pour une bonne coagulation du sang et la santé des os. La plupart des bienfaits nutritionnels provenant de la pelure, il vaut mieux la garder intacte si possible.

LÉGUMES-FEUILLES
On inclut ici le chou frisé *(kale)*, le chou pommé, la bette à carde, les épinards et le cresson. Tous ces légumes devraient être achetés quand les feuilles sont

tendues et sans bords jaunis. Conservez aspergés d'un peu d'eau dans un sac en plastique, dans le compartiment le plus frais du réfrigérateur. Lavez bien avant l'usage. On devrait tous les utiliser en petites quantités pour leurs bénéfices nutritionnels, sinon leur goût sera dominant.

Pour extraire le jus, coupez en lanières et pressez dans l'extracteur, en alternant si possible avec des ingrédients plus fermes pour empêcher l'engorgement. Après avoir supprimé leurs parties endommagées, utilisez les feuilles extérieures, car elles sont plus riches en nutriments.

Calories : 23 par 100 g (3 ½ oz)
Pour 100 ml (3 ½ oz) de jus : 20 grosses feuilles d'épinards ou 50 g (1 ¾ oz) de jeunes feuilles d'épinards

Bienfaits pour la santé
Tous ces légumes-feuilles sont riches en vitamines A, C, E et K, en vitamines du complexe B et en une vaste gamme de minéraux. Les épinards sont très riches en potassium, qui contribue au contrôle des liquides corporels et favorise la santé cardiaque ; le cresson est particulièrement riche en soufre, pour le fonctionnement efficace du cerveau, et la santé de la peau et des cheveux. Plus la feuille est sombre, plus le taux de caroténoïdes est élevé : les uns se transforment en vitamine A et les autres, en antioxydants bénéfiques.

TOMATES
Classées botaniquement parmi les fruits, les tomates sont idéales pour le jus, car elles contiennent beaucoup d'eau et leur vif goût sucré se combine bien à d'autres légumes. Les tomates cultivées localement en saison ont la meilleure saveur, mais les tomates en grappe et de serre peuvent être savoureuses aussi. Évitez les tomates pâles et fermes. Achetez des produits écologiques quand c'est possible, pour minimiser l'exposition aux pesticides.

Pour extraire le jus, coupez en moitiés ou en quartiers pour insérer dans la cheminée.

Pour mixer, pelez et ôtez les graines avant usage, ou passez dans un tamis non métallique après transformation.

Calories : 18 par 100 g (3 ½ oz)
Pour 100 ml (3 ½ oz) de jus : 3 tomates

Bienfaits pour la santé
La tomate est riche en vitamine C et particulièrement riche en lycopène (antioxydant), dont on pense qu'il protège contre certaines maladies dégénératives. Elle contient aussi des vitamines A et K, pour les yeux, les os et le sang, de même que du potassium et du manganèse.

Ingrédients additionnels

ÉDULCORANTS

SIROP D'AGAVE

Un sirop très sucré extrait des jus de l'agave bleu du Mexique. Utilisez-le comme substitut du sucre ou du miel : 150 ml (5 oz) de sirop d'agave équivaut à 225 g (8 oz) de sucre.

SIROP D'ÉRABLE

Dérivé de la sève de l'arbre du même nom, le sirop d'érable possède une merveilleuse saveur riche et tonique. Ne le confondez pas avec le sirop de table de qualité inférieure qui est aromatisé à l'érable. Pour l'utiliser au lieu du sucre : 175 ml (6 oz) de sirop d'érable équivaut à 225 g (8 oz) de sucre.

SUCRE

Le sucre blanc est tiré de la canne à sucre et de la betterave à sucre. La cassonade peut être raffinée ou non ; sa couleur brune (ou dorée) est due à la présence de mélasse. Le sucre demerara et le sucre muscovado sont des cassonades dérivées de jus de canne condensé. Leur riche saveur caramélisée les rend excellents pour les smoothies et les laits frappés à base de lait et de yogourt, notamment avec des bananes.

SUBSTITUTS DU SUCRE

Il existe beaucoup de substituts du sucre, mais soyez conscient du fait qu'ils ont tous des taux différents de sucrosité. Certaines substitutions exigent une quantité égale au sucre, tandis que d'autres n'exigent que la moitié de la quantité de sucre indiquée. Certains édulcorants artificiels ont aussi un arrière-goût, lequel peut être masqué par des saveurs fortes, comme celles du café, de l'ananas ou des dattes.

SIROPS

Il y a une quantité énorme de sirops aromatisés sur le marché, les uns pour les desserts, les autres pour le café et les cocktails. Ils sont excellents dans les boissons mixées, parce qu'ils se mêlent facilement aux liquides et ajoutent des notes de saveur distinctives.

PRODUITS LAITIERS ET SUBSTITUTS

LAIT

Le lait de vache est toujours la variété de lait la plus courante utilisée avec succès dans les smoothies et les laits frappés. Pour la saveur maximale, choisissez du lait entier, car les laits allégé ou écrémé produisent une texture plus claire et peuvent altérer le goût. Le lait est une bonne source de calcium et de protéines, en plus d'une gamme de vitamines et de minéraux.

Certains laits sont enrichis de vitamine D. On conseille généralement le lait entier pour les enfants, car il favorise la croissance et la santé des os.

BOISSON D'AMANDE

La boisson d'amande est une boisson légèrement sucrée, très riche en vitamine A, en d'autres vitamines et minéraux, et en acides gras oméga, mais moins riche en protéines que la boisson de soya. La plupart ne sont pas sans soya, car elles utilisent de la lécithine de soya. La boisson d'amande ne contient ni cholestérol ni gras saturés.

LAIT DE COCO ET EAU DE COCO

Le lait de coco est un lait sucré naturel, présent au centre de la noix de coco. Il est particulièrement bon combiné aux fruits tropicaux. Rarement disponible à l'état frais, la plupart des variétés sont obtenues par extraction du liquide de la chair de la noix, auquel on ajoute de l'eau. Il est riche en gras saturés, mais faible en calories et protéines. Il ne faut pas le confondre avec l'eau de coco, qui provient du cœur d'une jeune noix de coco ; c'est un jus clair, sucré et gorgé d'électrolytes, de minéraux et de vitamines du complexe B.

CRÈME GLACÉE ET ALTERNATIVES

Ingrédient essentiel de nombreux laits frappés, la crème glacée est une gâterie riche en gras, en sucre et en calories. La « crème glacée » et le yogourt glacé sans produit laitier sont, en général mais pas nécessairement, plus faibles en calories. Le sorbet ne contient pas de gras, puisqu'il est fabriqué simplement de jus de fruits, d'eau et de sucre, tandis que le sorbet laitier contient les mêmes ingrédients et un peu de gras, souvent des matières grasses du lait, ce qui le rend impropre pour quiconque souffre d'intolérance au lactose.

BOISSON D'AVOINE

Cette boisson est une alternative au lait de vache ; sans cholestérol, extrait de gruaux pré-trempés, son goût est riche et crémeux. Bonne source de calcium et de fer, elle contient deux fois plus de vitamine A que le lait de vache. Elle est très faible en gras et en lactose. Notez que toutes les marques ne sont pas exemptes de gluten.

BOISSON DE RIZ

Plus claire et plus sucrée que la boisson de soya, et plus riche en glucides que le lait de vache, la boisson de riz est aussi sans cholestérol et gras saturés. Elle est bonne dans les smoothies et les frappés sans lait. Elle est disponible enrichie de calcium et des vitamines A et D.

BOISSON DE SOYA

La boisson de soya est riche et contient plus de gras, de fibres et de protéines que la plupart des « laits non laitiers ». C'est probablement le meilleur substitut au lait de vache. Elle produit de bonnes boissons ; cependant, son goût convient moins aux smoothies à saveur délicate. Sans cholestérol et gras saturés, elle possède une teneur très élevée en acides gras oméga-3. De façon courante, elle est enrichie de calcium.

YOGOURT

Les yogourts font d'excellents smoothies épais et crémeux. Pour les smoothies les plus épais, optez pour le yogourt grec, disponible aussi en variété à 0 % de matières grasses. Les yogourts aux fruits sont un bon moyen d'introduire une saveur secondaire dans les smoothies. Le yogourt est une excellente source de calcium et les variétés probiotiques contiennent des cultures vivantes qui facilitent la digestion et apaisent l'estomac. Le yogourt de soya est disponible en version nature et plusieurs saveurs de fruits. Selon la marque, le goût et la texture varient : donc, faites des essais pour dénicher votre préféré.

TOFU

Le tofu est un caillé de fève soya disponible en textures variées. Toutefois, c'est le tofu soyeux et tendre, avec sa texture de cossetarde et sa douce saveur crémeuse, qui est le meilleur dans les smoothies. C'est une bonne source de protéines non animales.

AROMATISANTS

Étonnamment, même une petite quantité d'aromatisant peut faire la différence dans un simple jus ou smoothie. Le gingembre, la vanille et les herbes fraîches sont les ingrédients de base des amateurs de boissons. Cependant, l'usage créatif d'autres ingrédients, comme une pincée d'assaisonnement au chili, de muscade ou d'anis étoilé, peut ajouter une note qui transformera une simple boisson en un délice extraordinaire. Soyez créatif et ajoutez vos saveurs préférées, ou recherchez les combinaisons classiques, comme la cannelle et les pommes, pour voir si elles vous inspireront des associations savoureuses qui vous seront propres.

SUPPLÉMENTS DIÉTÉTIQUES

Les recettes de ce livre suggèrent un certain nombre de suppléments diététiques, mais aucun n'est essentiel et, donc, on peut les omettre. Cela dit, on peut ajouter de la poudre de protéines à la plupart des smoothies, tandis que les fruits et les légumes à saveur intense masquent très bien les suppléments au goût prononcé, comme le jus d'aloès, la spiruline et l'herbe de blé. Utilisez-les avec modération et consultez un médecin avant usage, si vous souffrez d'une maladie grave.

Mélanges à déjeuner

Commencez votre journée sainement avec l'un des smoothies ou des jus vite faits mais nutritifs de ce chapitre. Même quand le déjeuner est précipité, il vaut la peine de faire l'effort de préparer une boisson fraîche pour ce repas le plus important de la journée. Il est étonnant de réaliser combien prendre un simple verre de jus frais peut raviver le corps et l'esprit et vous disposer à accueillir les défis de la nouvelle journée avec une vigueur renouvelée. Les agrumes, gorgés de vitamine C, ont la préférence quand il s'agit de stimuler le métabolisme, mais d'autres fruits, comme la mangue et la banane, sont excellents, surtout si on les combine à du yogourt ou du lait qui fournissent les protéines indispensables.

1 Éclat ensoleillé

Réveillez votre métabolisme avec ce mélange d'agrumes frais et acidulé et donnez à votre organisme un désintoxicant puissant pour éliminer les impuretés.

INGRÉDIENTS

2 oranges, pelées et coupées en deux

1 pamplemousse rose ou pomélo, pelé et coupé en deux

1 lime, pelée et coupée en deux

15 ml (1 c. à soupe) de miel liquide, facultatif

Extraire le jus des fruits à l'extracteur à jus ou au presse-agrumes. Verser dans un verre et sucrer au goût avec du miel.

DONNE 1 verre

CONSEIL PRATIQUE

Le pomélo est plus sucré et plus doux que le pamplemousse. C'est un excellent substitut si vous désirez une boisson moins amère, sans utiliser d'édulcorants.

Variantes

2 CASSE-GRIPPE

Préparer l'Éclat ensoleillé en ajoutant un morceau de 2 cm (¾ po) de gingembre pelé et 1 gousse d'ail aux ingrédients avant de les passer dans l'extracteur à jus.
Note – Si vous utilisez un presse-agrumes pour préparer le jus, extrayez le jus de l'ail et du gingembre avec un presse-ail.

5 SOLEIL VERT

Préparer l'Éclat ensoleillé à l'extracteur à jus, en ajoutant 10 brins de cresson et 6 de persil.
Note – Évitez le persil si vous êtes enceinte.

3 RÉVEILLE-MATIN

Préparer l'Éclat ensoleillé en n'utilisant que la moitié des fruits. Remplir le verre avec de l'eau minérale gazeuse.
Note – Cette recette est aussi excellente avec un soda citron-limette, mais omettez le miel.

6 ÉCLAT FRAISE ET ORANGE

Préparer l'Éclat ensoleillé à l'extracteur à jus, en remplaçant le pamplemousse par 75 g (2 ½ oz) de fraises.
Note – Les enfants adorent cette boisson. Préparez-la pour leur boîte à lunch.

4 ALLÔ MELON

Préparer l'Éclat ensoleillé à l'extracteur à jus, en remplaçant les oranges par ½ cantaloup.
Note – Cette variante donne une boisson plus douce, moins acide.

7 SMOOTHIE ENSOLEILLÉ

Préparer l'Éclat ensoleillé en ajoutant 125 ml (½ tasse) de yogourt nature, 1 banane et 15 ml (1 c. à soupe) de germe de blé.
Donne 2 tasses.
Note – Le germe de blé est une bonne source de vitamines E et du complexe B, ainsi que de protéines.

SOLEIL EN CONSERVE

Préparer l'Éclat ensoleillé au mélangeur en remplaçant les oranges et le pamplemousse frais par 400 g (14 oz) de quartiers de pamplemousse et d'orange ou de macédoine d'agrumes en conserve. Ajouter le jus de 1 lime et mixer jusqu'à ce que ce soit homogène. Sucrer avec le miel liquide, si nécessaire.

Note – Évitez les fruits en conserve dans un sirop léger qui sucrent inutilement ; choisissez plutôt des fruits dans leur jus.

COUP DE SOLEIL

Préparer l'Éclat ensoleillé et verser dans un mélangeur 2 cuillères à crème glacée de sorbet ou de crème glacée au citron. Mixer jusqu'à ce que ce soit homogène.

Note – Cette variante est parfaite pour un brunch d'été.

BOUQUET ENSOLEILLÉ

Préparer l'Éclat ensoleillé. Une fois le jus dans un verre, ajouter 5 ml (1 c. à thé) d'eau de fleur d'oranger et bien brasser.

Note – Cette boisson sans alcool accompagnera à merveille un tajine ou un plat nord-africain similaire.

11 Lassi à la mangue

Ce smoothie indien classique est servi traditionnellement avec un cari très épicé pour rafraîchir les papilles, mais il s'avère aussi un délicieux smoothie pour le déjeuner qui procurera de l'énergie durant toute la matinée.

INGRÉDIENTS

1 mangue pelée, dénoyautée et coupée en dés ou 330 g (11 ½ oz) de morceaux de mangue surgelés ou en conserve

5 à 10 ml (1 à 2 c. à thé) de miel ou de sucre

15 ml (1 c. à soupe) de jus de lime

75 ml (⅓ tasse) de yogourt nature

Pincée de sel

125 à 250 ml (½ à 1 tasse) d'eau froide ou de lait froid à faible teneur en gras

1 ml (¼ c. à thé) de graines de cardamome verte

Un peu de cardamome verte moulue, pour garnir

Mettre la chair de mangue dans le mélangeur avec le miel ou le sucre, le jus de lime, le yogourt et le sel ; bien mixer. Ajouter assez d'eau ou de lait pour éclaircir le lassi jusqu'à ce qu'il ait la consistance d'une boisson. Ajuster le miel ou le sucre au goût. Avec un pilon et un mortier, broyer les graines de cardamome verte et ajouter en brassant au lassi. Servir très froid, garni d'une pincée de graines de cardamome moulues.

DONNE 2 à 3 verres

CONSEIL PRATIQUE

La quantité d'eau ou de lait dépendra de la texture du yogourt choisi. Si vous utilisez un yogourt complet ou grec, assurez-vous de le diluer avec de l'eau.

variantes

12 LASSI MANGUE ET NOIX DE COCO

Préparer le Lassi à la mangue en utilisant du lait de noix de coco à faible teneur en gras plutôt que de l'eau ou du lait, et 1 datte dénoyautée plutôt que du sucre.

Note – Le soupçon de noix de coco et de datte donne au lassi une touche encore plus exotique.

13 LASSI À LA BANANE

Remplacer la mangue du Lassi à la mangue par 2 petites bananes, et réduire le sucre ou le miel à 3 à 5 ml (½ à 1 c. à thé).

Note – En Inde, cette boisson est dégustée traditionnellement comme collation énergisante.

14 LASSI DOUX

Préparer le Lassi à la mangue en omettant la mangue, la lime et le sel, et en utilisant beaucoup d'eau pour éclaircir la boisson. Sucrer au goût, comme précédemment. Pour aromatiser, remplacer la cardamome par 5 ml (1 c. à thé) d'eau de rose.

Note – On obtient une plus grande quantité de lassi qu'avec le lassi aux fruits. Ce lassi est souvent servi après les sports intenses.

15 LASSI SALÉ

En préparant le Lassi à la mangue, omettre la lime et le sucre. Dans une poêle à frire antiadhésive, rôtir à sec 1 ml (¼ c. à thé) de graines de cumin 10 secondes, puis broyer avec un pilon et un mortier. Ajouter au lassi avec 1 ml (¼ c. à thé) de sel. Servir garni de feuilles de menthe.

Note – Cette boisson accompagne parfaitement un mets épicé.

16 LASSI SAFRAN ET PISTACHE

Dans une poêle à frire antiadhésive, rôtir à sec 10 secondes une pincée de brins de safran. Ajouter en brassant 60 ml (¼ tasse) de lait, puis mettre en attente 15 minutes pour infuser et laisser refroidir. Préparer le lassi en utilisant le lait infusé et en remplaçant la mangue et la cardamome par 45 ml (3 c. à soupe) de pistaches hachées.

Note – Gramme pour gramme, le safran est plus cher que l'or ; donc, ne le servez que dans les occasions spéciales comme le matin de Noël.

17 LASSI GLACÉ MANGUE ET LIME

Préparer le Lassi à la mangue en remplaçant le yogourt par 2 cuillères à crème glacée de yogourt glacé à la vanille, et en utilisant le zeste râpé et le jus d'une lime entière. Éclaircir avec du lait ou de la boisson de soya plutôt qu'avec de l'eau, si désiré.

Note – Le yogourt glacé peut être utilisé dans toutes les recettes de lassi données dans cette page.

18 LASSI À LA MANGUE VITE FAIT

Mettre 125 ml (½ tasse) de chacun, jus ou chair de mangue et yogourt nature, dans le mélangeur et mixer jusqu'à ce que ce soit homogène. Ajouter assez d'eau pour éclaircir au goût. Ajouter en brassant 15 ml (1 c. à soupe) de jus de lime, une pincée de sel et 1 ml (¼ c. à thé) de graines de cardamome broyées.

Note – La chair de mangue est offerte en conserve et, pour quiconque prépare des jus, il est idéal d'en avoir en réserve dans son armoire.

19 café fouetté

Oubliez le café du matin que vous payez cher en vous rendant à l'ouvrage. Préparez votre propre version, tout aussi délicieuse, en peu de temps. Aromatisez-la avec votre sirop pour café préféré : cannelle, pain d'épice ou vanille.

INGRÉDIENTS

250 ml (8 oz) de café fort (instantané ou préparé), froid
125 ml (½ tasse) de lait entier ou de crème à 18 % de m. g.
1 cuillère à crème glacée de crème glacée au café

3 à 10 ml (½ à 2 c. à thé) de sirop de café, facultatif
Crème fouettée, facultatif

Mettre le café, le lait ou la crème et la crème glacée dans le mélangeur et mixer jusqu'à ce que ce soit homogène. Verser dans un grand verre ou une tasse de voyage, puis sucrer au goût avec le sirop pour café. Servir avec de la crème fouettée, si désiré.

DONNE 1 verre

CONSEIL PRATIQUE

Pour accélérer les choses le matin, préparez le café la veille et réfrigérez-le jusqu'au lendemain.

Variantes

20 CAFÉ FOUETTÉ MINCEUR

Préparer le Café fouetté en remplaçant le lait entier par de la boisson de riz ou d'amande et en utilisant un sirop sans sucre.
Note – Pour un résultat encore plus sain, utilisez du café décaféiné.

21 MOKA FOUETTÉ

Préparer le Café fouetté en remplaçant la crème glacée au café par de la crème glacée au chocolat.
Note – Pour une saveur encore plus chocolatée, utilisez un sirop au chocolat plutôt qu'un sirop pour café.

22 ESPRESSO FREDDO

Préparer le Café fouetté en remplaçant le café par 125 ml (½ tasse) d'espresso préparé.
Note – Servir avec un biscuit amaretti pour un goût authentiquement italien.

servez le café épicé fouetté comme gâterie à la fin d'un repas quand il fait chaud.

23 CAFÉ FOUETTÉ ÉPICÉ

Préparer le café et, tandis qu'il est encore chaud, ajouter 2 baies de piment de la Jamaïque et 4 cm (1 ½ po) d'un bâtonnet de cannelle. Laisser refroidir ; retirer les épices avant de mettre dans le mélangeur.

Note – Pour un café fouetté spécial au dessert, servez-le garni de crème fouettée décorée de grains de café enrobés de chocolat.

24 CAFÉ FOUETTÉ ORANGE ET MENTHE

Préparer le café et, tandis qu'il est encore chaud, ajouter 2 petits morceaux de zeste d'orange et 1 brin de menthe fraîche. Laisser refroidir ; retirer le zeste et la menthe avant de mettre dans le mélangeur. Utilisez un sirop à saveur d'orange, si vous préférez.

Note – Parsemer la crème fouettée de chocolat à saveur d'orange.

25 Tourbillon protéiné datte et banane

Ce délicieux smoothie est excellent pour quiconque est porté à grignoter au milieu de l'avant-midi, parce que la combinaison des sucres de la banane, des dattes et de l'ananas lui assurera un maximum d'efficacité.

INGRÉDIENTS

250 ml (1 tasse) de yogourt nature

125 ml (½ tasse) de lait partiellement écrémé, ou écrémé

8 dattes fraîches, dénoyautées et hachées

2 bananes, grossièrement hachées

2 tranches d'ananas frais, hachées

1 cuillerée de protéines en poudre, facultatif

6 glaçons

Mettre la moitié du yogourt et le reste des ingrédients dans le mélangeur et mixer jusqu'à ce que les glaçons soient finement broyés et le reste des ingrédients homogène. Diviser entre deux verres, puis ajouter le reste de yogourt en le faisant tourbillonner avec une cuillère pour créer un effet marbré. Servir immédiatement.

DONNE 2 verres

CONSEIL CULINAIRE

Utilisez des dattes Medjool, la « reine des dattes », reconnues pour leur goût sucré, leur taille et leur fantastique texture onctueuse.

Variantes

27 TOURBILLON PROTÉINÉ DATTE, BANANE ET TOFU

Préparer le Tourbillon protéiné datte et banane en remplaçant le yogourt par 125 g (4 ¼ oz) de tofu soyeux et le lait par de la boisson de soya ou de riz. Ne pas faire tourbillonner.

28 TOURBILLON DATTE, BANANE ET BEURRE D'ARACHIDE

Préparer le Tourbillon protéiné datte et banane en remplaçant l'ananas par 30 ml (2 c. à soupe) de beurre d'arachide crémeux.
Note – Si vous aimez un peu de texture dans votre smoothie, utilisez du beurre d'arachide croquant.

29 TOURBILLON PROTÉINÉ BANANE ET BLEUET

Préparer le Tourbillon protéiné datte et banane en remplaçant l'ananas par 150 g (5 ¼ oz) de bleuets.
Note – Les bleuets sont d'excellents antioxydants et il est préférable de les manger crus.

30 RÊVE CARAMEL, DATTE ET BANANE

Préparer le Tourbillon protéiné datte et banane. Compléter chaque verre en ajoutant, en tourbillon, le reste de yogourt et 15 ml (1 c. à soupe) de sirop au caramel écossais.

26 TOURBILLON PROTÉINÉ DATTE, BANANE ET VANILLE

Préparer le Tourbillon protéiné datte et banane, mais omettre l'ananas. Ajouter 5 ml (1 c. à thé) d'extrait de vanille.
Note – Pour une saveur plus intense, utiliser du yogourt à la vanille.

31 SMOOTHIE DATTE, BANANE ET AMANDE

Omettre l'ananas dans le Tourbillon protéiné dattes et bananes et remplacer le lait par de la boisson d'amande. Ajouter 30 ml (2 c. à soupe) de beurre d'amande et 5 ml (1 c. à thé) d'extrait de vanille.

32 Verdure pour lendemain de veille

Une boisson pour le lendemain matin de veille. Elle est gorgée d'antioxydants et de fruits hydratants.

INGRÉDIENTS

5 ml (1 c. à thé) de thé blanc ou 1 sachet de thé blanc
175 ml (¾ tasse) d'eau très chaude, mais non bouillante
2 pommes vertes, en quartiers
7,5 cm (3 po) de concombre
50 g (1 ¾ oz) d'épinards frais
15 g (½ oz) de feuilles de menthe fraîches
¼ de citron
30 ml (2 c. à soupe) de miel
2 brins de menthe

Mettre les feuilles ou le sachet de thé dans une théière ou un récipient résistant à la chaleur. Laisser infuser 5 minutes. Égoutter si vous utilisez du thé en feuilles, ou retirer le sachet. Laisser refroidir.

Passer tous les ingrédients, sauf le miel et les brins de menthe, dans l'extracteur à jus. Verser dans 2 verres avec le thé, sucrer avec le miel et servir aussitôt garni d'un brin de menthe.

DONNE 2 verres

CONSEIL NUTRITIONNEL

On dit que le thé blanc est bon pour les lendemains de veille parce qu'il accélère le métabolisme.

33 LENDEMAIN DE VEILLE RÉÉQUILIBRANT

Préparer la Verdure pour lendemain de veille en remplaçant le thé blanc par de l'eau de noix de coco et la menthe par du basilic.
Note – Le basilic a un effet anti-inflammatoire et il aide à réduire les crampes d'estomac.

34 LENDEMAIN DE VEILLE KIWI ET GRANDE CAMOMILLE

Préparer la Verdure pour lendemain de veille en remplaçant les pommes par 2 kiwis. Utiliser 15 ml (1 c. à soupe) de fleurs de grande camomille plutôt que la menthe, si désiré.
Note – Les fleurs de la grande camomille sont un remède traditionnel contre les maux de tête.

35 Verre de granola

Voici une façon de commencer la journée en faisant d'une pierre deux coups : le Verre de granola est à la fois une céréale et un smoothie. En outre, il est vite préparé, ce qui en fait un très bon choix pour les matins pressés.

INGRÉDIENTS

250 ml (8 oz) de lait partiellement écrémé ou écrémé

150 g (5 ¼ oz) de petits fruits en mélange
40 g (1 ½ oz) de granola
6 glaçons

Mettre le lait et les petits fruits dans le mélangeur et mixer jusqu'à ce que ce soit homogène. Ajouter le granola et, avec la touche pulsion, mixer jusqu'à ce que ce soit homogène. Ajouter les glaçons et mélanger jusqu'à ce qu'ils soient broyés uniformément. Verser dans 2 verres et boire aussitôt.

DONNE 2 verres

CONSEIL PRATIQUE

Mixer les petits fruits et le granola réchauffe le mélange... et c'est pourquoi l'ajout de glaçons à la fin de la recette est essentiel.

Variantes

 ### 36 VERRE DE GRANOLA À L'AMANDE

Préparer le Verre de granola en utilisant de la boisson d'amande (plutôt que du lait) et en choisissant un granola qui contient des amandes. Vous pouvez ajouter un surplus d'amandes, si désiré.
Note – Pour un goût d'amande plus prononcé, ajouter quelques gouttes d'extrait d'amande.

37 VERRE DE GRANOLA AUX PETITS FRUITS SURGELÉS

Préparer le Verre de granola comme décrit, mais utiliser des petits fruits surgelés et omettre les glaçons. Ajouter en mélangeant 125 ml (½ tasse) de yogourt nature ou à la vanille.
Note – Utiliser des fruits surgelés dans les smoothies aide à les garder froids et épais.

 ### 38 VERRE DE GRANOLA AUX GRAINES DE LIN

Ajouter 15 ml (1 c. à soupe) de graines de lin dans le mélangeur en préparant le Verre de granola.
Note – Les graines de lin contiennent des vitamines, des minéraux et des antioxydants essentiels à une santé optimale. C'est un ajout idéal pour tous ces smoothies au granola.

39 VERRE DE GRANOLA BAIE DE GOJI ET PETITS FRUITS

Préparer le Verre de granola en ajoutant 30 à 60 ml (2 à 4 c. à soupe) de baies de goji séchées avec les petits fruits.
Note – Vous pouvez d'abord attendrir les baies de goji en les faisant tremper dans l'eau chaude 20 minutes avant l'utilisation.

40 VERRE DE GRANOLA RÉFRIGÉRÉ

Préparer, la veille au soir, le Verre de granola aux petits fruits surgelés comme indiqué, puis réfrigérer. Le lendemain matin, bien brasser en ajoutant du lait au goût, car le smoothie épaissit quand il est laissé en attente.

Note – Vous pouvez éclaircir ce smoothie avec du jus d'orange plutôt que du lait.

41 VERRE DE GRANOLA ET FRAISE

Préparer le Verre de granola en remplaçant la moitié du lait par 125 ml (½ tasse) de yogourt aux fraises et en ajoutant 30 ml (2 c. à soupe) de jus d'orange. Utiliser des fraises plutôt que des petits fruits en mélange.

Note – Le goût est encore meilleur si, pour donner de la texture, on mêle quelques fraises hachées à la boisson.

42 SMOOTHIE AVOINE ET PETITS FRUITS

Omettre le granola en préparant le Verre de granola. Dans le mélangeur, faire tremper 20 g (¾ oz) de flocons d'avoine dans 125 ml (½ tasse) de lait 20 minutes, puis mixer jusqu'à ce que ce soit lisse. Ajouter les 125 ml (½ tasse) de lait restants et les petits fruits, puis mixer.

Note – Si vous aimez un smoothie plus texturé, ajoutez des flocons d'avoine avec les autres ingrédients.

43 SMOOTHIE BLEUET, CHIA ET AVOINE

Préparer le Smoothie avoine et petits fruits comme ci-dessous, en utilisant des bleuets plutôt que des petits fruits en mélange. Faire tremper 15 ml (1 c. à soupe) de graines de chia avec les flocons d'avoine.

44 VERRE DE GRANOLA PÊCHE ET GINGEMBRE

Préparer le Verre de granola en remplaçant les petits fruits par 1 grosse pêche, dénoyautée et la peau enlevée. Émietter un petit biscuit au gingembre sur le dessus du smoothie.

45 Soleil rouge

Cette stupéfiante boisson colorée est parfaite pour les jours d'hiver quand votre système immunitaire est affaibli.

INGRÉDIENTS

5 carottes moyennes, parées
1 petite betterave, hachée
2,5 cm (1 po) de gingembre frais, pelé

1 pomme, en quartiers
2 grosses oranges, pelées
½ pamplemousse, pelé
4 fraises

Réduire les fruits et les légumes dans l'extracteur à jus dans l'ordre de la liste d'ingrédients. Verser dans des verres et servir immédiatement.

DONNE 1 grand ou 2 petits verres

CONSEIL NUTRITIONNEL

Consommez le jus le plus tôt possible après son extraction pour en retirer le maximum de bienfaits, préférablement dans les 15 minutes.

variantes

 ## SOLEIL ROUGE FORTIFIÉ

Préparer le Soleil rouge comme indiqué. Ajouter en fouettant 15 ml (1 c. à soupe) d'herbe de blé ou d'herbe d'orge en poudre une fois le jus terminé.
Note – L'herbe de blé et l'herbe d'orge sont riches en chlorophylle qui, selon ses ardents défenseurs, aide à nettoyer l'organisme et à combattre les infections.

 ## SOLEIL ROUGE À LA MENTHE

Préparer le Soleil rouge en omettant le gingembre et en ajoutant 10 brins de menthe dans l'extracteur à jus avec les fruits tendres.
Note – Tous n'apprécient pas le goût du gingembre, mais il est rare de trouver quelqu'un qui n'aime pas le goût de la menthe. Par conséquent, préparez cette variante quand vous n'êtes pas certain des préférences de chacun.

 ## SOLEIL ORANGÉ

Remplacer la betterave et les fraises dans la recette Soleil rouge par ½ cantaloup.
Note – Les enfants adorent cette boisson et c'est une fantastique façon d'arriver à ce que même l'enfant le plus réticent consomme des fruits et des légumes frais.

 ## SOLEIL JAUNE

Préparer le Soleil rouge en remplaçant la betterave et les fraises par ½ concombre moyen et 5 cm (2 po) de racine de curcuma pelée.
Note – Si vous ne trouvez pas de racine de curcuma, fouettez 5 ml (1 c. à thé) de curcuma en poudre dans le jus, une fois celui-ci complété.

Le jus ensoleillé fortifié est le stimulant idéal du système immunitaire en hiver.

 SOLEIL ROUGE ENERGISANT

Préparer le Soleil rouge en remplaçant les fraises par un poivron rouge.
Note – Si vous aimez les boissons épicées, ajoutez un piment rouge à cette boisson. Réduisez en jus tous les autres ingrédients, puis réduisez en jus, dans un contenant séparé, 1 ou 2 piments. Ajoutez-les, un peu à la fois, à la boisson complétée.

51 **JUS ROUGE, JAUNE, VERT**

Préparer le Soleil rouge en ajoutant 4 grandes feuilles de chou frisé *(kale)* avant les fraises.
Note – Le chou frisé est un excellent ingrédient à mettre dans un smoothie destiné à de nouveaux adeptes des boissons vertes. C'est un ajout subtil au merveilleux bouquet de saveurs de cette boisson.

 SOLEIL ROSE

Préparer le Soleil rouge en remplaçant la betterave par 2 pamplemousses roses et les oranges par ½ pamplemousse blanc.
Note – Voici un jus rafraîchissant qui accompagne bien un sandwich au dîner.

 SOLEIL TROPICAL

Préparer le Soleil rouge en remplaçant les oranges et le pamplemousse par ½ ananas, pelé et haché.
Note – Ce jus se marie bien avec du poulet grillé mariné dans de la sauce soya.

 SOLEIL ROUGE À L'ALOÈS

Préparer le Soleil rouge comme indiqué. Ajouter, en brassant, 1 à 2 bouchons d'aloès concentré dans la boisson complétée, en suivant les recommandations du fabricant.
Note – Les mères qui allaitent devraient utiliser l'aloès avec prudence parce qu'il peut déranger l'estomac du bébé.

55 smoothie déjeuner à la plage

Comme son nom l'indique, ce smoothie a une saveur des Caraïbes. Il revigorera à coup sûr votre routine matinale.

INGRÉDIENTS

Chair et jus de 1 fruit de la Passion, passés au tamis si désiré

1 ½ mangue pelée, dénoyautée et en dés

250 ml (1 tasse) de jus d'ananas

1 banane, pelée et coupée en quatre

2 noix du Brésil

Morceaux d'ananas frais pour garnir, si désiré

Mettre tous les ingrédients dans le mélangeur et mixer jusqu'à ce que ce soit lisse. Verser dans un verre et servir aussitôt. Garnir d'un morceau d'ananas, si désiré.

DONNE 2 verres

CONSEIL PRATIQUE

Pour du jus d'ananas frais, passer un ananas dans l'extracteur à jus.

variantes

56 SMOOTHIE DÉJEUNER À LA PLAGE À LA FRAISE

Préparer le Smoothie déjeuner à la plage en remplaçant le fruit de la Passion par 6 fraises moyennes.

Note – Les fraises surgelées sont excellentes dans ce smoothie.

57 SMOOTHIE DÉJEUNER DE CARNAVAL

Préparer le Smoothie déjeuner à la plage en remplaçant le jus d'ananas par du jus d'orange ou de fruits tropicaux.

Note – Certaines personnes trouvent que les acides contenus dans le jus d'ananas irritent la bouche. Si c'est le cas, utilisez cette variante ou essayez d'utiliser la variété d'ananas Kona Sugarloaf, plus faible en acidité.

58 SMOOTHIE DÉJEUNER AUX FRUITS DE LA PASSION

Préparer le Smoothie déjeuner à la plage en omettant les noix du Brésil et la banane et en ajoutant 1 fruit de la Passion supplémentaire.

Note – Comme ce smoothie contient 2 fruits de la Passion, il est préférable de les passer au tamis pour un smoothie plus homogène.

59 SMOOTHIE RICHE EN VITAMINE C

Préparer le Smoothie déjeuner à la plage et ajouter 1 ml (¼ c. à thé) de camu camu en poudre.

Note – Le camu camu est un fruit originaire d'Amérique du Sud très riche en vitamine C.

60 SMOOTHIE DÉJEUNER AUX DATTES

Préparer le Smoothie déjeuner à la plage en remplaçant le fruit de la Passion par 4 dattes séchées dénoyautées et coupées en deux.
Note – Pour obtenir une réelle texture homogène, faire tremper les dattes dans l'eau très chaude 5 à 30 minutes, selon la tendreté des dattes.

61 SMOOTHIE PLAGE HAWAÏENNE

Préparer le Smoothie déjeuner à la plage en remplaçant les noix du Brésil par 5 noix de macadamia.
Note – Achetez les noix de macadamia en pots ou en boîtes emballés sous vide parce qu'elles resteront fraîches plus longtemps jusqu'à l'ouverture.

62 SMOOTHIE PLAGE TROPICALE

Préparer le Smoothie déjeuner à la plage en remplaçant les noix du Brésil et la mangue hachée par ½ papaye épépinée et hachée et le jus pressé de 1 lime.
Note – Les Mayas du Mexique adoraient le papayer, qu'ils appelaient l'« Arbre de la Vie », à cause de ses vertus médécinales.

63 SMOOTHIE NOIX ET AMANDE

Préparer le Smoothie déjeuner à la plage et ajouter 4 moitiés de noix et 3 amandes blanchies aux autres ingrédients.

64 SMOOTHIE À L'ALGUE

Préparer le Smoothie déjeuner à la plage ou toute autre variante et ajouter 5 ml (1 c. à thé) de varech en poudre dans le mélangeur.
Note – L'algue est l'un des aliments les plus complets, ce qui en fait un excellent supplément alimentaire.

65 Réveille-matin aux trois fruits

Trois fruits suffisent à ajouter des notes différentes pour obtenir une saveur très intéressante. En outre, les jus présentés sont rapides et faciles à préparer le matin. Le premier d'entre eux est un délicieux mélange de fraises, tangerines et pommes.

INGRÉDIENTS

2 pommes, pelées et coupées   8 fraises moyennes
  en quartiers   4 tangerines, pelées

Passer les pommes, les fraises et les tangerines dans l'extracteur à jus. Verser dans des verres et servir immédiatement.

DONNE 2 verres

CONSEIL PRATIQUE

Les tangerines sont intéressantes à réduire en jus parce qu'elles sont assez petites pour être pelées et mises entières dans l'extracteur à jus. Cependant, vous obtiendrez un rendement supérieur si vous utilisez un presse-agrumes : 4 tangerines donnent environ 250 ml (8 oz) de jus.

variantes

67 JUS CAROTTE, ABRICOT ET CANTALOUP

Préparer le Réveille-matin aux trois fruits en utilisant 3 carottes, 2 abricots et ½ cantaloup, pelé et coupé en quartiers.
Note – Vous pouvez réduire le cantaloup en jus sans l'épépiner.

68 JUS CAROTTE, ABRICOT ET PÊCHE

Préparer la variante Jus carotte, abricot et cantaloup en remplaçant le cantaloup par 3 pêches dénoyautées.
Note – Vous pouvez réduire les pêches et les abricots en jus en laissant la peau, mais on ne le recommande que pour les fruits biologiques.

69 JUS CAROTTE, POMME ET BETTERAVE

Préparer le Réveille-matin aux trois fruits en utilisant 3 carottes, 2 pommes pelées et en quartiers et 2 betteraves moyennes, coupées en morceaux.
Note – Vous pouvez aussi ajouter la couronne des betteraves pour le jus.

70 JUS CAROTTE, POMME ET KIWI

Préparer la variante Jus carotte, pomme et betterave en remplaçant les betteraves par 2 kiwis pelés et en quartiers.
Note – Les kiwis trops mûrs, ou trop mous, se réduisent mal en jus. Donc, choisissez des fruits fermes.

66 JUS MANGUE, POMME ET TANGERINE

Préparer le Réveille-matin aux trois fruits en remplaçant les fraises par une mangue pelée et dénoyautée.
Note – Si vous ne trouvez pas de tangerines, remplacez-les par 3 oranges moyennes.

71 JUS CAROTTE, POMME ET GINGEMBRE

Préparer la variante Jus carotte, pomme et betterave en remplaçant les betteraves par 5 cm (2 po) de racine de gingembre pelée.
Note – Ce jus stimule le système immunitaire.

72 · JUS CAROTTE, POMME ET POIRE

Préparer la variante Jus carotte, pomme et betterave
en remplaçant les betteraves par 1 poire en quartiers.
Note – Les poires qui ne sont pas mûres peuvent être très
sèches. Choisissez donc des poires très mûres pour le jus.

73 · JUS POIRE, CRESSON ET CITRON

Préparer le Réveille-matin aux trois fruits en utilisant 4 petites
poires, 50 g (1 ¾ oz) de cresson et ½ citron plutôt que les trois
ingrédients originaux.
Note – Voici un apéritif rafraîchissant ou un rafraîchissement
entre les services.

74 · JUS POMME, POIRE ET CANNEBERGE

Préparer le Réveille-matin aux trois fruits en utilisant 2 pommes
en quartiers et 1 grosse poire en quartiers plutôt que les trois
ingrédients originaux. Répartir dans 2 verres et combler avec
250 ml (1 tasse) de jus de canneberges.

75 · JUS POMME, POIRE ET CONCOMBRE

Préparer le Réveille-matin aux trois fruits en utilisant 1 pomme
en quartiers, 1 grosse poire en quartiers et 1 petit concombre
plutôt que les trois ingrédients originaux.

76 · JUS POMME, POIRE ET BLEUET

Préparer le Réveille-matin aux trois fruits en utilisant 2 pommes
en quartiers, 1 grosse poire en quartiers et 100 g (3 ½ oz)
de bleuets plutôt que les trois ingrédients originaux.
Note – Utilisez une pomme acide et croquante comme
la Granny Smith.

77 · JUS POMME, PÊCHE ET RAISIN

Préparer le Réveille-matin aux trois fruits en utilisant 3 pommes
en quartiers, 1 poignée de raisins rouges épépinés et 1 pêche
dénoyautée et coupée en deux plutôt que les trois ingrédients
originaux.
Note – Pêches et nectarines sont interchangeables dans la plupart
des recettes.

78 Lait d'amande à l'orange

Cette délicieuse boisson lactée est l'ultime stimulant énergétique du matin.

INGRÉDIENTS

210 g (7 ½ oz) d'amandes rôties, non salées

200 g (7 oz) de sucre glace, à diviser

1 l (4 tasses) d'eau minérale ou filtrée

75 ml (⅓ tasse) d'eau de fleurs d'oranger

3 l (12 tasses) de lait

Mettre les amandes dans une casserole pleine d'eau bouillante et les blanchir 30 secondes. Bien égoutter, puis frotter avec un linge pour enlever la peau. Mettre les amandes et 180 g (6 ½ oz) de sucre dans le mélangeur et mixer jusqu'à ce qu'elles soient finement moulues.

Dans un grand bol, combiner le mélange d'amandes et l'eau. Couvrir et laisser en attente toute la nuit.

Filtrer le mélange d'amandes dans un coton à fromage au-dessus d'un grand récipient. Ajouter en brassant l'eau de fleurs d'oranger. Ajouter le lait et sucrer au goût avec le reste de sucre. Couvrir et réfrigérer jusqu'à ce que ce soit bien froid. Se conserve au réfrigérateur 2 à 3 jours.

DONNE 8 verres

CONSEIL PRATIQUE

Pour rôtir les amandes, les étaler sur une plaque à pâtisserie non graissée et cuire au four à 180 °C (350 °F) 10 à 12 minutes ou jusqu'à ce qu'elles soient dorées et parfumées. Ne pas les laisser trop dorer. À cause de leur haute teneur en huile, les amandes continueront à rôtir une fois sorties du four.

variantes

79 LAIT DE NOIX DU BRÉSIL À L'ORANGE

Préparer le Lait d'amande à l'orange en remplaçant les amandes par des noix du Brésil. Il n'est pas nécessaire de blanchir les noix du Brésil.

Note – Comme les noix du Brésil sont considérées comme l'un des superaliments, nous devrions probablement tous en consommer plus.

80 LAIT D'AMANDE À LA VANILLE

Préparer le Lait d'amande à l'orange en omettant l'eau de fleurs d'oranger. Aromatiser avec 10 à 15 ml (2 à 3 c. à thé) d'extrait de vanille. Une fois le mélange filtré, omettre le sucre et sucrer plutôt avec 60 à 125 ml (¼ à ½ tasse) de miel liquide, au goût.

Note – L'intensité des extraits de vanille est variable ; il faut donc en ajouter avec prudence. Trop en mettre peut donner un goût amer.

81 LAIT D'AMANDE ET DATTE

Préparer le Lait d'amande à l'orange ou la variante Lait d'amande à la vanille ci-dessus. Une fois le mélange filtré, omettre le sucre glace et sucrer plutôt avec 60 à 125 ml (¼ à ½ tasse) de sirop de datte.

Note – Le sirop de datte est parfois appelé miel de datte ; on peut l'acheter dans les boutiques d'aliments santé, d'aliments spécialisés ou en ligne. C'est un excellent édulcorant instantané pour les jus et les smoothies.

LAIT D'AMANDE RÉCONFORTANT

Préparer le Lait d'amande à l'orange ou la variante Lait d'amande à la vanille et chauffer le résultat final dans une casserole ou au micro-ondes jusqu'à ce que ce soit chaud mais non bouillant.
Note – Servez cette boisson avant d'aller au lit.

LAIT D'AMANDE STIMULANT AUX ÉPICES

Préparer le Lait d'amande à l'orange en omettant l'eau de fleurs d'oranger. Verser le lait dans 2 tasses. Ajouter à chacune 3 ml (½ c. à thé) de curcuma moulu, 5 ml (1 c. à thé) de cannelle moulue et 1 ml (¼ c. à thé) de gingembre moulu. Bien brasser. Chauffer au micro-ondes jusqu'à ce que ce soit chaud mais non bouillant. Garnir d'une pincée de graines de cardamome moulues.
Note – Ces épices traditionnelles indiennes ajoutées au lait d'amande détendent les nerfs avant d'aller dormir.

EAU DE NOIX

Mettre 150 g (5 ¼ oz) d'amandes blanchies ou de noix du Brésil dans le mélangeur avec 4 dattes dénoyautées, 5 ml (1 c. à thé) d'extrait de vanille, 1 pincée de sel et 500 ml (2 tasses) d'eau. Mixer jusqu'à ce que ce soit homogène. Filtrer le mélange dans un coton à fromage au-dessus d'un grand récipient et ajouter 500 ml (2 tasses) d'eau. Couvrir et réfrigérer.
Note – Si vous en préparez souvent, vous pouvez acheter un sac spécial pour le lait de noix plutôt qu'un coton à fromage.

PANACHÉ ORANGE ET NOIX DE CAJOU

Mettre 75 g (2 ½ oz) de noix de cajou hachées dans le mélangeur avec 500 ml (2 tasses) d'eau et 60 ml (¼ tasse) de miel liquide et mixer jusqu'à ce que le tout soit lisse. Filtrer le mélange dans un récipient, ajouter en brassant 500 ml (2 tasses) d'eau et 1 l (4 tasses) de jus d'orange, puis réfrigérer.
Note – Les noix de cajou ont une haute densité énergétique tout en étant riches en fibres, deux propriétés qui ont des effets bénéfiques sur la gestion du poids, si elles sont consommées avec modération.

86 Smoothie déjeuner protéiné à l'orange

Cette recette constitue un excellent départ pour la journée. Rappelez-vous que le yogourt surgelé étant habituellement très sucré, le miel doit être ajouté au goût avec parcimonie

INGRÉDIENTS

250 ml (8 oz) de jus d'orange, préférablement fraîchement pressé
5 ml (1 c. à thé) de zeste d'orange
2 cuillères à crème glacée de yogourt à l'orange surgelé
1 œuf
10 ml (2 c. à thé) de germe de blé
15 ml (1 c. à soupe) de miel liquide
Tranche d'orange, pour décorer

Mettre le jus et le zeste d'orange, le yogourt surgelé, l'œuf, le germe de blé et le miel dans un mélangeur et mixer jusqu'à ce que ce soit homogène. Verser dans un verre froid et servir immédiatement. Décorer d'une tranche d'orange pour servir.

DONNE 1 grand ou 2 petits verres

CONSEIL PRATIQUE

Pour un smoothie déjeuner plus crémeux, mais moins santé, utilisez de la crème glacée à l'orange, au citron ou à la vanille.

variantes

87 SMOOTHIE DÉJEUNER ORANGE ET ABRICOT

Préparer le Smoothie déjeuner protéiné à l'orange en remplaçant le jus d'orange par du nectar d'abricot.
Note – Le nectar d'abricot est le liquide épais extrait du fruit ; le jus d'abricot peut contenir de l'eau et du sucre. Vous pourriez devoir éclaircir avec de l'eau cette boisson à base de nectar.

88 SMOOTHIE DÉJEUNER ORANGE ET DATTE

Mettre le zeste râpé et le jus de 2 oranges dans le mélangeur avec 5 dattes séchées tendres et 250 ml (1 tasse) de yogourt nature. Mixer jusqu'à ce que ce soit homogène et servir dans un verre.
Note – Utilisez du yogourt de soya pour une version sans lait de ce smoothie.

89 SMOOTHIE DÉJEUNER ORANGE ET BANANE

Mettre le zeste râpé et le jus de 2 oranges dans le mélangeur avec 1 petite banane, pelée et hachée, et 250 ml (1 tasse) de yogourt nature. Mixer jusqu'à ce que ce soit homogène et servir dans un verre. Vous pouvez éclaircir avec un peu de lait, si désiré.
Note – La banane est gorgée de sucres naturels, mais si ce smoothie n'est pas assez sucré pour vous, ajoutez 3 à 5 ml (½ à 1 c. à thé) de miel liquide ou de sirop d'érable.

90 Smoothie érable, banane et soya

Commencez la journée sainement avec ce smoothie crémeux au soya, idéal si vous surveillez votre cholestérol.

INGRÉDIENTS

1 banane, pelée et hachée
250 ml (1 tasse) de boisson de soya
15 ml (1 c. à soupe) de sirop d'érable, un surplus pour décorer

10 ml (2 c. à thé) de jus de citron
10 ml (2 c. à thé) de germe de blé

Mettre tous les ingrédients dans le mélangeur et mixer jusqu'à ce que ce soit homogène. Verser dans un verre et décorer d'un filet de sirop d'érable. Servir immédiatement.

DONNE 1 verre

CONSEIL PRATIQUE

Pour une version à faible teneur en glucides ou sans sucre, utilisez une boisson de soya non sucrée et du sirop à saveur d'érable, sans sucre.

91 SMOOTHIE ÉRABLE ET BANANE

Mettre 1 petite banane, pelée et hachée, 250 ml (1 tasse) de lait entier, 2 cuillères à crème glacée de crème glacée à l'érable et 5 ml (1 c. à thé) de jus de citron dans le mélangeur et mixer jusqu'à ce que le tout soit lisse.
Note – Plus la banane est mûre, plus le goût est sucré.

92 SMOOTHIE ÉRABLE, BANANE ET AMANDE

Préparer le Smoothie érable, banane et soya en remplaçant la boisson de soya par de la boisson d'amande et en le garnissant d'amandes effilées, grillées.
Note – Alors que le sirop d'érable est cher et absolument délicieux, le sirop aromatisé à l'érable est peu cher et offre une alternative raisonnable. Un sirop aromatisé à l'érable sans sucre est aussi disponible.

93 smoothie lait de poule et yogourt

Gardez l'âme à la fête toute l'année avec ce smoothie riche et crémeux. Cette version ne contenant pas d'alcool, elle s'avère donc un régal savoureux pour toute la famille.

INGRÉDIENTS

2 œufs, séparés
23 ml (1 ½ c. à soupe) de sucre
250 ml (1 tasse) de lait
250 ml (1 tasse) de yogourt
  nature

3 ml (½ c. à thé) d'extrait
  de vanille
Muscade fraîchement râpée,
  pour garnir

Dans un bol, mettre les jaunes d'œufs et le sucre et battre jusqu'à ce que ce soit épais et de couleur citronnée. Ajouter le lait, le yogourt et l'extrait de vanille, puis bien brasser. Dans un autre bol, en utilisant des batteurs propres et secs, battre les blancs d'œufs jusqu'à ce qu'ils soient fermes et ajouter, en pliant, au mélange de yogourt. Servir aussitôt, saupoudré de muscade râpée.

DONNE 2 grands verres

MISE EN GARDE

Les femmes enceintes et les personnes dont le système immunitaire est déficient devraient s'abstenir de manger des œufs crus.

variantes

94 SMOOTHIE BANANE ET LAIT DE POULE

Préparer le Smoothie lait de poule et yogourt en ajoutant une banane bien écrasée ou en purée avec le yogourt.
Note – Assurez-vous de bien nettoyer les fouets après avoir battu les jaunes d'œufs. S'il reste des protéines de jaune d'œuf sur les fouets, les blancs ne monteront pas en neige.

95 SMOOTHIE CITROUILLE ET LAIT DE POULE

Préparer le Smoothie lait de poule et yogourt en ajoutant 125 ml (½ tasse) de purée de citrouille au yogourt. Garnir d'épices pour tarte à la citrouille.
Note – C'est une excellente façon d'utiliser un reste de citrouille grillée. Passez-le simplement dans un tamis pour le réduire en purée.

96 LAIT DE POULE CHAUD AU GERME DE BLÉ

Battre les jaunes d'œufs et le sucre tel qu'indiqué. Dans une casserole, chauffer 400 ml (1 ⅔ tasse) de lait entier jusqu'à ce que des bulles se forment autour de la paroi ; ne pas laisser bouillir. Battre les blancs d'œufs jusqu'à ce qu'ils soient fermes. Ajouter le lait chaud, 10 ml (2 c. à thé) de germe de blé, une pincée de cannelle et une de muscade, aux jaunes d'œufs. Puis mixer au mélangeur à main jusqu'à ce que le tout soit lisse. Ajouter en pliant les blancs d'œufs. Verser aussitôt dans des verres et servir.
Note – Plus les œufs sont frais, plus ils sont faciles à séparer.

Le smoothie végétalien au lait de poule est une excellente alternative sans lait à cette boisson festive traditionnelle.

97 SMOOTHIE VÉGÉTALIEN AU LAIT DE POULE

Mettre 375 ml (1 ½ tasse) de boisson d'amande dans un mélangeur avec ½ banane, ½ avocat, 10 ml (2 c. à thé) de miel liquide, 5 ml (1 c. à thé) d'épices pour citrouille, 3 ml (½ c. à thé) de muscade moulue et quelques gouttes d'extrait de vanille. Mixer jusqu'à ce que le mélange soit lisse et servir aussitôt.

Note -- On peut utiliser une boisson de soya à la vanille au lieu d'une boisson d'amande.

98 SMOOTHIE LAIT DE POULE ET CHOCOLAT

Préparer le Smoothie lait de poule et yogourt en ajoutant 60 ml (¼ tasse) de sirop de chocolat avec le yogourt. Râper un peu de chocolat en plus de la muscade, pour garnir.

Note – On peut remplacer le sirop au chocolat par du sirop de caroube.

99 smoothie à la banane

Ce smoothie épais et nourrissant est idéal pour vous préparer à une journée à l'école ou au bureau.

INGRÉDIENTS

1 ½ banane, pelée et en morceaux

15 ml (1 c. à soupe) de beurre d'arachide crémeux
250 ml (1 tasse) de lait entier

Combiner tous les ingrédients dans le mélangeur et mixer jusqu'à ce que ce soit homogène. Verser dans un verre et servir immédiatement.

DONNE 1 verre

CONSEIL PRATIQUE

Utilisez du lait entier pour les enfants, tandis que les adultes préféreront sans doute du lait partiellement écrémé.

variantes

100 SMOOTHIE BANANE ET GERME DE BLÉ

En préparant le Smoothie à la banane, ajouter 5 ml (1 c. à thé) de germe de blé aux ingrédients dans le mélangeur.

Note – Le germe de blé contient du gras et peut donc rancir. Pour augmenter sa durée, gardez-le au réfrigérateur dans un contenant hermétique.

101 SMOOTHIE BANANE ET SON

En préparant le Smoothie à la banane, ajouter 5 ml (1 c. à thé) de son aux ingrédients dans le mélangeur.

Note – Si vous utilisez du son d'avoine, assurez-vous que l'étiquette indique sans gluten si vous en offrez à une personne qui souffre d'intolérance. Bien que le son d'avoine soit habituellement sans gluten, une contamination croisée peut survenir durant la production d'un son d'avoine non certifié.

103 SMOOTHIE BANANE ET NOIX

En préparant le Smoothie à la banane, ajouter 15 ml (1 c. à soupe) de vos noix favorites aux ingrédients dans le mélangeur.

Note – Servez ce smoothie avec un bol de salade de fruits frais pour un déjeuner parfaitement équilibré.

102 SMOOTHIE BANANE ET SOYA

Préparer le Smoothie à la banane en remplaçant le lait par une quantité égale de boisson de soya.

Note – Certaines boissons de soya sont offertes dans un emballage aseptique qui n'exige pas de réfrigération avant l'ouverture. Gardez un carton dans l'armoire pour profiter d'un smoothie déjeuner même si vous n'avez plus de lait.

104 SMOOTHIE BANANE ET CHOCOLAT

Préparer le Smoothie à la banane, ajouter 15 ml (1 c. à soupe) de tartinade au chocolat avec les ingrédients dans le mélangeur.

Note – Les enfants adorent le chocolat et en ajouter relativement peu vous permet de leur faire manger en cachette toutes les autres bonnes choses au déjeuner, ce qui fait de ce smoothie une bonne boisson énergétique avant une journée active.

105 Smoothie déjeuner campagnard

L'utilisation de fruits en compote est une nouvelle approche des smoothies qui ajoute une finesse de saveur que l'on n'obtient pas avec des fruits frais.

INGRÉDIENTS

2 pommes pelées, le cœur enlevé et hachées	40 g (1 ½ oz) de mûres
1 poire pelée, le cœur enlevé et hachée	30 ml (2 c. à soupe) d'eau
	5 ml (1 c. à thé) de jus de citron
120 g (4 ¼ tasses) de rhubarbe hachée	5 ml (1 c. à thé) de miel
	125 ml (½ tasse) de yogourt à faible teneur en gras

Dans une casserole, mettre les fruits, l'eau, le jus de citron et le miel. Amener à ébullition, puis baisser à feu moyen. Pocher les fruits 10 minutes, ou jusqu'à ce qu'ils soient tendres. Retirer du feu et laisser refroidir.

Mettre les fruits en compote dans le mélangeur avec le yogourt et mixer jusqu'à ce que ce soit homogène. Verser dans un verre et servir aussitôt après avoir arrosé d'un filet de miel supplémentaire, si désiré.

DONNE 1 grand ou 2 petits verres

CONSEIL PRATIQUE

Mettez les fruits en compote quand ils sont disponibles en saison, puis congelez-les dans de petits contenants pour qu'ils soient faciles à utiliser.

Variantes

107 SMOOTHIE COMPOTE DE RHUBARBE, POMME ET POIRE

Omettre les mûres du Smoothie déjeuner campagnard.
Note – La version idéale pour quiconque n'aime pas la texture des petites graines des mûres dans son smoothie.

106 SMOOTHIE CAMPAGNARD ÉPICÉ

Préparer le Smoothie déjeuner campagnard en ajoutant 5 ml (1 c. à thé) d'épices pour tarte aux pommes à la compote de fruits avant de mixer.
Note – Les épices pour tarte aux pommes contiennent 4 parties de cannelle pour 2 parties de muscade et 1 partie de cardamome.

108 SMOOTHIE COMPOTE DE POMME ET MÛRE

Préparer le Smoothie déjeuner campagnard en remplaçant la rhubarbe et les poires par 1 autre pomme et 120 g (4 ¼ oz) additionnels de mûres.

Congeler les fruits en saison dans de petits contenants vous permet de savourer vos smoothies favoris à tout moment de l'année.

109 SMOOTHIE COMPOTE DE POIRE ET POMME

Préparer le Smoothie déjeuner campagnard en remplaçant la rhubarbe et les mûres par ½ pomme et ½ poire.
Note – Voici un smoothie très doux qui serait un bon repas pour une personne qui ne se sent pas en forme.

110 SMOOTHIE COMPOTE DE COING ET POMME

Préparer le Smoothie déjeuner campagnard en remplaçant la rhubarbe et les mûres par 2 petits coings.
Note – La saveur du coing cru est vraiment astringente (âpre), c'est pourquoi il devrait toujours être mangé cuit.

111 smoothie aux framboises vite fait

Cette boisson si délicieuse et si rapide et facile à faire pourrait bien devenir un chouchou avant de partir pour l'école.

INGRÉDIENTS

120 g (4 ¼ oz) de framboises
150 ml (⅔ tasse) de jus d'orange, préférablement fraîchement pressé
75 ml (⅓ tasse) de yogourt nature à faible teneur en gras

Mettre tous les ingrédients dans le mélangeur et mixer jusqu'à ce que le tout soit lisse. Verser dans un verre et servir aussitôt.

DONNE 1 verre

CONSEIL PRATIQUE

On peut utiliser des framboises fraîches ou surgelées dans ce smoothie.

112 SMOOTHIE FRAMBOISE ET CITRON VITE FAIT

Préparer le Smoothie aux framboises vite fait en utilisant du yogourt au citron plutôt que nature.
Note – D'autres saveurs de yogourts, comme mangue, noix de coco ou cerises, conviendraient aussi.

114 SMOOTHIE BLEUET VITE FAIT

En préparant le Smoothie aux framboises vite fait, remplacer les framboises par des bleuets.
Note – Préparer des smoothies est une bonne façon de passer des bleuets un peu défraîchis.

113 SMOOTHIE FRAMBOISE ET PROTEINE VITE FAIT

Préparer le Smoothie aux framboises vite fait en ajoutant 15 ml (1 c. à soupe) de protéines en poudre aux autres ingrédients.
Note – Déposer quelques framboises fraîches sur le smoothie.

115 SMOOTHIE AUX PETITS FRUITS VITE FAIT

En préparant le Smoothie aux framboises vite fait, remplacer les framboises par des petits fruits en mélange surgelés.
Note – Utilisez des petits fruits en mélange surgelés quand les petits fruits frais sont hors saison.

116 Jus pomme, raisin et thé vert

Le thé vert se marie parfaitement aux fruits frais pour donner des jus originaux et il offre en outre des bienfaits considérables pour la santé.

INGRÉDIENTS

1 pincée de matcha (thé vert en poudre)
125 ml (½ tasse) d'eau bouillante

1 pomme, en quartiers
150 g (5 ¼ oz) de raisins verts sans pépins

Mêler le matcha et l'eau bouillante. Laisser refroidir, puis réfrigérer pour que le thé soit bien froid.

Réduire la pomme et les raisins dans un extracteur à jus. Mêler le jus et le thé vert et servir.

DONNE 1 verre

INFORMATION PRATIQUE

Le thé vert peut aider à éveiller votre vivacité d'esprit.

Variantes

119 JUS MANGUE ET THÉ VERT

Dans la recette Jus de pomme, raisin et thé vert, remplacer les raisins et la pomme par la chair de 1 mangue pelée et dénoyautée.
Note – « Maccha » et « maca », moins courants, sont d'autres façons d'écrire matcha.

120 JUS ANANAS ET THÉ VERT

Préparer le Jus de pomme, raisin et thé vert en remplaçant les raisins et les pommes par 225 g (8 oz) d'ananas haché.
Note – Les antioxydants du thé vert peuvent aider à protéger contre le cancer.

121 JUS GOYAVE ET THÉ VERT

Dans la recette Jus de pomme, raisin et thé vert, remplacer les raisins et la pomme par 3 goyaves pelées.
Note – La peau des goyaves peut être soit rude et amère ou tendre et sucrée, par conséquent les peler est facultatif.

117 JUS POMME ET THÉ VERT

Préparer le Jus de pomme, raisin et thé vert en omettant les raisins et en augmentant la quantité de pommes à 2.
Note – Les bouddhistes zen ont élaboré la cérémonie du thé sous la dynastie chinoise Song.

122 JUS GRENADE ET THÉ VERT

Préparer le Jus de pomme, raisin et thé vert en remplaçant les raisins et la pomme par 1 grenade.
Note – Retirer le plus de membrane blanche possible avant de réduire la grenade en jus.

118 JUS PÊCHE ET THÉ VERT

Préparer le Jus de pomme, raisin et thé vert en remplaçant les raisins et les pommes par 3 pêches dénoyautées.
Note – Pour éviter les grumeaux, mêler la poudre à quelques gouttes d'eau afin d'obtenir une pâte épaisse avant de verser l'eau bouillante.

123 JUS AGRUMES ET THÉ VERT

Préparer le Jus de pomme, raisin et thé vert en omettant les raisins et la pomme. Ajouter 1 lanière de zeste de citron avec le matcha à l'eau bouillante. Presser ½ pamplemousse rose et ajouter le jus au thé refroidi avec 10 ml (2 c. à thé) de jus de citron et du miel, au goût.

124 Zinger de citron et raisin

Voici une boisson rafraîchissante à base de jus dont le soupçon de gingembre et le pétillant de l'eau gazeuse vous réveilleront tout en purifiant votre organisme.

INGRÉDIENTS

250 g (8 ¾ oz) de raisins rouges sans pépins

5 cm (2 po) de racine de gingembre, pelée

1 citron, pelé et haché

75 ml (⅓ tasse) environ d'eau minérale gazeuse

Réduire en jus les raisins, le gingembre et le citron dans l'extracteur à jus. Verser dans un verre et combler d'eau minérale gazeuse. Servir immédiatement.

DONNE 1 verre

POUR SERVIR

Découper un ruban de zeste de citron avant de complètement le peler et utiliser le ruban pour garnir la boisson prête à boire. Enfilez-le autour d'un cure-dent avec quelques raisins et de la citronnelle, de la menthe ou du basilic.

125 ZINGER CITRON ET MÛRE

Préparer le *Zinger* de citron et raisin en remplaçant les raisins par 225 g (8 oz) de mûres.
Note – Préparez ce *Zinger* au mélangeur en utilisant des mûres fraîches ou surgelées, 15 ml (1 c. à soupe) de sirop de gingembre et le jus de 1 citron.

126 ZINGER ORANGE ET FRAMBOISE

Préparer le *Zinger* de citron et raisin en remplaçant les raisins et le citron par 225 g (8 oz) de framboises et 1 petite orange.
Note – Si ces *Zinger* sont un petit peu trop âcres à votre goût, utilisez du soda citron-lime plutôt que de l'eau minérale.

Boissons purifiantes

Quand vous vous sentez amorphes, il n'y a rien de mieux qu'un jus tellement enrichi de bonnes choses que vous pouvez presque le sentir purifier et détoxifier votre organisme, d'une gorgée savoureuse à une autre. Ce chapitre est plein de combinaisons de fruits et de légumes qui, si vous les consommez régulièrement, vous aideront à vous sentir et à paraître plus rayonnant : cheveux brillants, peau radieuse et yeux étincelants. Le détoxifiant le plus simple est une combinaison classique de pommes, carottes et céleri, mais on trouve aussi un grand choix de boissons à base de légumes riches en nutriments qui renforcent l'organisme.

127 Détoxifiant

Voici un jus détoxifiant simple qui contient trois ingrédients fantastiques. Il goûte si bon que vous vous demanderez pourquoi vous ne l'avez pas découvert avant.

INGRÉDIENTS
3 pommes, en quartiers
2 carottes, parées
2 branches de céleri

Passer les ingrédients dans l'extracteur à jus, verser dans un verre et servir froid.

DONNE 1 verre

INFORMATION NUTRITIONNELLE

Le céleri est un diurétique, le jus de pomme aide la digestion et les carottes sont d'excellents antioxydants.

variantes

128 DÉTOXIFIANT À LA MENTHE

En préparant le Détoxifiant, ajouter 1 petit bouquet de feuilles de menthe et ½ lime pelée dans l'extracteur à jus.

Note – Achetez un plant de menthe en pot à l'épicerie et gardez-le au soleil sur le rebord d'une fenêtre. La menthe fraîche poussant bien à l'intérieur, vous devriez donc être capable de la conserver quelque temps.

129 DÉTOXIFIANT ÉNERGISANT

Ajouter 5 cm (2 po) de racine de gingembre pelée et 5 ml (1 c. à thé) de spiruline en poudre dans le robot culinaire en préparant le Détoxifiant.

Note – Il suffit de 5 ml (1 c. à thé) de spiruline pour obtenir la dose quotidienne recommandée de B12.

130 DÉTOXIFIANT SPÉCIAL AU FENOUIL

Préparer le Détoxifiant ou le Détoxifiant énergisant en remplaçant le céleri par 1 bulbe de fenouil moyen.

Note – Le fenouil contient un composé qui peut aider à soulager l'inflammation.

131 DÉTOXIFIANT ACIDULÉ

Préparer le Détoxifiant en utilisant 3 carottes, 1 pomme, 1 orange, ½ pamplemousse et un petit bouquet de feuilles de menthe, plutôt que les ingrédients originaux.

Note – Cette variante fonctionne bien aussi si vous utilisez 5 cm (2 po) de racine de gingembre pelée au lieu de la menthe.

132 DÉTOXIFIANT À LA TOMATE

Préparer le Détoxifiant en remplaçant les pommes par 2 tomates moyennes et ajouter ½ citron, pelé.

Note – Les tomates sont de merveilleux antioxydants et des études ont démontré que le lycopène, associé à la couleur rouge, peut être bénéfique pour la santé des os.

133 SMOOTHIE DÉTOXIFIANT ET REVITALISANT

Mettre 1 pomme pelée et hachée dans le mélangeur avec 2 branches de céleri hachées et 300 ml (1 ¼ tasse) de lait partiellement écrémé ou entier. Mixer jusqu'à ce que le tout soit lisse, puis ajouter une pincée de sel et une pincée de sucre.

Note – Votre organisme dépend du bon équilibre des électrolytes ; le sel et le sucre sont deux éléments importants qui peuvent aider à rétablir l'équilibre.

134 DÉTOXIFIANT À LA BETTERAVE

Passer 1 carotte, 1 pomme, 1 branche de céleri et 2 petites betteraves dans l'extracteur à jus.

Note – Voici la boisson parfaite pour vous permettre de mieux connaître le jus de betterave : il est doux, léger et facile à boire.

135 DÉTOXIFIANT DOUX À LA BETTERAVE

Préparer la variante Détoxifiant à la betterave en remplaçant la pomme par 1 poire pelée et le cœur enlevé.

Note – Les poires ont des attributs semblables à ceux des pommes, mais sont moins sures ; toutes deux sont souvent interchangeables dans les jus.

136 Déesse verte

Bien que, au premier coup d'œil, ceci puisse sembler une étrange combinaison, détrompez-vous. La Déesse verte est un mélange de fruits et de légumes délicieux, détoxifiant et excellent pour la digestion.

INGRÉDIENTS

2 branches de céleri	25 g (1 oz) de bébés épinards, lavés
1 pomme, en quartiers	
1 kiwi, pelé	½ concombre
1 poire, en quartiers	Un filet de lime

Passer le céleri, la pomme, le kiwi, la poire, les épinards et le concombre dans l'extracteur à jus. Verser dans un verre. Arroser d'un filet de jus de lime et servir immédiatement.

DONNE 1 verre

INFORMATION PRATIQUE

Les épinards sont un stimulant nutritif naturel pour tout jus ou smoothie et, étonnamment, on les goûte à peine.

Variantes

137 DÉESSE VERTE AU KIWI

Préparer la Déesse verte en remplaçant la poire et le concombre par 1 pomme et 1 kiwi de plus.
Note – Les kiwis sont souvent trop fermes quand on les achète, mais ils mûriront rapidement sur le rebord d'une fenêtre.

138 DÉESSE VERTE DU VERGER

Préparer la Déesse verte en remplaçant le céleri et le concombre par 1 pomme et 1 poire supplémentaires.
Note – Les pommes et les poires contiennent des quantités élevées de sucre naturel. Les réduire en jus concentre les sucres ; par conséquent, bien que ce jus soit bon pour vous, soyez conscient de ce que vous consommez une grande quantité de sucre.

139 DÉESSE VERTE AU CONCOMBRE

Préparer la Déesse verte en remplaçant la poire et le kiwi par 1 pomme et ½ concombre supplémentaires.
Note – Le concombre est un excellent ajout aux jus en mélange parce que, tout en étant gorgé de liquide, il apporte une saveur très douce.

140 DÉESSE VERTE AUX LÉGUMES

En préparant la Déesse verte, omettre la pomme, le kiwi et la poire ; augmenter plutôt les épinards à 50 g (1 ¾ oz), le concombre à 1 et le céleri à 3 branches.
Note – Les nutriments dans les jus sont absorbés plus vite que dans l'aliment lui-même parce que les fibres ont été retirées.

141 DÉESSE VERT FONCÉ

Préparer la Déesse verte en remplaçant les épinards par du chou frisé (kale).

Note – Le chou frisé est une meilleure source de certaines vitamines et minéraux essentiels que l'épinard, mais l'épinard est en tête pour la teneur en folates. Il est préférable de toujours choisir celui qui paraît le plus frais.

142 DÉESSE MEXICAINE

Préparer la Déesse verte en remplaçant le kiwi par un petit bouquet de coriandre.

Note – Si vous aimez le jus épicé, vous pouvez ajouter ½ à 1 piment rouge aux autres ingrédients.

143 DÉESSE AU CRESSON

Préparer la Déesse verte en remplaçant le kiwi par 10 brins de cresson.

Note – Dix brins de cresson pèsent environ 40 g (1 ½ oz).

144 DÉESSE AU RAISIN

Préparer la Déesse verte en remplaçant le kiwi par 150 g (5 ¼ oz) de raisins verts.

Note – Nul besoin d'épépiner les raisins quand vous extrayez le jus. En fait, les minuscules pépins sont riches en nutriments.

145 SMOOTHIE DÉESSE VERTE

Préparer la Déesse verte en mettant tous les ingrédients dans un mélangeur avec 175 ml (¾ tasse) de boisson d'amande ou de soya. Mixer jusqu'à ce que le tout soit lisse.

Note – Garnir de tranches de concombre coupées en diagonale.

146 Água fresca au concombre

Cette eau est un bonheur pour les gens à la diète, car elle ne contient aucune calorie. Ce n'est que de l'eau aromatisée. Vous pouvez continuer d'ajouter de l'eau fraîche aux légumes et aux fruits pendant quelques jours, à mesure que l'eau est consommée.

INGRÉDIENTS

1 lime, finement tranchée
½ concombre, finement tranché
1 petit bouquet de menthe, les tiges enlevées

1 récipient d'environ 1,5 l (6 tasses) d'eau froide, filtrée ou minérale

Mettre tous les ingrédients dans le récipient d'eau, couvrir et réfrigérer toute la nuit, ou au moins 2 heures pour que la saveur des ingrédients ait le temps d'infuser l'eau.

DONNE 6 verres

POUR SERVIR

Délicieux à préparer pour un dîner entre amis. Pour un effet joli, servez l'eau dans des verres individuels pleins de fruits et de légumes.

variantes

148 ÁGUA FRESCA AU GINGEMBRE

Préparer l'*Água fresca* au concombre en remplaçant la lime par 1 citron tranché et 7,5 cm (3 po) de racine de gingembre, pelée et tranchée aussi fin que possible.
Note – Utiliser les meilleurs citrons biologiques que vous puissiez trouver pour ces infusions.

149 ÁGUA FRESCA CITRONNELLE ET GINGEMBRE

Préparer la variante *Água fresca* au gingembre en ajoutant 2 tiges de citronnelle tranchées.
Note – Une infusion parfaite pour accompagner des currys de style thaï.

150 ÁGUA FRESCA CITRONNELLE ET VANIL

Préparer l'*Água fresca* au concombre en utilisant 1 tige de citronnelle tranchée, 12 feuilles de basilic, 1 branche de céleri et ¼ de gousse de va fendue en deux.
Note – Utilisez du basilic thaï pour cette infusion. Ses notes poivrées s marient vraiment bien aux autres saveurs.

151 ÁGUA FRESCA CONCOMBRE ET CANNEBERGE

Préparer l'*Água fresca* au concombre en remplaçant la lime par 1 citron tranché et en ajoutant 40 g (1 ½ oz) de canneberges.
Note – Les canneberges en font une infusion idéale à servir avec un repas de fête.

147 ÁGUA FRESCA CONCOMBRE ET HERBES

Préparer l'*Água fresca* au concombre en remplaçant la menthe par 2 brins de romarin et 1 petit bouquet de thym et 1 petit bouquet de menthe.
Note – Lavez bien tous les ingrédients pour éviter une eau boueuse !

152 ÁGUA FRESCA À LA LAVANDE

Préparer l'*Água fresca* au concombre en utilisant ½ concombre, 1 petit bouquet de menthe (tiges enlevées) et 3 ml (½ c. à thé) de lavande culinaire.
Note – Ne consommez pas de lavande achetée chez un fleuriste, car elle peut avoir été vaporisée de pesticides.

servez l'Água fresca citronnelle et gingembre avec des currys de style thaï.

153 ÁGUA FRESCA FRAISE ET MENTHE

Préparer l'*Água fresca* au concombre en utilisant 10 grosses fraises, tranchées finement, et 1 petit bouquet de menthe, sans les tiges.
Note – C'est une façon agréable d'introduire une boisson sans sucre dans l'alimentation d'un jeune enfant.

155 ÁGUA FRESCA ANANAS ET MENTHE

Préparer l'*Água fresca* au concombre en ajoutant 3 tranches d'ananas en cubes.
Note – Ne jetez pas le cœur de l'ananas ; il est riche en nutriments et constitue une garniture idéale pour les verres.

154 ÁGUA FRESCA MÛRE ET VERVEINE CITRONNELLE

Préparer l'*Água fresca* au concombre en remplaçant la lime et la menthe par un petit bouquet de verveine citronnelle, sans les tiges.
Note – La mélisse serait agréable aussi.

156 EAU CHAUDE CITRONNÉE

Presser ½ citron dans un verre d'eau minérale ou filtrée, chaude mais non bouillante.
Note – Ce purifiant traditionnel aide la digestion et nettoie le foie.

157 Jus de racines

La couleur vibrante et intense de ce jus démontre qu'il étonnera toujours, tout comme sa douce saveur de noisette.

INGRÉDIENTS

2 grosses betteraves, parées
3 carottes, parées

2 cm (¾ po) de racine
de gingembre, pelée

Passer tous les ingrédients dans l'extracteur à jus. Verser dans un verre et servir aussitôt.

DONNE 1 verre

INFORMATION PRATIQUE

Le goût terreux des betteraves donne à ces boissons quelque chose de substantiel. Elles sauront donc vous rassasier.

Variantes

158 JUS CAROTTE ET GINGEMBRE

Préparer le Jus de racines en omettant les betteraves et en augmentant la quantité de carottes à 5.
Note – Le goût crémeux et sucré des carottes fait de cette boisson le plus agréable des jus de légumes à boire comme tel.

159 JUS CAROTTE ET PERSIL

Préparer le Jus de racines en remplaçant les betteraves par un petit bouquet de persil.
Note – La chlorophylle du persil est utilisée depuis longtemps comme rafraîchisseur d'haleine et elle est particulièrement efficace pour neutraliser l'odeur de l'ail. Ne pas l'utiliser si vous êtes enceinte.

160 JUS BETTERAVE, ORANGE ET GINGEMBRE

Préparer le Jus de racines en remplaçant les carottes par 3 oranges, pelées.
Note – Quand vous introduisez ces jus puissants dans votre alimentation, commencez lentement, en ne prenant qu'un verre par jour, puis augmentez lentement la quantité avec le temps.

161 JUS BETTERAVE ET CAROTTE

Préparer le Jus de racines en omettant le gingembre.
Note – Pour un effet visuel percutant, extrayez les jus de betteraves et de carottes séparément. Versez-les ensuite dans des verres, sans les mêler.

162 JUS BETTERAVE ET GINGEMBRE

Préparer le Jus de racines en omettant les carottes et en ajoutant
1 betterave supplémentaire.
Note – Ne laissez pas votre extracteur à jus en attente après l'usage.
Si les résidus sèchent dans l'appareil, il sera plus difficile à laver.

163 SMOOTHIE BETTERAVE ET ORANGE

Mettre 2 betteraves moyennes, cuites et pelées, dans un mélangeur
avec 125 ml (½ tasse) de jus d'orange et 75 ml (⅓ tasse) de yogourt
nature. Mixer jusqu'à ce que ce soit homogène. Éclaircir avec de l'eau,
au goût. Assaisonner d'une pincée de sel.
Note – Les betteraves crues ne sont pas faciles à réduire en purée.
Donc, utilisez des betteraves cuites dans les smoothies.

164 BOISSON CAROTTE, ORANGE ET GINGEMBRE

Remplacer les betteraves par 3 oranges pelées et ajouter 6 brins de
persil dans l'extracteur à jus. Diviser entre 2 verres et combler d'eau
minérale plate ou pétillante.
Note – Voici une excellente boisson si vous trouvez que les jus de
légumes faits de concentrés sont trop forts.

165 BOISSON CAROTTE, TOMATE ET GINGEMBRE

Préparer la variante Boisson carotte, orange et gingembre, en
omettant les oranges et en les remplaçant par 3 tomates moyennes.
Note – Cette boisson accompagne bien un bon sandwich jambon/
fromage à l'heure du dîner.

166 Jus canneberge, pomme et orange

L'amertume des canneberges est très rafraîchissante et elle rend ce jus vraiment populaire tant auprès des jeunes que des moins jeunes.

INGRÉDIENTS

100 g (3 ½ oz) de canneberges
2 pommes, en quartiers

2 oranges, pelées et coupées
en morceaux

Passer tous les ingrédients dans l'extracteur à jus. Verser dans un verre et servir aussitôt.

DONNE 1 verre

CONSEIL PRATIQUE

Si vous manquez de temps, vous pouvez préparer ce jus avec des quantités équivalentes de jus de fruits du commerce.

Variantes

167 JUS CANNEBERGE ET POMME

Préparer le Jus canneberge, pomme et orange en remplaçant les oranges par 2 pommes supplémentaires.
Note – Choisissez des pommes acides comme la Granny Smith ou utilisez vos pommes locales préférées.

168 JUS CANNEBERGE, ORANGE ET PÊCHE

Préparez le Jus canneberge, pomme et orange en remplaçant les pommes par 1 pêche, pelée et dénoyautée.
Note – Le nectar de pêche commercial vient habituellement de jus concentré et contient souvent du sucre ajouté.

169 JUS CANNEBERGE POMME, ORANGE ET FRAMBOISE

Préparer le Jus canneberge, pomme et orange en remplaçant la moitié des canneberges fraîches par 50 g (1 ¾ oz) de framboises.
Note – Si vous n'avez pas de framboises sous la main, ajoutez une généreuse quantité de sirop de framboise à la recette de base.

170 JUS CANNEBERGE, POMME, ORANGE ET FRAISE

Préparer le Jus canneberge, pomme et orange en remplaçant la moitié des canneberges fraîches par 50 g (1 ¾ oz) de fraises.
Note – Si vous préparez cette boisson pour une famille, ajouter des fraises rend la boisson plus sucrée, ce que certains enfants peuvent préférer.

171 JUS CANNEBERGE, POMME, ORANGE ET MENTHE

Préparer le Jus canneberge, pomme et orange en ajoutant 8 feuilles de menthe fraîche aux autres ingrédients.
Note – Les canneberges sont un aliment traditionnel à Noël et cette boisson est idéale à offrir à vos invités durant toutes les célébrations des Fêtes.

172 smoothie digestif

Ce smoothie riche en fibres non seulement aidera votre système digestif, mais il goûtera merveilleusement bon ce faisant.

INGRÉDIENTS

1 banane, pelée et en morceaux
5 pruneaux, dénoyautés
60 ml (¼ tasse) de jus d'orange
250 ml (1 tasse) de yogourt nature à faible teneur en gras

Mettre tous les ingrédients dans le mélangeur et mixer jusqu'à ce que ce soit homogène. Verser dans un verre ou une tasse et servir immédiatement.

DONNE 2 verres

CONSEIL NUTRITIONNEL

Parfois, les vieux remèdes sont les meilleurs. Les pruneaux ont démontré qu'ils soulageaient la constipation ; en fait, une étude récente indique qu'ils fonctionnent même mieux que les suppléments de fibres. Ils sont plus efficaces si l'on en consomme deux fois par jour. Cependant, ne restez pas constipé plus d'une semaine sans consulter un médecin.

Variantes

173 SMOOTHIE DIGESTIF AUX FIGUES

Préparer le Smoothie digestif en omettant les pruneaux et en les remplaçant par 5 figues séchées.
Note – Les figues peuvent agir comme laxatif naturel chez certaines personnes.

174 SMOOTHIE EXOTIQUE AUX FIGUES

Préparer la variante Smoothie digestif aux figues, puis ajouter 5 ml (1 c. à thé) d'eau de rose et une pincée de cardamome à la boisson.
Note – Les figues ne sont pas techniquement un fruit puisqu'elles sont constituées de la fleur et des pépins du figuier.

175 SMOOTHIE DIGESTIF À L'HUILE DE LIN

Préparer la variante Smoothie digestif aux figues et ajouter 15 ml (1 c. à soupe) d'huile de lin pure aux autres ingrédients.
Note – L'huile de lin est aussi vendue dans les magasins de bricolage pour la finition du bois. Ne consommez que l'huile de lin préparée pour l'alimentation humaine.

176 SUPER SMOOTHIE DIGESTIF

Préparer le Smoothie digestif en ajoutant 15 ml (1 c. à soupe) d'huile de lin et 2 figues séchées aux autres ingrédients.
Note – Cette boisson est une bonne boisson matinale si votre appareil digestif fonctionne mal. Servez-la avec du pain de blé entier grillé et du miel.

177 SMOOTHIE DIGESTIF VÉGÉTALIEN

Préparer le Smoothie digestif, ou l'une de ses variantes, en remplaçant le yogourt par 175 ml (¾ tasse) de lait de coco à faible teneur en gras.
Note – Une autre alternative végétalienne consiste à remplacer le yogourt par du yogourt de soya à la vanille.

178 Rafraîchissement ultra vert

Ce merveilleux mélange est un étal de marché agricole dans un verre !

INGRÉDIENTS

2 concombres
4 branches de céleri
2 courgettes
6 feuilles de chou frisé (kale)
6 feuilles d'épinards

1 petit bouquet de coriandre
½ lime, pelée et hachée
2,5 cm (1 po) de racine de gingembre, pelée
Tranches de lime, pour garnir

Passer tous les ingrédients dans l'extracteur à jus. Verser dans un verre et servir immédiatement. Garnir d'une tranche de lime.

DONNE 1 grand ou 2 petits verres

CONSEIL PRATIQUE

Les épinards utilisés ici sont des épinards matures, non de jeunes épinards. Pour de jeunes épinards, utilisez environ 1 poignée.

179 RAFRAÎCHISSEMENT ULTRA VERT CASSE-GRIPPE

Préparer le Rafraîchissement ultra vert en remplaçant la coriandre par un petit bouquet de persil et en ajoutant 2 gousses d'ail pelées.
Note – L'ail est utilisé pour stimuler le système immunitaire et le persil pour aider à neutraliser son odeur.

180 RAFRAÎCHISSEMENT ULTRA VERT AUX POIVRONS

Préparer le Rafraîchissement ultra vert en remplaçant les courgettes par 1 poivron vert et 1 jaune.
Note – Mêler les poivrons jaune et vert équilibre leur douceur.

181 RAFRAÎCHISSEMENT ULTRA VERT À L'ORANGE

Préparer le Rafraîchissement ultra vert en remplaçant la lime par une orange pelée et hachée.
Note – Si l'extracteur se bouche pendant l'extraction du jus de légumes tendres, poussez une carotte ferme dans l'appareil.

182 RAFRAÎCHISSEMENT ULTRA VERT AU BROCOLI

Préparer le Rafraîchissement ultra vert en remplaçant les épinards et le chou par une petite tête de brocoli, défaite en fleurons.
Note – Jus idéal pour les mères enceintes, le Rafraîchissement ultra vert au brocoli est gorgé d'acide folique.

183 Jus mentholé mandarine, citronnelle et piment

Ajouter du piment à un jus de fruits peut sembler curieux mais, étonnamment, en petites quantités, cela crée une saveur plaisante sans trop de piquant.

INGRÉDIENTS

4 mandarines, pelées et hachées   ½ long piment rouge, épépiné
1 tige de citronnelle, parée   5 feuilles de menthe fraîche

Passer tous les ingrédients dans l'extracteur à jus. Verser dans un verre et servir aussitôt.

DONNE 1 verre

CONSEIL NUTRITIONNEL

Même si vous adorez le piment, il est plus avisé de retirer les pépins avant d'en extraire le jus.

Variantes

184 JUS MENTHOLÉ MANDARINE, LIME, CITRONNELLE ET PIMENT

Préparer le Jus mentholé mandarine, citronnelle et piment et ajouter le jus de ½ lime.
Note – Tous les types d'oranges sont des nettoyants efficaces du système digestif.

185 JUS MENTHOLÉ ORANGE, CITRONNELLE ET PIMENT

Préparer le Jus mentholé mandarine, citronnelle et piment en remplaçant les mandarines par 3 oranges pelées.
Note – Les oranges étant à la base de tant de jus et de smoothies, il serait plus économique de les acheter en gros si vous êtes un passionné des jus.

186 JUS MENTHOLÉ MANGUE, CITRONNELLE ET PIMENT

Préparer le Jus mentholé mandarine, citronnelle et piment en remplaçant les mandarines par 1 mangue pelée et dénoyautée.
Note – Une mangue mûre cédera légèrement sous une pression délicate.

187 JUS MENTHOLÉ PAMPLEMOUSSE, CITRONNELLE ET PIMENT

Préparer le Jus mentholé mandarine, citronnelle et piment en remplaçant les mandarines par ½ pamplemousse pelé et grossièrement haché.

Note – Les pamplemousses rubis produisent le jus le plus sucré.

188 JUS MENTHOLÉ LITCHI, CITRONNELLE ET PIMENT

Préparer le Jus mentholé mandarine, citronnelle et piment en remplaçant les mandarines par 12 litchis pelés et dénoyautés.

Note – Comme les litchis coûtent cher, recherchez des cartons de jus de litchi dans les bonnes épiceries ou les boutiques d'aliments ethniques et utilisez 125 ml (½ tasse) de jus de litchi plutôt que les 12 litchis requis pour cette variante.

189 Barbotine miracle rouge

Voici une barbotine sans gras préparée avec des glaçons broyés et une fabuleuse combinaison de fruits rouges.

INGRÉDIENTS

320 g (11 oz) de pastèque, épépinée et hachée
120 g (4 ¼ oz) de fraises, équeutées

Jus de ½ orange sanguine
10 à 12 glaçons
Miel liquide, facultatif

Mettre la pastèque, les fraises et le jus d'orange dans le mélangeur et commencer à mixer. Ajouter graduellement les glaçons et continuer de mixer jusqu'à ce que le mélange soit réduit en une barbotine homogène. Sucrer au goût avec du miel, si désiré.

DONNE 2 à 3 verres

CONSEIL PRATIQUE

Pour une barbotine plus épaisse, utilisez jusqu'à 20 glaçons.

variantes

190 BARBOTINE PASTÈQUE ET CONCOMBRE

Préparer la Barbotine miracle rouge en remplaçant les fraises et le jus d'orange sanguine par 1 petit concombre et le jus de 2 limes.
Note – Si vous pensez que le concombre a été ciré, pelez-le avant de l'utiliser.

191 BARBOTINE PASTÈQUE ET CANTALOUP

Préparer la Barbotine miracle rouge en remplaçant les fraises par 150 g (5 ½ oz) de cantaloup haché et 4 feuilles de menthe.
Note – Voici une recette qui permet d'utiliser les restes de melon.

192 PANACHÉ PASTÈQUE ET FRAISE

Passer les fruits utilisés pour la Barbotine miracle rouge dans l'extracteur à jus. Omettre les glaçons. Sucrer avec du miel, si désiré.
Note – Vous pouvez remplacer jusqu'à la moitié des fraises par des framboises pour une boisson légèrement moins sucrée.

193 PANACHÉ PASTÈQUE ET CANTALOUP

Passer les fruits de la variante Barbotine pastèque et cantaloup dans l'extracteur à jus. Omettre les glaçons. Sucrer avec du miel, au goût.
Note – Servir dans une coquille de pastèque évidée.

194 PANACHÉ PASTÈQUE ET FENOUIL

Préparer la variante Panaché pastèque et fraise en remplaçant les fraises par ½ bulbe de fenouil.

Note – N'achetez pas le fenouil si les tiges sont brunes ou fanées. La peau externe doit être blanc verdâtre et ferme.

195 PANACHÉ ÉPICÉ À LA PASTÈQUE

Préparer la variante Panaché pastèque et fraise et ajouter en brassant 1 ml (¼ c. à thé) de cannelle moulue et une pincée de cardamome.

Note – Ajouter un peu d'épices donne du raffinement à cette boisson, la transformant en un jus idéal à servir dans des fêtes entre adultes.

196 SMOOTHIE MIRACLE ROUGE

Préparer la Barbotine miracle rouge ou la Barbotine pastèque et cantaloup, en omettant les glaçons. Les remplacer par 125 ml (½ tasse) de yogourt à la vanille.

Note – Dans cette recette, des fraises surgelées peuvent être utilisées au lieu de petits fruits frais.

197 BARBOTINE À L'ORANGE SANGUINE

Préparer la Barbotine miracle rouge en omettant la pastèque et en utilisant le jus de 6 oranges sanguines.

Note – La saison des oranges sanguines est limitée : janvier et février dans l'hémisphère Nord et août à octobre dans l'hémisphère Sud.

198 Jus purifiant

Essayez ce jus pour aider à détoxifier votre système quand vous ne vous sentez pas dans votre assiette. Sa saveur légère démontre que vous pouvez purifier votre organisme tout en profitant d'une boisson rafraîchissante.

INGRÉDIENTS

2 pommes
120 g (4 ½ oz) de melon miel Honeydew, pelé et haché
½ petit concombre
15 brins de cresson
15 ml (1 c. à soupe) d'herbe de blé en poudre (facultatif)

Passer les pommes, le melon, le concombre et le cresson dans l'extracteur à jus. Verser dans un verre, ajouter en fouettant l'herbe de blé en poudre, si désiré, et servir immédiatement.

DONNE 1 portion

INFORMATION PRATIQUE

La haute teneur en eau du concombre en fait une excellente base végétale pour les smoothies et les jus verts.

Variantes

199 JUS CONCOMBRE ET CRESSON

Préparer le Jus purifiant en remplaçant les pommes et le melon par un autre demi-concombre.
Note – Le concombre est une source moyenne de vitamine A, de fer et de potassium.

200 JUS POMME ET MELON

Préparer le Jus purifiant en remplaçant le concombre et le cresson par une autre pomme et 120 g (4 ¼ oz) additionnels de melon.

201 JUS POMME ET CONCOMBRE

Préparer le Jus purifiant en remplaçant le cresson et le melon par un autre demi-concombre.
Note – C'est l'un des jus nettoyants de base parmi les meilleurs.

202 JUS PURIFIANT CONCOMBRE ET MENTHE

Préparer ce jus nettoyant en passant 1 concombre entier, ¼ de citron pelé et le feuillage d'un brin de menthe dans l'extracteur à jus. Servir immédiatement.

203 JUS PURIFIANT À LA POIRE

Préparer le Jus purifiant en remplaçant les pommes par 2 poires en quartiers.
Note – Quand les poires sont mûres, la chair autour de la queue cédera un peu si elle est pressée délicatement. Évitez les poires trop mûres, car elles s'abîment rapidement.

204 JUS PURIFIANT AUX PISSENLITS

Remplacer le cresson du Jus purifiant par les racines et les feuilles de 2 jeunes plants de pissenlit.
Note – Le pissenlit est particulièrement bon pour le foie et les pissenlits du jardin sont idéaux quand ils ne sont pas arrosés d'insecticides.

205 JUS PURIFIANT CONCOMBRE ET ORANGE

Préparer le Jus purifiant en remplaçant 1 pomme et le cresson par 2 oranges pelées et hachées et un petit bouquet de menthe.
Note – Ajoutez 10 ml (2 c. à thé) d'huile de lin pour bénéficier de ses acides gras oméga-3.

206 JUS PURIFIANT AUX GOYAVES

En préparant le Jus purifiant, remplacer 1 pomme et le cresson par 2 goyaves.
Note – Si vous achetez du jus ou du nectar de goyave, choisissez les variétés non sucrées.

207 SMOOTHIE PURIFIANT

Peler et enlever le cœur des pommes et peler le concombre ; mettre dans le mélangeur avec le reste des ingrédients du Jus purifiant. Ajouter 175 ml (¾ tasse) de boisson d'amande et quelques gouttes d'extrait d'amande, puis mixer jusqu'à ce que ce soit lisse. Sucrer avec du miel liquide, si désiré.

208 SMOOTHIE PURIFIANT À L'AVOCAT

Dans le Smoothie purifiant, remplacer le melon par ½ avocat, pelé et dénoyauté.
Note – L'avocat épaissit bien les smoothies.

209 Boisson pamplemousse, basilic et fraise

Trois aliments frais aux saveurs très différentes – acide, herbe fine et sucrée – se marient étonnamment bien parce qu'ils partagent la même qualité aromatique.

INGRÉDIENTS

2 pamplemousses, pelés et hachés	50 g (1 ¾ oz) de fraises
	6 feuilles de basilic frais

Passer les pamplemousses et les fraises dans l'extracteur à jus. Verser dans le mélangeur, ajouter les feuilles de basilic et mixer 30 secondes. Verser dans un verre et servir aussitôt.

DONNE 1 verre

MISE EN GARDE

Avec certains médicaments, dont certains types de chimiothérapie et les inhibiteurs calciques, le pamplemousse devrait être évité. En cas de doute, consultez un médecin ou préparez une variante à base d'oranges.

Variantes

210 BOISSON ORANGE, BASILIC ET FRAISE

Préparer la Boisson pamplemousse, basilic et fraise en remplaçant les pamplemousses par 3 oranges pelées et hachées.
Note – Le basilic est reconnu comme une herbe soporifique, ce qui signifie qu'il favorise la détente de l'esprit.

211 BOISSON MANDARINE, BASILIC ET FRAISE

Préparer la Boisson pamplemousse, basilic et fraise en remplaçant les pamplemousses par 5 mandarines pelées et hachées.
Note – Les croisements entre les mandarines et d'autres agrumes comprennent la clémentine, la satsuma et la tangerine.

212 BOISSON POMME, BASILIC ET FRAISE

Préparer la Boisson pamplemousse, basilic et fraise en remplaçant les pamplemousses par 3 pommes en quartiers.
Note – Pour minimiser le risque que l'extracteur se bouche, alterner les pommes et les fraises en extrayant le jus.

213 BOISSON ANANAS, BASILIC ET FRAISE

Préparer la Boisson pamplemousse, basilic et fraise en remplaçant les pamplemousses par ⅓ d'ananas, pelé et haché.
Note – Si vous n'avez pas d'ananas frais, remplacez-le par 150 g (5 ¼ oz) de morceaux d'ananas dans son jus en conserve.

214 BOISSON ANANAS, SAUGE ET FRAISE

Préparer la Boisson ananas, basilic et fraise en remplaçant le basilic par des feuilles de sauge.
Note – Les femmes ménopausées apprécieront peut-être de savoir que la sauge atténue les bouffées de chaleur ; par contre, les femmes qui allaitent doivent l'éviter.

215 Garde du corps tropical

Excellent pour le système digestif, la peau, les yeux et les cheveux, ce jus vous fera resplendir de santé.

INGRÉDIENTS

½ pamplemousse, pelé
½ petite papaye, pelée
1 petite mangue, pelée
  et dénoyautée

Eau filtrée ou minérale ou jus
  d'orange, au goût

Passer tous les fruits dans l'extracteur à jus et verser dans un verre. Comme le jus obtenu est épais, éclaircir le jus au goût avec de l'eau ou du jus d'orange. Servir immédiatement.

DONNE 1 verre

INFORMATION PRATIQUE

Il n'est pas nécessaire d'épépiner la papaye avant d'en extraire le jus.

Variantes

216 GARDE DU CORPS PASSIONNÉ

Préparer le Garde du corps tropical en remplaçant la papaye par la chair de 2 fruits de la Passion.
Note – Pour une jolie garniture, parsemez le dessus de la boisson de pulpe de fruit de la Passion.

217 GARDE DU CORPS TROPICAL ÉPICÉ

Préparer le Garde du corps tropical et ajouter 2,5 cm (1 po) de racine de gingembre pelée aux autres ingrédients.
Note – Ajoutez 15 ml (1 c. à soupe) d'huile de lin à cette recette pour obtenir un jus bon pour la santé des articulations.

218 GARDE DU CORPS TROPICAL À LA NOIX DE COCO

Préparer le Garde du corps tropical et éclaircir le jus avec de l'eau de coco plutôt qu'avec de l'eau filtrée ou minérale.
Note – Ou bien, éclaircissez le jus avec 30 ml (2 c. à soupe) de lait de coco mêlé à de l'eau.

219 SALADE TROPICALE

Préparer le Garde du corps tropical en ajoutant 320 g (11 oz) de pastèque épépinée et hachée et en omettant l'eau.
Note – Ce jus a une belle couleur jaune orangé et il sera magnifique dans un verre multicolore.

220 GARDE DU CORPS TROPICAL ACIDULÉ

Préparer le Garde du corps tropical en remplaçant l'eau par du jus de clémentine.

Note – Le jus de grenade serait aussi délicieux pour éclaircir ce jus.

221 GARDE DU CORPS TROPICAL AUX PETITS FRUITS

Préparer le Garde du corps tropical en remplaçant la papaye par 150 g (5 ¼ oz) de bleuets ou de framboises. Éclaircir avec de l'eau, si désiré.

Note – Passer d'abord l'ananas et la mangue, puis éclaircir légèrement avec de l'eau. Passer ensuite les petits fruits. Verser délicatement le jus de petits fruits sur le dessus pour conserver l'effet de couches superposées.

222 BOISSON CALMANTE TROPICALE

Préparer le Garde du corps tropical en remplaçant la papaye par 150 g (5 ¼ oz) de raisins rouges. Éclaircir avec de l'eau, si désiré.

Note – Les raisins rouges sont très riches en eau. Par conséquent, ils diluent eux-mêmes le jus épais. Ils ajoutent aussi plus de sucre de fruit naturel à cette boisson.

223 GARDE DU CORPS TROPICAL À LA NECTARINE

Préparer le Garde du corps tropical en remplaçant la papaye par 1 grosse nectarine dénoyautée.

Note – La nectarine contient plus de jus que la pêche. Si vous utilisez une pêche, vous pourriez devoir ajouter plus de liquide.

224 SMOOTHIE TROPICAL

Préparer le Garde du corps tropical au mélangeur en ajoutant 75 ml (⅓ tasse) de chacun : yogourt à la noix de coco et jus d'orange.

Note – Vous pouvez aussi utiliser 150 ml (⅔ tasse) de lait de coco plutôt que du yogourt et du jus.

225 Jus grenade et aloès

L'aloès contient une myriade de nutriments bons pour la santé, mais la plupart des gens n'aiment pas la boire telle quelle. Par conséquent, mélangez-la à un smoothie et vous aurez la combinaison nutritionnelle gagnante.

INGRÉDIENTS

2 grenades moyennes
1 lime, pelée et hachée
15 à 30 ml (1 à 2 c. à soupe)
   de gel d'aloès
10 ml (2 c. à thé) environ
   de sucre semoule, au goût

Pour retirer les graines de la grenade, la rouler sur une surface de travail avec le plat de la main, en appliquant une légère pression. Couper le dessus et le dessous, puis couper le fruit en quartiers. Retourner les sections pour dégager les graines. Jeter la membrane qui colle aux graines. Passer les graines avec la lime dans l'extracteur à jus. Ajouter au jus, en brassant, le gel d'aloès suivi du sucre, au goût.

DONNE 1 grand ou 2 petits verres

CONSEIL NUTRITIONNEL

Commencez avec 15 ml (1 c. à soupe) de gel d'aloès, en augmentant à 30 ml (2 c. à soupe) une fois que l'organisme s'y sera habitué. Voyez le conseil à la page 35 sur l'usage lorsqu'on allaite.

Variantes

226 JUS GRENADE, FIGUE ET ALOÈS

Préparer le Jus grenade et aloès en remplaçant 1 grenade par 2 figues fraîches coupées en deux.
Note – Une grenade moyenne devrait contenir 75 à 115 g (2 ½ à 4 oz) de graines entières qui offriront 125 ml (½ tasse) de jus.

227 JUS GRENADE, BLEUET ET ALOÈS

En préparant le Jus grenade et aloès, remplacer 1 grenade par 225 g (8 oz) de bleuets ou 125 ml (½ tasse) de jus de bleuet.
Note – On peut acheter le jus de bleuet concentré dans les boutiques d'aliments santé et les bonnes épiceries.

228 JUS ANANAS, BLEUET, GINGEMBRE ET ALOÈS

Préparer le jus avec ⅔ d'un ananas frais, pelé et haché, et 300 g (10 ½ oz) de bleuets ; vous pouvez aussi utiliser 250 ml (1 tasse) de jus d'ananas et 125 ml (½ tasse) de jus de bleuets. Ajouter en brassant le gel d'aloès aux jus combinés.
Note – L'aloès est un puissant anti-inflammatoire et un excellent antioxydant. En outre, il est bon pour la digestion et favorise la récupération après l'exercice.

229   JUS GRENADE, AÇAÏ ET ALOÈS

Préparer le Jus grenade et aloès en ajoutant 60 ml (¼ tasse) de purée d'açaï au jus de grenade avec 60 ml (¼ tasse) d'eau filtrée ou minérale.
Note – La purée d'açaï est disponible en sachets dans les boutiques d'aliments santé et en ligne.

230   JUS AUX PETITS FRUITS TOUT SIMPLEMENT DÉLICIEUX

Préparer le Jus grenade et aloès en remplaçant 1 grenade par 50 g (1 ¾ oz) de chacun : bleuets, fraises et framboises. Omettre le gel d'aloès.
Note – Dans certaines régions, l'aloès est disponible en feuilles ; on les trouve dans des boutiques d'aliments santé ou des épiceries internationales.

231 Jus vert brocoli et poire

Les poires tempèrent le sucre dans ce jus, équilibrant le goût terreux du brocoli. Ne paniquez pas devant la quantité de brocoli utilisée, elle ne donnera que 30 ml (2 c. à soupe) de jus.

INGRÉDIENTS

100 g (3 ½ oz) de fleurons et de morceaux de tiges de brocoli
2 pommes moyennes, grossièrement hachées
2 poires moyennes, grossièrement hachées
2 branches de céleri
115 g (4 oz) de glaçons broyés

Passer le brocoli, les pommes, les poires et le céleri dans l'extracteur à jus. Diviser la barbotine entre les verres et verser le jus dessus. Servir immédiatement.

DONNE 2 verres

CONSEIL NUTRITIONNEL

Si vous ne consommez qu'un légume, pour l'amour de votre santé, choisissez le brocoli. Le manger cru protège ses abondants nutriments.

variantes

232 PURIFIANT VERT BROCOLI ET KIWI

Préparer le Jus vert brocoli et poire en remplaçant 1 poire par 2 kiwis pelés.
Note – Les kiwis aident la digestion et sont efficaces dans les boissons purifiantes.

233 PURIFANT VERT ASPERGE ET POMME

Préparer le Jus vert brocoli et poire en remplaçant le brocoli par 170 g (6 oz) de pointes d'asperges.
Note – L'asperge a ceci de particulier par rapport aux autres légumes : elle est riche en vitamine A.

234 PURIFIANT BROCOLI, CAROTTE ET ORANGE

Préparer le Jus vert brocoli et poire en remplaçant les poires par 3 carottes parées et ½ orange pelée et hachée.
Note – Le brocoli a une affinité naturelle avec l'orange. Garnissez cette boisson d'un peu de zeste d'orange râpé.

235 PURIFIANT VERT BROCOLI ET RAISIN

Préparer le Jus vert brocoli et poire en remplaçant les poires par 300 g (10 ½ oz) de raisins rouges.
Note – Pour que le jus circule librement dans l'extracteur à jus, alternez brocoli et pommes.

236 Stimulant immunitaire riche en fibres

Cette boisson mixée contient une abondance de vitamines et minéraux essentiels, ainsi qu'une bonne dose de fibres, de protéines et d'huiles.

INGRÉDIENTS

250 ml (1 tasse) de jus d'orange, fraîchement pressé de préférence

1 banane, pelée et en morceaux

15 ml (1 c. à soupe) de racine de gingembre pelée ou 1 ml (¼ c. à thé) de gingembre moulu

15 ml (1 c. à soupe) de jus de citron

1 gousse d'ail

15 ml (1 c. à soupe) d'huile de lin

15 ml (1 c. à soupe) de granules de lécithine

Combiner tous les ingrédients dans le mélangeur et mixer jusqu'à ce que ce soit homogène. Verser dans un verre et servir immédiatement.

DONNE 1 verre

INFORMATION PRATIQUE

La lécithine est un composé courant que l'on trouve dans les cellules de tous les organismes vivants et elle est essentielle au bon fonctionnement biologique. On pense qu'elle est particulièrement utile dans le traitement de la démence, des problèmes de foie et pour stimuler le système immunitaire.

Variantes

237 STIMULANT IMMUNITAIRE CRÉMEUX

Dans le Stimulant immunitaire riche en fibres, remplacer la banane par 125 ml (½ tasse) de yogourt aux fraises ou aux cerises.
Note – On peut utiliser la plupart des yogourts aux fruits pour cette recette. Cependant, n'oubliez pas qu'ils contiennent du sucre qui s'ajoute au total de calories.

238 STIMULANT IMMUNITAIRE RICHE EN FIBRES À LA FRAISE

En préparant le Stimulant immunitaire riche en fibres, n'utilisez que ½ banane et ajouter 75 g (2 ½ oz) de fraises.
Note – Si vous voulez un changement, les framboises, les bleuets ou les cerises dénoyautées sont de bons substituts.

239 STIMULANT IMMUNITAIRE RICHE EN FIBRES AUX CANNEBERGES

En préparant le Stimulant immunitaire riche en fibres, n'utilisez que ½ banane et ajouter 75 g (2 ½ oz) de canneberges.
Note – Comme les canneberges sont extrêmement amères, utiliser de la sauce aux canneberges adoucira un peu la boisson.

240 STIMULANT PROTÉINE RICHE EN FIBRES

Ajouter 15 ml (1 c. à soupe) de spiruline ou de protéines en poudre une fois le Stimulant immunitaire riche en fibres prêt à boire.
Note – Les Aztèques récoltaient la spiruline qu'ils appelaient *tecuitlatl*. Dans leurs récits de la conquête, les soldats de Cortés mentionnaient des gâteaux préparés avec la spiruline.

241 Nettoyant du foie aux agrumes

Le mode de vie et l'alimentation modernes surchargent le foie. Ce mélange aux agrumes est conçu pour administrer au foie un nettoyage aux antioxydants et aux nutriments.

INGRÉDIENTS

1 pamplemousse
2 citrons
1 gousse d'ail, broyée
2,5 cm (1 po) de racine de gingembre, pelée et hachée
2 feuilles de menthe
150 ml (⅔ tasse) d'eau filtrée ou minérale

15 ml (1 c. à soupe) d'huile de lin
Généreuse pincée de cumin moulu
Pincée de poivre de Cayenne moulu
Miel liquide ou sirop d'agave, facultatif

Presser le pamplemousse et les citrons. Verser le jus dans un verre. Avec le mélangeur en marche, laisser tomber l'ail dans le récipient jusqu'à ce qu'il soit finement haché, suivi du gingembre, des feuilles de menthe et de l'eau. Passer ce liquide dans un tamis non métallique dans le verre. Ajouter l'huile de lin, le cumin et le poivre de Cayenne. Bien mélanger. Sucrer avec du miel ou du sirop d'agave, si désiré.

DONNE 1 verre

POUR SERVIR

Ce jus est meilleur sans édulcorant. Essayez-le d'abord et découvrez par vous-même s'il est nécessaire de le sucrer.

242 Smoothie thé blanc et ginseng

Le thé blanc est le thé le moins transformé disponible ; par conséquent, il contient le taux le plus élevé d'antioxydants qui combattent les radicaux libres dans l'organisme. Les bourgeons et les jeunes feuilles sont récoltés des théiers et, ensuite, passés à la vapeur, séchés et légèrement oxydés pour produire une saveur plus subtile que celle des thés vert ou noir, où les feuilles sont roulées et oxydées plus longtemps.

INGRÉDIENTS

5 ml (1 c. à thé) de thé blanc en feuille ou 1 sachet de thé blanc

5 ml (1 c. à thé) de racine de ginseng tranchée ou de ginseng en poudre

250 ml (1 tasse) d'eau très chaude mais non bouillante

1 petit quartier de melon miel Honeydew, pelé, épépiné et haché

2 tranches d'ananas, pelées, le cœur enlevé et hachées

150 ml (⅔ tasse) de jus d'orange, fraîchement pressé de préférence

Mettre les feuilles ou le sachet de thé dans une théière ou un récipient résistant à la chaleur, ajouter le ginseng et verser l'eau chaude. Laisser infuser 2 à 3 minutes. Égoutter si vous utilisez des feuilles de thé et de la racine de ginseng, ou retirer le sachet. Laisser refroidir.

Verser le thé refroidi dans le mélangeur, puis ajouter le melon, l'ananas et le jus d'orange. Mixer jusqu'à ce que ce soit homogène. Verser dans des verres et servir immédiatement.

DONNE 2 verres

CONSEIL PRATIQUE

Comme le thé vert, il est préférable d'infuser le thé blanc avec une eau très chaude mais non bouillante, car celle-ci endommagerait et brûlerait les feuilles délicates.

Variantes

243 SMOOTHIE THÉ BLANC ET GINGEMBRE

Préparer le Smoothie thé blanc et ginseng en remplaçant le ginseng par 15 ml (1 c. à soupe) de racine de gingembre râpée ou 5 ml (1 c. à thé) de gingembre moulu.

244 SMOOTHIE THÉ BLANC ET ÉCHINACÉE

Préparer le thé de la recette Smoothie thé blanc et ginseng en remplaçant le ginseng par 5 ml (1 c. à thé) de thé blanc, 5 ml (1 c. à thé) de racine ou de poudre d'échinacée et 1 ml (¼ c. à thé) de racine de gingembre râpée.
Note – L'échinacée agit comme un antibiotique naturel.

245 SMOOTHIE THÉ BLANC, GOYAVE ET GINSENG

Préparer le Smoothie thé blanc et ginseng en ajoutant 1 goyave mûre aux autres ingrédients.
Note – Ces fruits tropicaux fournissent une énorme explosion de nutriments quand ils sont combinés.

246 SMOOTHIE THÉ BLANC, FRUIT DE LA PASSION ET GINSENG

Préparer le Smoothie thé blanc et ginseng en ajoutant la chair tamisée de 1 fruit de la Passion aux autres fruits.
Note – Plus le fruit de la Passion est ridé et noir, plus il est juteux.

247 SMOOTHIE THÉ BLANC ET CERISE

Préparer le Smoothie thé blanc et ginseng en remplaçant l'ananas par 150 g (5 ¼ oz) de cerises dénoyautées.
Note – Vous pouvez utiliser des cerises surgelées dans ce smoothie.

248 SMOOTHIE THÉ BLANC ET FRAMBOISE

Préparer le Smoothie thé blanc et ginseng en remplaçant l'ananas par 150 g (5 ¼ oz) de framboises.

Note – Si vous n'aimez pas les graines des framboises, passez le smoothie dans un tamis non métallique avant de le servir.

249 Tisane ayurvédique détoxifiante

Boire de l'eau chaude aide à éliminer les toxines de l'organisme par l'urine. Cette tisane contient aussi des épices utilisées en pratique traditionnelle ayurvédique pour leurs propriétés digestives. Elle a aussi bon goût.

INGRÉDIENTS

1 l (4 tasses) d'eau bouillante
3 ml (½ c. à thé) de graines de coriandre
3 ml (½ c. à thé) de graines de fenouil

1 ml (¼ c. à thé) de graines de cumin
4 capsules de cardamome, légèrement broyées

Verser l'eau bouillante dans une théière ou un récipient résistant à la chaleur, ajouter les épices et laisser infuser 10 minutes. Égoutter et boire chaud.

DONNE 1 l (4 tasses)

CONSEIL PRATIQUE

Vous pouvez garder la tisane chaude dans une bouteille thermos.

Boissons stimulantes

Quand vous sentez que votre énergie ou votre humeur sont en baisse, sortir l'extracteur à jus ou le mélangeur n'est peut-être pas votre priorité, mais faites-le et vous découvrirez que l'effort en vaut la peine. Dans ce chapitre, vous trouverez une vaste sélection de boissons qui vous tireront du creux de la vague. Si vous sentez venir un rhume, il vous faut un supplément de vitamine C ou une dose d'échinacée. Pour un estomac dérangé, rien ne vaut le gingembre et, pour purifier le sang, le jus de betterave est tout indiqué. Ce chapitre contient un choix de toniques généraux de même que d'autres, plus spécifiques, qui aident à lutter contre les maux de l'hiver, les troubles digestifs et le stress.

250 ⫷ C ⫸ MAX

Cette boisson est l'ultime « remontant » quand vous sentez venir un rhume. Elle est gorgée de vitamine C dans sa forme la plus puissante et la plus pure.

INGRÉDIENTS

150 g (5 ¼ oz) de bleuets
ou de mûres
150 g (5 ¼ oz) de cerises
ou de groseilles à grappes
rouges
2 kiwis, pelés
2 oranges, pelées et hachées

Passer les bleuets, les cerises, les kiwis et les oranges dans l'extracteur à jus. Verser dans un verre et servir immédiatement.

DONNE 1 verre

CONSEIL PRATIQUE

Il existe une grande variété de petits fruits comestibles et, au fil des saisons, vous pouvez adapter cette recette en remplaçant les petits fruits proposés par ceux que vous cueillez ou trouvez au marché agricole.

Variantes

251   SUPER « C »

Dans le « C » max, remplacer les bleuets et les cerises par 150 g (5 ¼ oz) de mûres et 120 g (4 ¼ oz) de fraises.

Note – Les mûres sont abondantes en automne ; cueillez-les directement dans de petits sacs en plastique et mettez-les au congélateur. Comme vous les utiliserez pour le jus, vous n'avez pas à les congeler d'abord séparément et peu importe qu'elles collent toutes ensemble.

252   « C » TROPICAL

Dans le « C » max, remplacer les bleuets et les cerises par 210 g (7 ½ oz) de mangue hachée et 225 g (8 oz) de papaye hachée.

253   « C » PLUS SANTÉ

Dans le « C » max, remplacer le kiwi par 1 orange supplémentaire.

Note – Des études démontrent que les polyphénols dans les oranges protègent contre les infections virales.

254   JUS D'ORANGE ET KIWI

Préparer le « C » max en omettant les bleuets et les cerises et en augmentant la quantité de kiwis à 4 et d'oranges à 3.

Note – Si vous avez un rhume, buvez beaucoup de liquides, dont de l'eau et des jus.

255   « C » À L'UGLI

Préparer le « C » max en remplaçant les oranges par 1 gros ugli pelé et haché.

Note – L'ugli est le résultat d'un croisement entre le pamplemousse, l'orange de Séville et la tangerine.

256   « C » MAJUSCULE

Préparer le « C » max en remplaçant les oranges par 2 petits pamplemousses.

Note – La peau blanche du pamplemousse contenant des bioflavonoïdes, ne la retirez pas quand vous extrayez le jus pour ne pas perdre ces antioxydants utiles.

257 Remède contre le rhume

On l'utilise pour soigner les symptômes du rhume et hâter la guérison.

INGRÉDIENTS

2 citrons, pelés et hachés
2 cm (¾ po) de racine de gingembre, pelée

15 ml (1 c. à soupe) de miel de manuka
175 ml (¾ tasse) d'eau bouillante
Brin de romarin frais

Passer les citrons et le gingembre dans l'extracteur à jus. Verser dans une grande tasse et ajouter en brassant le miel de manuka, l'eau bouillante et le romarin. Laisser infuser 5 minutes et boire pendant que la boisson est encore chaude.

DONNE 1 grosse tasse

DIGNE D'INTÉRÊT

Le miel de manuka est testé et certifié pour ses propriétés antibactériennes. Le miel ayant une cote AMK *(Active Manuka Honey)* de 10 ou plus doit être choisi à des fins médicinales.

variantes

258 REMÈDE CONTRE LE RHUME À L'ORANGE

Préparer le Remède contre le rhume en remplaçant les citrons par 1 grosse orange pelée et hachée.
Note – Les enfants préfèrent souvent la variante plutôt que la recette de base qui contient du jus de citron au goût plus acide.

259 REMÈDE CONTRE LE RHUME ORANGE ET CITRON

Préparer le Remède contre le rhume en remplaçant 1 citron par 1 orange.
Note – Doubler la recette et apporter cette boisson apaisante au travail dans un thermos.

260 REMÈDE CONTRE LE RHUME AU PAMPLEMOUSSE

Préparer le Remède contre le rhume en remplaçant les citrons par 1 pamplemousse pelé et haché.
Note – Le pamplemousse rubis serait délicieux dans cette boisson.

261 REMÈDE CONTRE LA TOUX

Préparer le Remède contre le rhume, ou une variante, en remplaçant le romarin par 2 brins de thym.
Note – Depuis longtemps, le thym est reconnu comme un expectorant qui rend la toux plus efficace.

262 Thandaï

Cette boisson indienne est préparée pour le festival indien de la Holi, fête printanière dite aussi de l'amour. Elle est reconnue pour ses propriétés rafraîchissantes et régénératrices.

INGRÉDIENTS

1 l (4 tasses) de lait entier	30 ml (2 c. à soupe) de graines de fenouil
40 g (1 ½ oz) d'amandes blanchies	3 ml (½ c. à thé) de graines de cardamome
15 ml (1 c. à soupe) de graines de citrouille	20 grains de poivre blanc
30 ml (2 c. à soupe) de graines de pavot	60 g (2 oz) de sucre glace
	Quelques brins de safran

Faire bouillir le lait, puis le laisser refroidir. Entre-temps, dans le petit bol d'un robot culinaire ou dans un moulin à café, réduire en poudre les amandes et les graines de citrouille, de pavot, de fenouil et de cardamome, ainsi que les grains de poivre. Ajouter le mélange moulu amandes et épices au lait refroidi et bien mêler. Réfrigérer le mélange au moins 2 heures, ou toute la nuit pour infuser.

Passer le mélange au tamis fin ou au coton à fromage, ajouter le sucre et bien mêler. Servir froid, garni de quelques brins de safran.

DONNE 6 verres

CONSEIL PRATIQUE

Les sucreries et les boissons indiennes sont très sucrées ; par conséquent, ajustez le sucre à votre goût.

Variantes

263 THANDAÏ À L'EAU DE ROSE

Préparer le *Thandaï* en ajoutant 23 ml (1 ½ c. à soupe) d'eau de rose avec le sucre. Omettre le safran et garnir plutôt de pétales de rose séchés.
Note – On peut se procurer les pétales de rose dans les boutiques d'aliments santé et les magasins d'aliments internationaux.

264 THANDAÏ À L'EAU DE FLEURS D'ORANGER

Préparer le *Thandaï* en ajoutant 23 ml (1 ½ c. à soupe) d'eau de fleurs d'oranger avec le sucre.
Note – Au Maroc, on donne l'eau de fleurs d'oranger aux invités qui arrivent pour qu'ils se lavent les mains avant le repas.

265 THANDAÏ À L'ANIS

Préparer le *Thandaï* en remplaçant les graines de fenouil par des graines d'anis.
Note – On sert les *Thandaï* par forte chaleur ; ils sont reconnus pour leurs propriétés rafraîchissantes.

266 THANDAÏ À L'EAU D'AMANDE

Préparer le *Thandaï* en remplaçant le lait par de l'eau filtrée ou minérale. Il n'est pas nécessaire de faire bouillir l'eau.

267 smoothie brûleur de graisses

À vrai dire, ce smoothie ne brûle pas les graisses. Par contre, le guarana aide à accélérer le métabolisme et, de ce fait, il contribue sans aucun doute à maximiser l'efficacité digestive, surtout s'il est combiné à l'exercice.

INGRÉDIENTS

40 g (1 ½ oz) de fraises, équeutées
40 g (1 ½ oz) de framboises
40 g (1 ½ oz) de bleuets
40 g (1 ½ oz) de canneberges
60 ml (¼ tasse) de jus de pomme
15 ml (1 c. à soupe) de poudre de guarana
15 ml (1 c. à soupe) de jus d'aloès

Mettre tous les ingrédients dans le mélangeur et mixer 1 minute ou jusqu'à ce que ce soit homogène. Verser dans un verre et servir immédiatement.

DONNE 1 verre

INFORMATION PRATIQUE

Comme le guarana contient de la caféine, il peut s'avérer un bon stimulant si vous vous sentez fatigué ou si vous manquez d'énergie.

variantes

268 SMOOTHIE BRÛLEUR DE GRAISSES AU THÉ VERT

Préparer le Smoothie brûleur de graisses en remplaçant le jus de pomme par 60 ml (¼ tasse) de thé vert dilué et froid.
Note – Vous pourriez utiliser du thé blanc dans cette variante.

269 SMOOTHIE BRÛLEUR DE GRAISSES ET POMME

Préparer le Smoothie brûleur de graisses en omettant le jus d'aloès et le guarana.
Note – Voici la version pour enfants puisqu'il est déconseillé de leur donner des suppléments nutritifs sans un avis professionnel.

270 SMOOTHIE BRÛLEUR DE GRAISSES LACTÉ

Préparer le Smoothie brûleur de graisses en remplaçant le jus de pomme par 60 ml (¼ tasse) de yogourt nature.
Note – Cette variante crémeuse est délicieuse comme smoothie à déjeuner.

271 SMOOTHIE CRÉMEUX SANS LAIT AU TOFU

Préparer le Smoothie brûleur de graisses en remplaçant le jus de pomme par 60 g (2 oz) de tofu soyeux.
Note – Le tofu soyeux est une bonne source de protéines.

272 SMOOTHIE BRÛLEUR DE GRAISSES AU GINGEMBRE

Préparer le Smoothie brûleur de graisses et ajouter 5 ml (1 c. à thé) de racine de gingembre pelée et râpée avant de mixer.
Note – Comme alternative au gingembre râpé, utilisez 10 ml (2 c. à thé) de sirop de gingembre. Notez que le jus sera un peu plus sucré.

273 SMOOTHIE BRÛLEUR DE GRAISSES AUX BLEUETS

Préparez le Smoothie brûleur de graisses en remplaçant les petits fruits par 150 g (5 ¼ oz) de bleuets.
Note – Amener lentement le mélangeur à sa pleine vitesse. Cela permet aux gros morceaux de se décomposer plus efficacement.

274 SMOOTHIE BRÛLEUR DE GRAISSES À L'ORANGE

Préparer le Smoothie brûleur de graisses en remplaçant le jus de pomme par 60 ml (¼ tasse) de jus d'orange.
Note – Garnissez cette boisson d'une touche d'agrumes : une mince tranche d'orange fendue au centre et tordue en forme de 8.

275 SMOOTHIE BRÛLEUR DE GRAISSES À LA GRENADE

Préparer le Smoothie brûleur de graisses en remplaçant les canneberges et les bleuets par 75 g (2 ½ oz) de graines de grenade.

276 Jus nectarine, clémentine et eau de fleurs d'oranger

Dans cette boisson, la saveur calmante de l'eau de fleurs d'oranger complète un fabuleux duo de fruits.

INGRÉDIENTS

2 nectarines, coupées en deux et épépinées
2 clémentines, pelées
3 ml (½ c. à thé) d'eau de fleurs d'oranger

Passer les nectarines et les clémentines dans l'extracteur à jus. Verser dans un verre et ajouter en brassant l'eau de fleurs d'oranger. Servir immédiatement.

DONNE 1 verre

DIGNE D'INTÉRÊT

L'eau de fleurs d'oranger est un sous-produit de la distillation des fleurs d'oranger dans la production de l'huile essentielle de néroli, qu'on utilise dans l'industrie de la beauté et en médecine traditionnelle.

variantes

277 JUS MANGUE, CLÉMENTINE ET EAU DE FLEURS D'ORANGER

Préparer le Jus nectarine, clémentine et eau de fleurs d'oranger en remplaçant les nectarines par 210 g (7 ½ oz) de mangue pelée et hachée.
Note – Ces jus peuvent être versés en filet sur la crème glacée à la vanille. Pour un jus plus épais, n'utilisez qu'une clémentine.

278 JUS ANANAS, CLÉMENTINE ET FLEURS D'ORANGER

Préparez le Jus nectarine, clémentine et eau de fleurs d'oranger en remplaçant les nectarines par 225 g (8 oz) d'ananas pelé et haché.
Note – L'eau de fleurs d'oranger est reconnue traditionnellement pour ses propriétés stimulantes et on prétend qu'elle soulage le stress et l'anxiété.

279 JUS PAPAYE, CLÉMENTINE ET EAU DE FLEURS D'ORANGER

Préparer le Jus nectarine, clémentine et eau de fleurs d'oranger en remplaçant les nectarines par 225 g (8 oz) de papaye pelée et hachée.
Note – La papaïne, contenue dans la papaye, est une enzyme qui aide la digestion.

280 JUS PÊCHE, CLÉMENTINE ET EAU DE FLEURS D'ORANGER

Préparer le Jus nectarine, clémentine et eau de fleurs d'oranger en remplaçant les nectarines par 2 pêches.
Note – Si vous utilisez des pêches plates *(ou doughnut)*, utilisez 3 pêches.

281 JUS NECTARINE, CLÉMENTINE ET EAU DE ROSE

Préparer le Jus nectarine, clémentine et eau de fleurs d'oranger en remplaçant l'eau de fleurs d'oranger par 3 ml (½ c. à thé) d'eau de rose.
Note – Ces boissons sont toujours perçues comme très féminines. Ce sont des boissons parfaites pour une réception-cadeaux pour la nouvelle maman.

282 BOISSON LIBANAISE A L'EAU DE FLEURS D'ORANGER

Ajouter en brassant 10 à 15 ml (2 à 3 c. à thé) d'eau de fleurs d'oranger à 250 ml (1 tasse) d'eau très chaude. Sucrer avec environ 5 ml (1 c. à thé) de miel, au goût. Boire chaud.
Note – Si vous servez cette variante à un ami, garnissez-la des petites feuilles et de l'extrémité d'une tige de menthe.

283 JUS ORANGE ET EAU DE FLEURS D'ORANGER

Ajouter 5 ml (1 c. à thé) d'eau de fleurs d'oranger à 250 ml (1 tasse) de jus d'orange fraîchement pressé.
Note – Bon aussi avec les pamplemousses rubis et rose.

284 Smoothie vert régénérant

L'avocat, tout en étant un délicieux ajout à ce smoothie, contient de l'acide folique qui peut réduire le taux de cholestérol. En outre, il est riche en folate qui préserve la santé du cœur.

INGRÉDIENTS

½ avocat moyen, pelé, dénoyauté et haché
1 petit concombre, pelé et épépiné, haché
1 petit bouquet de persil

25 ml (5 c. à thé) de jus de citron
5 ml (1 c. à thé) d'huile d'olive
250 ml (1 tasse) de glaçons broyés

Mettre avocat, concombre haché, persil, jus de citron et huile dans le mélangeur et mixer jusqu'à ce que ce soit homogène. Ajouter les glaçons broyés et mixer jusqu'à ce que le tout soit lisse. Verser en tamisant dans les verres et servir immédiatement.

DONNE 2 verres

CONSEIL PRATIQUE

L'avocat brunit rapidement. Pour l'éviter, gardez le noyau avec l'avocat haché dans le bol jusqu'à l'utilisation.

Variantes

285 SMOOTHIE VERT RÉGÉNÉRANT LIME ET MENTHE

Préparer le Smoothie vert régénérant en remplaçant le jus de citron par du jus de lime et le persil par 8 grandes feuilles de menthe.
Note – Préparez cette variante si vous êtes enceinte et que vous désirez éviter le persil.

286 SMOOTHIE VERT RÉGÉNÉRANT À LA MEXICAINE

Préparer la variante Smoothie vert régénérant lime et menthe. Ajoute 5 ml (1 c. à thé) de chair de piment jalapeño (sans les graines).
Note – Pour une saveur plus douce, ajoutez 5 à 10 ml (1 à 2 c. à thé) de sauce chili douce.

287 SMOOTHIE VERT RÉGÉNÉRANT LIME ET BASILIC

Préparer le Smoothie vert régénérant en remplaçant le jus de citron par du jus de lime et le persil par 6 grandes feuilles de basilic.
Note – Réservez de la pelure de concombre pour garnir.

288 SMOOTHIE VERT RÉGÉNÉRANT À L'AMANDE

Préparer le Smoothie vert régénérant en utilisant ⅓ du concombre et 8 feuilles de persil et en ajoutant 175 ml (¾ tasse) de boisson d'amande.
Note – L'avocat est aussi un bon antioxydant.

289 SMOOTHIE VERT RÉGÉNÉRANT DES CARAÏBES

Préparer le Smoothie vert régénérant en utilisant ⅓ du concombre et en omettant le persil. Ajouter plutôt 175 ml (¼ tasse) de lait de coco.
Note – Le lait de coco est riche en calories.

291 Sortie de secours

Le gingembre possède de remarquables vertus pour la santé ; il est donc profitable d'essayer cette délicieuse boisson épicée pour calmer votre estomac.

INGRÉDIENTS

2 grosses bananes
2 limes, zeste râpé et jus
250 ml (1 tasse) de bière de gingembre

5 ml (1 c. à thé) de racine de gingembre pelée
Sirop d'érable, au goût

Mettre les bananes, le jus et le zeste de lime, la moitié de la bière de gingembre et le gingembre râpé dans le mélangeur. Mixer jusqu'à ce que ce soit homogène. Diviser entre deux grands verres et combler avec le reste de bière de gingembre. Sucrer avec le sirop d'érable, au goût.

DONNE 2 verres

CONSEIL PRATIQUE

Si vous préparez cette boisson après un épisode de maladie, vous préférerez peut-être utiliser de la bière de gingembre légèrement plate.

292 SORTIE DE SECOURS AU PAMPLEMOUSSE

Préparer la Sortie de secours en remplaçant les limes par le jus de 1 pamplemousse et 3 ml (½ c. à thé) de zeste de pamplemousse.
Note – Peu de recettes font appel au zeste de pamplemousse, quoiqu'il confère une délicieuse saveur.

290 SMOOTHIE VERT RÉGÉNÉRANT ÉPICÉ AU CHIA

Préparer le Smoothie vert régénérant et ajouter 5 ml (1 c. à thé) de gingembre râpé, 3 ml (½ c. à thé) de curcuma moulu, 1 ml (¼ c. à thé) de cannelle et 30 ml (2 c. à soupe) de graines de chia.

293 SORTIE DE SECOURS À LA MENTHE

Préparer la Sortie de secours en remplaçant le gingembre et la bière de gingembre par 5 feuilles de menthe et du soda citron-lime.
Note – Utilisez un soda diète pour réduire le total de calories.

294 smoothie babeurre et mangue

Voici un délicieux lait fouetté crémeux. On conseille souvent aux gens qui ont des problèmes digestifs de boire du babeurre, car il est plus facile à digérer que le lait.

INGRÉDIENTS

170 g (6 oz) de mangue hachée
125 ml (½ tasse) de babeurre
5 ml (1 c. à thé) de miel liquide
3 ml (½ c. à thé) de jus de citron
1 ml (¼ c. à thé) de zeste de citron

75 ml (⅓ tasse) de glaçons broyés
2 fraises, pour garnir

Mettre la mangue, le babeurre, le miel, le jus et le zeste de citron et les glaçons broyés dans le mélangeur et mixer jusqu'à ce que ce soit homogène. Verser dans des verres, garnir de fraises et servir immédiatement.

DONNE 2 verres

CONSEIL PRATIQUE

Vérifiez l'étiquette quand vous achetez du babeurre, car certains ont une teneur en gras plus élevée que d'autres.

variantes

295 SMOOTHIE BABEURRE, MANGUE ET FRAISE

Préparer le Smoothie babeurre et mangue en utilisant 85 g (3 oz) de mangue hachée et 75 g (2 ½ oz) de fraises coupées en deux.
Note – Le babeurre a une teneur en gras plus faible que le lait entier et demi-écrémé parce que le gras a été retiré pour faire du beurre.

296 SMOOTHIE BABEURRE, BANANE ET DATTE

Préparer le Smoothie babeurre et mangue en remplaçant la mangue et le miel par 1 petite banane hachée et 4 dattes tendres.
Note – Le babeurre est une bonne source de potassium, de vitamine B12, de calcium et de riboflavine.

297 SMOOTHIE BABEURRE, BANANE ET VANILLE

Préparer le Smoothie babeurre et mangue en remplaçant la mangue par 1 petite banane hachée et 1 ml (¼ c. à thé) d'extrait de vanille.
Note – Pour une touche plus raffinée, grattez et utilisez les graines d'une gousse de vanille plutôt que l'extrait de vanille.

298 SMOOTHIE BABEURRE, MANGUE ET BLEUET

Préparer le Smoothie babeurre et mangue en utilisant 85 g (3 oz) de mangue hachée et 75 g (2 ½ oz) de bleuets.
Note – Garnissez ce smoothie en enfilant des feuilles de menthe et des bleuets (en alternance) sur un cure-dent en guise de bâtonnet à cocktail.

299 SMOOTHIE BABEURRE ET PÊCHE

Préparer le Smoothie babeurre et mangue en remplaçant la mangue par 1 pêche dénoyautée et hachée.
Note – Si vous n'aimez pas la texture de la peau de pêche dans un smoothie, faites tremper la pêche entière dans l'eau bouillante 1 minute, puis dans l'eau froide. La peau devrait s'enlever facilement.

300 SMOOTHIE BABEURRE, BLEUET ET PÊCHE

Préparer le Smoothie babeurre et pêche en utilisant ½ pêche et en ajoutant 40 g (1 ½ oz) de bleuets.
Note – Pêches et bleuets surgelés peuvent être utilisés dans ce smoothie si des fruits frais ne sont pas disponibles.

301 smoothie au kéfir à l'orientale

Le kéfir, c'est du lait fermenté légèrement aigre originaire du Caucase. Son goût et sa texture ressemblent au yogourt à boire et il produit de délicieux smoothies.

INGRÉDIENTS

¼ de melon miel Honeydew, épépiné et pelé	1 petite banane, pelée et hachée
3 abricots dénoyautés, la peau enlevée et coupés en deux	2 brins de menthe
	500 ml (2 tasses) de kéfir
	8 glaçons

Mettre tous les ingrédients dans le mélangeur et mixer jusqu'à ce que ce soit homogène. Verser dans des verres et servir immédiatement.

DONNE 2 verres

INFORMATION NUTRITIONNELLE

Le kéfir contient environ trois fois plus de probiotiques que le yogourt. Les probiotiques sont des organismes qui aident à enrayer la croissance de bactéries nuisibles et qui stimulent le système immunitaire.

Variantes

302 SMOOTHIE KÉFIR ET CITROUILLE

Préparer le Smoothie au kéfir à l'orientale en remplaçant la banane, les abricots et la menthe par 125 ml (½ tasse) de purée de citrouille et 5 ml (1 c. à thé) de cannelle ou d'épices pour tarte à la citrouille.
Note – Certaines purées de citrouille étant très épaisses, il se peut que vous devriez ajouter un peu plus de kéfir ou de l'eau pour éclaircir ce smoothie à votre goût.

303 SMOOTHIE KÉFIR ET CERISE

Préparer le Smoothie au kéfir à l'orientale en remplaçant les abricots par 75 g (2 ½ oz) de cerises dénoyautées et une généreuse pincée de cannelle moulue.
Note – Vous pouvez utiliser du yogourt à boire plutôt que du kéfir dans tous ces smoothies.

304 SMOOTHIE KÉFIR ET KAKI

Préparer le Smoothie au kéfir à l'orientale en remplaçant les abricots par 1 gros kaki, la peau enlevée et en quartiers.
Note – Le kaki, aussi appelé plaquemine, a une saveur parfumée unique, décrite comme un mélange de pomme, de prune et de datte. Sa texture est épaisse et soyeuse.

305 SMOOTHIE KÉFIR ET PASTÈQUE

Préparer le Smoothie au kéfir à l'orientale en remplaçant la banane, le melon et les abricots par 1 quartier de pastèque, ½ orange moyenne, pelée et hachée, et 3 ml (½ c. à thé) de chacun : extrait de vanille et zeste d'orange.

Note – Cette boisson au kéfir est plus claire que les autres présentées ici. Pour l'épaissir, ajoutez 15 ml (1 c. à soupe) de gélatine en poudre au smoothie juste avant de mixer.

306 SMOOTHIE KÉFIR, DATTE ET ORANGE

Préparer le Smoothie au kéfir à l'orientale en remplaçant le melon et les abricots par 1 orange moyenne, pelée et hachée, 4 dattes tendres dénoyautées et une pincée de cardamome moulue.

Note – La cardamome pré-moulue perd beaucoup de sa saveur. Il est préférable de broyer les graines fraîches d'une capsule verte de cardamome avec un pilon et un mortier.

307 SMOOTHIE KÉFIR ET PETITS FRUITS

Pour 1 portion, mettre 175 ml (¾ tasse) de kéfir dans le mélangeur avec 50 g (1 ¾ oz) de chacune : framboises, fraises et mûres. Mixer jusqu'à ce que le tout soit lisse. Sucrer avec 5 ml (1 c. à thé) de miel et une généreuse pincée de cannelle moulue.

Note – Dans cette recette, vous pouvez utiliser ½ banane plutôt que l'un des petits fruits.

308 smoothie de circulation

Ce smoothie riche en fibres aidera votre système digestif et, outre ses bienfaits salutaires, son goût est merveilleux.

INGRÉDIENTS

1 banane, pelée et hachée
5 pruneaux, dénoyautés
60 ml (¼ tasse) de jus d'orange, fraîchement pressé

250 ml (1 tasse) de yogourt nature
15 ml (1 c. à soupe) de graines de lins broyées

Mettre tous les ingrédients dans le mélangeur et mixer jusqu'à ce que ce soit homogène. Verser dans un verre et servir immédiatement.

DONNE 1 verre

CONSEIL PRATIQUE

Ne remplacez pas les graines de lin par de l'huile de graines de lin ; l'huile de graines de lin ne soigne pas la constipation.

variantes

309 SMOOTHIE DE CIRCULATION AUX FRUITS MÉLANGÉS

Préparer le Smoothie de circulation en omettant le yogourt et en augmentant les pruneaux à 9. Ajouter 175 ml (¾ tasse) de jus de pomme aux autres ingrédients.
Note – Vous pouvez utiliser de l'eau au lieu du jus de pomme, si cela vous convient mieux.

310 SMOOTHIE DE CIRCULATION ET ENVELOPPES DE PSYLLIUM

Préparer le Smoothie de circulation en remplaçant les graines de lin par 15 ml (1 c. à soupe) d'enveloppes de psyllium en poudre.
Note – Les enveloppes de psyllium sont bonnes pour soulager la constipation et favoriser la régularité.

311 SMOOTHIE DE CIRCULATION AUX ÉPINARDS

Préparer le Smoothie de circulation en ajoutant 25 g (1 oz) de feuilles de jeunes épinards aux autres ingrédients.
Note – Refroidissez les verres au réfrigérateur pour garder ces smoothies bons et bien frais.

312 SMOOTHIE DE CIRCULATION AUX FIGUES

Préparer le Smoothie de circulation en remplaçant les pruneaux par 2 figues fraîches et en augmentant le jus d'orange à 75 ml (⅓ tasse).

313 Smoothie thé et échinacée

L'échinacée excelle à éloigner le rhume et le thé sert de base pure et rafraîchissante au smoothie.

INGRÉDIENTS

1 sachet de thé vert
5 ml (1 c. à thé) de racine d'échinacée, séchée
5 ml (1 c. à thé) de racine de gingembre, finement hachée
310 ml (1 ¼ tasse) d'eau très chaude mais non bouillante

5 ml (1 c. à thé) de miel liquide
1 pêche ou 1 nectarine, la peau enlevée, dénoyautée et en quartiers
1 poire pelée, le cœur enlevé et en quartiers

Mettre le sachet de thé dans une théière ou un récipient résistant à la chaleur, ajouter la racine d'échinacée et le gingembre, puis verser l'eau très chaude. Retirer le sachet de thé après 5 minutes, laisser infuser 10 minutes de plus. Tamiser, ajouter le miel en brassant. Laisser refroidir complètement.

Verser le thé refroidi dans le mélangeur, puis ajouter les fruits et mixer jusqu'à ce que ce soit homogène. Servir immédiatement.

DONNE 2 verres

CONSEIL PRATIQUE

Pour hâter le refroidissement, ajouter quelques glaçons au thé.

315 SMOOTHIE ÉCHINACÉE ET FRUIT DE LA PASSION

Préparer le Smoothie thé et échinacée en remplaçant la pêche ou la nectarine par la chair de 2 fruits de la Passion.

316 SMOOTHIE ÉCHINACÉE ET POIRE ASIATIQUE

Préparer le Smoothie thé et échinacée en remplaçant la poire par 1 poire asiatique.
Note – Les poires asiatiques ont une teneur en eau très élevée. Elles sont donc idéales dans les smoothies et les jus. Leur texture est croquante et granuleuse.

314 SMOOTHIE ÉCHINACÉE ET PRUNE

Préparer le Smoothie thé et échinacée en remplaçant la pêche ou la nectarine par 3 prunes pelées et dénoyautées.
Note – Les prunes sont un laxatif naturel.

317 SMOOTHIE AU CITRON-GINGEMBRE

Préparer le Smoothie thé et échinacée en omettant le thé vert, la racine d'échinacée et le gingembre haché. Préparer le thé de base avec 1 sachet de thé fruité citron-gingembre.
Note – Cette base de thé peut être utilisée dans de nombreuses recettes.

318 Philtre fruits et fleurs de tilleul

Infusées, les fleurs de tilleul sont un remède traditionnel contre le stress et l'anxiété. Ici, elles sont combinées à de délicieux fruits qui possèdent chacun un parfum enivrant et floral qui leur est propre. Simplement regarder ce jus suffira à vous sentir restauré.

INGRÉDIENTS

5 ml (1 c. à thé) de fleurs de tilleul séchées
60 ml (¼ tasse) d'eau bouillante
4 abricots, dénoyautés
1 mangue, dénoyautée et tranchée
1 orange, pelée et hachée

Mettre les fleurs de tilleul dans une théière ou un récipient résistant à la chaleur et verser l'eau bouillante dessus. Laisser infuser 10 minutes. Tamiser et laisser refroidir.

Passer les abricots, la mangue et l'orange dans l'extracteur à jus. Ajouter en brassant à l'infusion de fleurs de tilleul refroidie. Verser dans un verre et servir immédiatement.

DONNE 1 verre

MISE EN GARDE

Les personnes qui souffrent de troubles cardiaques ne devraient pas boire d'infusion de fleurs de tilleul.

variantes

319 PHILTRE FRUITS ET CITRONNELLE

Préparer le Philtre fruits et fleurs de tilleul en omettant les fleurs de tilleul. Préparer l'infusion en utilisant 15 ml (1 c. à soupe) de feuilles de citronnelle fraîches ou 5 ml (1 c. à thé) de feuilles séchées.
Note – La citronnelle est bonne contre les flatulences.

320 PHILTRE DOUX AUX FLEURS DE TILLEUL

Préparer le Philtre fruits et fleurs de tilleul en remplaçant la mangue par 1 pomme en quartiers.
Note – Pour un attrait visuel accru, garnissez la boisson d'une tranche de carambole (fruit en forme d'étoile).

321 PHILTRE ENSOLEILLÉ AUX FLEURS DE TILLEUL

Préparer le Philtre fruits et fleurs de tilleul en n'utilisant que ½ mangue et en ajoutant 150 g (5 ½ oz) de cantaloup en dés.

322 PHILTRE RAISIN ET FLEURS DE TILLEUL

Préparer le Philtre fruits et fleurs de tilleul en remplaçant l'orange par 150 g (5 ¼ oz) de raisins rouges.
Note – La couleur du jus de raisin dépend de la couleur des pigments dans la peau du raisin.

323 PHILTRE VERT AUX FLEURS DE TILLEUL

Préparer le Philtre fruits et fleurs de tilleul et passer 2 feuilles de chou frisé *(kale)* avec les fruits.
Note – Entre autres nutriments, le chou frisé est riche en vitamine A, bonne pour la peau et les yeux.

324 Smoothie coup de fouet à la goyave

La goyave a une affinité naturelle avec l'ananas et d'autres fruits tropicaux.

INGRÉDIENTS

1 goyave
1 banane
1 tranche d'ananas, hachée
250 ml (1 tasse) de jus d'ananas

5 ml (1 c. à thé) de jus de citron
4 glaçons
15 ml (1 c. à soupe) de miel liquide

Couper la goyave en deux, puis retirer la chair à la cuillère. Mettre dans le mélangeur, avec la banane, l'ananas haché, la moitié du jus d'ananas, le jus de citron et les glaçons. Une fois les glaçons mixés, ajouter le miel et le reste de jus d'ananas. Verser dans un verre et servir immédiatement.

DONNE 1 verre

325 SMOOTHIE COUP DE FOUET CRÉMEUX À LA GOYAVE

Préparer le Smoothie coup de fouet à la goyave, mais réduire le jus d'ananas à 125 ml (½ tasse). En mixant les fruits, ajouter 125 ml (½ tasse) de yogourt nature. Ajouter le jus de citron après le mixage initial.

326 SMOOTHIE COUP DE FOUET GOYAVE ET FRAISE

N'utiliser que ½ banane et ajouter 75 g (2 ½ oz) de fraises.
Note – Les goyaves rouges et roses donnent des jus incroyablement vifs, surtout si on les combine à des fraises ou à du melon d'eau.

327 Jus coup de cœur

Combiner le jus rouge des betteraves, le fantastique jus rouge des oranges sanguines et le jus orange crémeux des carottes fait de ce jus un des mélanges les plus stupéfiants.

INGRÉDIENTS

2 betteraves moyennes, parées
   et coupées en deux
2 oranges sanguines (ou ordinaires)
   pelées et grossièrement hachées
4 carottes, parées

Passer les fruits dans l'extracteur à jus et servir immédiatement.

DONNE 2 verres

INFORMATION NUTRITIONNELLE

Le jus de betterave, riche en fer, est considéré comme un purificateur sanguin et on dit qu'il aide à reconstituer les globules rouges de l'organisme.

Variantes

328 JUS COUP DE CŒUR STIMULANT

Préparer le Jus coup de cœur et ajouter les fanes des betteraves aux autres ingrédients.
Note – Pour un parfum d'herbe fine, ajouter 2 brins de romarin à la boisson prête à boire.

329 JUS COUP DE CŒUR AU GINGEMBRE

Préparer le Jus coup de cœur et ajouter 4 grandes feuilles de laitue romaine et 2,5 cm (1 po) de racine de gingembre pelée dans l'extracteur.
Note – La romaine est la meilleure laitue à utiliser dans les jus parce que ses feuilles vertes croquantes contiennent beaucoup de liquide.

330 JUS COUP DE CŒUR AUX RAISINS

Préparer le Jus coup de cœur en remplaçant 2 carottes par 150 g (5 ¼ oz) de raisins rouges.
Note – Certains nutritionnistes sportifs affirment que le jus de betterave améliore l'exercice physique. Buvez-en avant votre prochaine séance d'entraînement et voyez si c'est le cas pour vous.

331 JUS GRAND COUP DE CŒUR

Préparer le Jus coup de cœur en remplaçant les carottes par 2 oranges sanguines additionnelles.
Note – À titre indicatif, 1 ½ betterave moyenne devrait produire environ 250 ml (1 tasse) de jus.

332 Jus de tomate

Parfois, les recettes de base sont les meilleures. Ce jus simple est un vrai tonique.

INGRÉDIENTS

8 tomates moyennes
Sel, facultatif
Poivre, facultatif

Jus de citron, facultatif
Sauce Worcestershire, facultatif

Passer les tomates dans l'extracteur à jus. Verser dans un verre, assaisonner au goût avec le sel, le poivre, le jus de citron et la sauce Worcestershire. Servir immédiatement.

DONNE 1 grand ou 2 petits verres

CONSEIL D'ACHAT

Optez pour les meilleures tomates que vous puissiez trouver : les variétés anciennes d'un marché agricole sont souvent les plus savoureuses. Les tomates de serre pâles et fermes ne valent pas grand-chose.

variantes

333 JUS DE TOMATE, CORIANDRE ET LIME

Préparer le Jus de tomate en remplaçant le jus de citron et la sauce Worcestershire par du jus de lime et un petit bouquet de coriandre.
Note – Vous pouvez remplacer la coriandre par du persil, mais ce n'est pas conseillé si vous êtes enceinte.

334 JUS DE TOMATE ET CÉLERI

Préparer le Jus de tomate en utilisant 6 tomates et 2 branches de céleri.
Note – Il n'y a pas lieu d'enlever les feuilles quand vous réduisez le céleri en jus.

335 JUS DE TOMATE ET POIVRON

Préparer le Jus de tomate en utilisant 6 tomates, 2 poivrons rouges épépinés et 1 branche de céleri. Remplacer le jus de citron par du jus de lime et ajouter 6 feuilles de basilic.
Note – Pour un jus plus astringent, utilisez des poivrons verts.

336 JUS DE SALADE DE TOMATE

Préparer la variante Jus de tomate et poivron en remplaçant 1 poivron par 4 feuilles de laitue romaine et 4 radis.
Note – Jetez les feuilles avant de réduire les radis en jus.

337 JUS DE TOMATE ET CAROTTE

Préparer le Jus de tomate en utilisant 6 tomates, 2 carottes parées et 1 branche de céleri.
Note – Relevez cette variante avec quelques brins de menthe, de coriandre ou de basilic et un peu de zeste d'orange râpé.

338 JUS DE TOMATE ET CRESSON

Préparer le Jus de tomate en utilisant 6 tomates, 1 bouquet de cresson et 1 branche de céleri.
Note – Les tomates et le cresson sont riches en zinc, oligo-élément qui aide à renouveler les cellules et les enzymes, et qui facilite la digestion et la guérison des blessures.

339 JUS DE TOMATE ET PANAIS

Préparer le Jus de tomate en utilisant 6 tomates, 2 panais parés et 1 branche de céleri.
Note – Les panais ajoutent une texture crémeuse et une saveur terreuse à un jus de légumes.

340 JUS DE TOMATE ET CONCOMBRE

Préparer le Jus de tomate en utilisant 6 tomates, 1 petit concombre et 3 brins de menthe.
Note – Si vous utilisez un concombre anglais plutôt qu'un concombre du jardin, n'en utilisez que la moitié.

341 JUS DE TOMATE ET ORANGE

Préparer le Jus de tomate en utilisant 5 tomates et 2 petites oranges pelées et hachées.
Note – Cette merveilleuse variante combine deux fruits riches en vitamine C !

342 Jus fabuleuse fusion au fenouil

Le fenouil possède une délicieuse saveur de réglisse vraiment forte en solo, mais fabuleuse en mélange avec des fruits plus sucrés comme les pommes, les poires et les oranges.

INGRÉDIENTS

2 petits bulbes de fenouil
2 branches de céleri

2 poires, en quartiers
1 orange, pelée et hachée

Passer les ingrédients dans l'extracteur à jus. Verser dans les verres immédiatement.

DONNE 2 verres

INFORMATION NUTRITIONNELLE

Le jus de fenouil contient de l'anéthol, huile essentielle qui agit comme anti-inflammatoire et anti-spasmodique. Elle est par conséquent bonne pour les crampes d'estomac, intestinales et menstruelles.

Variantes

343 JUS FUSION FENOUIL ET POMME

Préparer le Jus fabuleuse fusion au fenouil en remplaçant les poires par 2 pommes vertes.
Note – Quoique le fenouil soit décrit comme ayant une saveur d'anis, les deux plantes ne partagent aucune caractéristique botanique.

344 JUS FUSION FENOUIL ET GINGEMBRE

Préparer le Jus fabuleuse fusion au fenouil et ajouter 2,5 cm (1 po) de racine de gingembre pelée aux autres ingrédients.
Note – Voici une boisson très rafraîchissante à boire au dîner avec un sandwich tortilla.

345 JUS FABULEUX FENOUIL ET LIME

Préparer le Jus fabuleuse fusion au fenouil en remplaçant l'orange par 1 lime.
Note – Une lime produit habituellement environ 30 ml (2 c. à soupe) de jus.

346 JUS FABULEUX FENOUIL ET CONCOMBRE

Préparer le Jus fabuleuse fusion au fenouil en remplaçant le céleri par ½ concombre.

Note – Une fois que vous aurez pris goût aux jus verts, il sera bon de commencer à réduire la quantité de jus de fruits riches en sucre que vous consommez pour passer à des jus à base de légumes.

347 JUS FABULEUX FENOUIL ET CHOU FRISÉ

Préparer la variante Jus fabuleux fenouil et concombre et ajouter 3 feuilles de chou frisé *(kale)*. Ajouter 2,5 cm (1 po) de racine de gingembre pelée, si désiré.

Note – Le Cavolo Nero (chou noir de Toscane), la verdure italienne prisée, est une variété de chou frisé.

348 JUS FABULEUX FENOUIL ET CHOU ROUGE

Préparer la variante Jus fabuleux fenouil et concombre et ajouter ¼ de chou rouge.

Note – Le chou rouge est bon pour nettoyer les toxines dans l'organisme. Ne le dénigrez pas avant de l'avoir essayé !

349 smoothie givré à l'açaï

Voici une injection de vitamine C sans égale pour ce qui est d'éveiller les papilles gustatives et vous donner un nouveau regain de vie. Les baies d'açaï sont parmi les meilleurs antioxydants qui soient et aussi de bons agents anti-inflammatoires. Comme les baies d'açaï peuvent être difficiles à trouver, cette recette utilise le jus embouteillé.

INGRÉDIENTS

75 g (2 ½ oz) de bleuets surgelés
75 g (2 ½ oz) de fraises surgelées
125 ml (½ tasse) de jus d'açaï
125 ml (½ tasse) de jus de grenade
250 ml (1 tasse) de sorbet ou de sorbet laitier aux framboises
10 glaçons

Mettre tous les ingrédients dans le mélangeur et mixer jusqu'à ce que ce soit homogène. Verser dans un verre et servir immédiatement avec une paille.

DONNE 1 verre

CONSEIL PRATIQUE

Si vous prévoyez ne pas utiliser tout le jus d'açaï avant quelques jours, congelez le reste dans un moule à muffins. Une fois congelé, conservez dans des sacs en plastique refermables.

variantes

351 SMOOTHIE GIVRÉ AÇAÏ ET PÊCHE

Préparer le Smoothie givré à l'açaï en remplaçant les bleuets et les fraises par 200 g (7 oz) de pêches en cubes surgelées et le jus de grenade par du jus d'orange.
Note – Si, dans cette variante, vous remplacez les pêches fraîches par des pêches en conserve, choisissez des pêches dans leur sirop naturel, égouttez bien et réfrigérez avant l'usage.

352 SMOOTHIE GIVRÉ AÇAÏ ET ANANAS

Préparer le Smoothie givré à l'açaï en remplaçant les bleuets par 75 g (2 ½ oz) d'ananas surgelé et le sorbet ou sorbet laitier aux framboises par du sorbet ou du sorbet laitier à l'orange.
Note – Utilisez des jus qui sortent du réfrigérateur pour des smoothies bien froids.

353 SMOOTHIE GIVRÉ TROPICAL À L'AÇAÏ

Préparer le Smoothie givré à l'açaï en remplaçant les bleuets par 75 g (2 ½ oz) d'ananas surgelé et le sorbet ou le sorbet laitier aux framboises par du sorbet ou du sorbet laitier à la noix de coco.
Note – Pour un régal crémeux, utilisez de la crème glacée à la noix de coco.

350 SMOOTHIE GIVRÉ AÇAÏ ET FRAMBOISE

Préparer le Smoothie givré à l'açaï en remplaçant les bleuets par des framboises surgelées et le jus de grenade par du jus d'orange.
Note – Bien que le sorbet et le sorbet laitier se ressemblent, le sorbet laitier peut contenir du lait, des blancs d'œufs ou de la gélatine.

354 SMOOTHIE GIVRÉ AU GOJI

Préparer le Smoothie givré à l'açaï en remplaçant le jus d'açaï par du jus de goji.
Note – Le goji est un excellent antioxydant. Il est utilisé en médecine naturelle pour réduire le cholestérol et le taux de glucose dans le sang.

355 calmant camomille et mangue

La tisane de camomille calme le système nerveux. Elle est utilisée depuis des siècles comme boisson relaxante avant d'aller dormir. Ici, elle sert de base à un fantastique smoothie apaisant, idéal à la fin d'une journée stressante.

INGRÉDIENTS

5 ml (1 c. à thé) de fleurs de camomille séchées ou 1 sachet de tisane de camomille
60 ml (¼ tasse) d'eau très chaude, non bouillante
125 ml (½ tasse) de boisson de soya ou d'amande

½ mangue pelée, dénoyautée et en quartiers
5 ml (1 c. à thé) de racine de gingembre, pelée et râpée
5 ml (1 c. à thé) de miel liquide, facultatif

Mettre les fleurs de camomille séchées ou le sachet dans une théière ou un récipient résistant à la chaleur et y verser l'eau chaude. Infuser 5 minutes. Tamiser si vous utilisez des fleurs séchées, ou retirer le sachet. Laisser refroidir.

Verser la tisane refroidie dans le mélangeur, ajouter la boisson de soya ou d'amande, la mangue, le gingembre et le miel, si désiré, et mixer jusqu'à ce que ce soit homogène. Verser dans un verre et servir immédiatement.

DONNE 1 verre

CONSEIL PRATIQUE

Si vous trouvez des fleurs fraîches, non traitées à l'insecticide, utilisez 15 ml (1 c. à soupe), environ 10 fleurs, pour préparer la tisane.

variantes

356 CALMANT CAMOMILLE ET PAPAYE

Préparer le Calmant camomille et mangue en remplaçant la mangue par ½ papaye.
Note – La tisane de camomille est aussi utilisée traditionnellement pour prévenir et traiter les rhumes et pour protéger contre les maladies bactériennes.

357 CALMANT CAMOMILLE ET CANTALOUP

Préparer le Calmant camomille en remplaçant la mangue par 150 g (5 ½ oz) de morceaux de cantaloup et ½ banane pelée.
Note – Camomille vient du grec ancien *chamaemelon* ou « pomme de sol ». Elle était utilisée par les anciens Grecs comme plante médicinale.

358 CALMANT SOYEUX CAMOMILLE ET MANGUE

Préparer le Calmant camomille et mangue en remplaçant la boisson de soya ou d'amande par du yogourt nature ou à la vanille.
Note – Vous pouvez utiliser toute autre tisane calmante avant d'aller dormir dans ce smoothie.

359 Dose herbe de blé et ananas

L'herbe de blé est l'un des superaliments de notre époque, une dose d'herbe de blé ayant la même équivalence nutritionnelle que 1 kg (2 ¼ lb) de légume feuilles verts. Les passionnés de l'herbe de blé auront un extracteur à jus spécial pour cet ingrédient, car il ne se réduit pas bien dans une centrifugeuse. Trois poignées d'herbe de blé fraîche donneront 60 ml (¼ tasse) de jus. La dose quotidienne recommandée est 30 ml (2 c. à soupe), en augmentant à 60 ml (¼ tasse) avec le temps. Pour plus de facilité, cette recette utilise de l'herbe de blé en poudre.

INGRÉDIENTS

150 g (5 ¼ oz) de morceaux d'ananas
Une petite poignée de feuilles de menthe fraîches

5 ml (1 c. à thé) d'herbe de blé en poudre ou 1 dose quotidienne selon les recommandations du fabricant

Mettre l'ananas et la menthe dans l'extracteur à jus et réduire. Ajouter en fouettant l'herbe de blé en poudre. Verser dans un verre et servir immédiatement.

DONNE 1 petit verre

MISE EN GARDE

Prendre plus que la dose recommandée d'herbe de blé peut causer des nausées et de la diarrhée.

Variantes

360 DOSE HERBE DE BLÉ ET CAROTTE

Passer 3 carottes parées et ½ orange, pelée et hachée, dans un extracteur à jus. Ajouter en fouettant 5 ml (1 c. à thé) d'herbe de blé en poudre et servir immédiatement.
Note – Vous pouvez acheter l'herbe de blé fraîche en ligne.

361 DOSE HERBE DE BLÉ, ORANGE ET MENTHE

Préparer la Dose herbe de blé et ananas en remplaçant l'ananas par 2 petites oranges pelées et hachées.
Note – Mêlez toujours l'herbe de blé au jus pour plus de saveur.

362 DOSE HERBE DE BLÉ ET POMME

Préparer la Dose herbe de blé et ananas en remplaçant l'ananas et la menthe par 2 pommes et 3 ml (½ c. à thé) de cannelle
Note – Prenez votre dose d'herbe de blé peu de temps avant le repas.

363 DOSE HERBE DE BLÉ ET TOMATE

Préparer la Dose herbe de blé et ananas en remplaçant l'ananas par 4 tomates.
Note – Pour plus de puissance, ajoutez une gousse d'ail en réduisant les fruits.

364 DOSE HERBE DE BLÉ ET BETTERAVE

Préparer la Dose herbe de blé et ananas en remplaçant l'ananas par 1 betterave moyenne et ½ concombre.
Note – Les pousses d'herbe de blé sont aussi disponibles surgelées.

365 Dose de gingembre

Le gingembre est un ingrédient essentiel en médecine ayurvédique et on l'utilise en Chine depuis plus de 2000 ans. Il possède de puissantes propriétés facilitant la digestion et il est anti-inflammatoire. Comme la mauvaise digestion et l'inflammation sont deux de nos plus importants soucis de santé, en prendre une dose quotidienne peut sûrement renforcer votre santé.

INGRÉDIENTS

½ pomme
1 citron, pelé et haché

5 cm (2 po) de racine
de gingembre, pelée

Passer les ingrédients dans l'extracteur à jus. Verser dans un verre et servir immédiatement.

DONNE 1 verre

POUR SERVIR

Si vous avez le rhume, buvez cette boisson chaude avec un peu de miel.

variantes

367 DOSE ANTI-GRIPPE

Préparer la variante Dose gingembre et pomme en ajoutant 1 carotte parée et ¼ de citron pelé.
Note – Les carottes sont riches en vitamine A, qui est bonne pour le système immunitaire et aide à maintenir les poumons en santé.

368 DOSE GINGEMBRE, POIVRE DE CAYENNE ET CITRON

Préparer la Dose de gingembre, puis ajouter une pincée de poivre de Cayenne.
Note – Le gingembre est bon pour le mal des transports, incluant le mal de mer. Par conséquent, prendre une dose de gingembre avant d'aller en mer est une sage précaution.

369 DOSE GINGEMBRE ET ORANGE

Préparer la Dose de gingembre en remplaçant la pomme par 1 orange pelée et hachée.
Note – Dans cette variante, une clémentine ou une mandarine offrirait une base légèrement plus douce au gingembre.

366 DOSE GINGEMBRE ET POMME

Préparer la Dose de gingembre, mais omettre le citron et utiliser une grosse pomme entière.
Note – Si vous utilisez du gingembre biologique, il n'est pas nécessaire de le peler.

370 DOSE GINGEMBRE ET CURCUMA

Préparer la Dose de gingembre en ajoutant 5 cm (2 po) de racine de curcuma dans l'extracteur avec les autres ingrédients.
Note – Le curcuma est un puissant anti-inflammatoire et on l'utilise pour traiter un vaste éventail d'affections.

371 Dose ail et citron

Survoltez-vous avec cette dose immunisante. L'ail est particulièrement efficace comme anti-inflammatoire, antibiotique et antiviral, ce qui fait de cette boisson une panacée contre une kyrielle de maladies.

INGRÉDIENTS

1 citron, pelé et haché
1 à 2 gousses d'ail
Une généreuse pincée de poivre de Cayenne

15 ml (1 c. à soupe) de miel de manuka ou liquide

Passer le citron et l'ail dans l'extracteur à jus. Laisser reposer 10 minutes. Ajouter en brassant le poivre de Cayenne et le miel. Verser dans un verre et servir.

DONNE 1 verre

CONSEIL PRATIQUE

Si vous préférez, pressez l'ail dans un presse-ail, puis mêlez au jus de citron pressé. Laisser reposer 10 minutes, puis tamisez avant d'ajouter le poivre de Cayenne et le miel.

372 DOSE AIL ET LIME

Préparer la Dose ail et citron en remplaçant le citron par 1 lime et ajouter 4 brins de coriandre.

373 DOSE ORANGE, AIL ET CURCUMA

Préparer la Dose ail et citron en remplaçant le citron par 1 orange et en ajoutant 2,5 cm (1 po) de racine de curcuma.

super énergisants

Si l'heure est venue d'aller chercher une barre de chocolat ou un cappuccino, arrêtez ! Ce chapitre est plein de super combinaisons santé de légumes et de fruits, familières et exotiques, qui vous donneront un regain d'énergie et rehausseront le taux faible de glucose du sang. En peu de temps, vous vous sentirez revigoré et prêt à l'attaque et, par-dessus tout, vous aurez fait le bon choix pour votre organisme. Il nous arrive tous de sauter des repas ou de ne pas prendre un bon déjeuner, et c'est là que les smoothies au yogourt ou à la banane ont un rôle à jouer. Après une longue journée de travail, ou une séance d'entraînement exigeante, les légumes-feuilles verts, riches en fer, sont exactement ce qu'il nous faut.

374 Jus salade de pomme

Le goût légèrement sucré et acide des pommes se marie particulièrement bien avec la saveur des légumes. Les pommes sont excellentes pour quiconque se sent fatigué et elles peuvent avoir un effet tonifiant sur la peau. Ces jus sont un bon point de départ pour ceux qui hésitent à boire des jus de légumes.

INGRÉDIENTS

4 pommes
15 feuilles de jeunes
    épinards
1 poivron orangé ou jaune
1 concombre
½ lime, pelée
5 cm (2 po) de racine
    de gingembre, pelée
Pincée de muscade
5 ml (1 c. à thé) de
    spiruline en poudre

Réduire en jus les fruits, les légumes et le gingembre. Ajouter en brassant la muscade. Prendre 30 ml (2 c, à soupe) de ce jus et le mêler à la spiruline jusqu'à ce que ce soit homogène. Ajouter en brassant au reste de jus.

DONNE 2 verres

CONSEIL PRATIQUE

Si vous servez des invités, enfilez sur des brochettes de petits morceaux de pomme trempés dans le jus de citron et quelques morceaux de concombre. Placez les brochettes en équilibre sur le dessus des verres.

Variantes

375 JUS SALADE VÉGÉTARIENNE SPÉCIALE

Préparer le Jus salade de pomme. Mêler 15 à 30 ml (1 à 2 c. à soupe) de tahini avec un peu de jus pour faire une pâte, puis ajouter en brassant au reste de jus.
Note – Le tahini ajoute des protéines et des vitamines B à cette boisson.

376 LENDEMAIN DE VEILLE SALADE DE POMMES

Préparer le Jus salade de pomme et, une fois celui-ci prêt, ajouter 60 ml (¼ tasse) d'aloès liquide et une généreuse pincée de sel marin fin.
Note – Non seulement l'aloès est riche en vitamines et minéraux réduits dans l'organisme par les excès d'alcool, mais il aide aussi à diminuer les acétaldéhydes nuisibles produits par l'alcool quand il se décompose dans l'organisme.

377 JUS SALADE WALDORF

Préparer le Jus salade de pomme en remplaçant le poivron par 3 branches de céleri. Ajouter 15 ml (1 c. à soupe) d'huile de lin.
Note – L'ajout d'huile de lin procure des acides gras essentiels à cette boisson.

378 JUS SALADE DU VERGER

Préparer le Jus salade de pomme en n'utilisant que 2 pommes et en ajoutant 2 poires.
Note – Les poires sucreront le goût général de ce jus.

379 JUS SALADE VERTE

Préparer le Jus salade de pomme en remplaçant les épinards par 4 fleurons de brocoli.
Note – On considère le brocoli comme un super aliment en partie à cause de sa teneur élevée en vitamines et minéraux.

380 JUS SALADE D'ÉTÉ

Omettre les épinards en préparant le Jus salade de pomme. Remplacer par 4 grandes feuilles de laitue romaine.
Note – Quoique les jus soient meilleurs fraîchement préparés, ces salades liquides peuvent être préparées le matin et apportées comme dîner dans un thermos.

381 JUS SALADE DE FRUITS

Préparer le Jus salade de pomme, mais remplacer le poivron par 75 g (2 ½ oz) de framboises ou de canneberges.
Note – Ce jus doux est une excellente introduction pour quiconque hésite à boire des jus de légumes.

382 JUS SALADE DE PANAIS

Préparer le Jus salade de pomme en remplaçant les épinards, le poivron et le concombre par 3 panais et un petit bouquet de menthe. Omettre le gingembre.
Note – Le panais produit un jus étonnamment épais et sucré qui donne du corps à la boisson.

383 JUS SALADE JALAPEÑO

En préparant le Jus salade de pomme, ajouter ½ à 1 piment jalapeño épépiné au reste des ingrédients.
Note – Le piment atténue le côté sucré.

384 smoothie pêche et framboise

Cette combinaison classique repose sur le goût d'une pêche mûre… mais assurez-vous que la pêche n'est pas trop mûre, sinon la boisson aura un goût désagréable.

INGRÉDIENTS

1 pêche pelée, dénoyautée et en quartiers	125 ml (½ tasse) de yogourt nature à faible teneur en gras
75 g (2 ½ oz) de framboises	125 ml (½ tasse) de lait

Mettre tous les ingrédients dans le mélangeur. Mixer 1 minute ou jusqu'à ce que ce soit homogène. Verser dans un verre et servir immédiatement.

DONNE 1 verre

CONSEIL PRATIQUE

Préparer des glaçons à l'eau de coco pour donner à vos smoothies un goût et des nutriments supplémentaires. Mettre deux ou trois glaçons à la noix de coco dans chaque verre.

variantes

385 SMOOTHIE PÊCHE, FRAMBOISE ET MENTHE

En préparant le Smoothie pêche et framboise, ajouter 6 feuilles de menthe fraîches dans le mélangeur.
Note – Ce smoothie est plus crémeux si on le prépare avec du lait entier, mais un lait partiellement écrémé ou écrémé fonctionne tout aussi bien.

386 SMOOTHIE PÊCHE ET ORANGE

Préparer le Smoothie pêche et framboise en remplaçant les framboises et le lait par 175 ml (¾ tasse) de jus d'orange.
Note – Du jus orange et framboises serait aussi délicieux dans ce smoothie.

387 SMOOTHIE FRAMBOISE ET ORANGE

Préparer le Smoothie pêche et framboise en omettant la pêche et le lait. Augmenter la quantité de framboises à 150 g (5 ¼ oz) et ajouter 125 ml (½ tasse) de jus d'orange dans le mélangeur.
Note – Vous pouvez utiliser des framboises surgelées.

388 SMOOTHIE PÊCHE, FRAMBOISE ET ORANGE

Préparer le Smoothie pêche et framboise en remplaçant le lait par 60 ml (¼ tasse) de jus d'orange.

389 SMOOTHIE PÊCHE ET FRUIT DE LA PASSION

Préparer le Smoothie pêche et framboise en remplaçant les framboises par la chair de 2 fruits de la Passion.
Note – Pour retirer la chair du fruit de la Passion, coupez le fruit en deux et, avec une cuillère à thé, enlevez la chair.

390 SMOOTHIE PÊCHE, MANGUE ET VANILLE

Préparer le Smoothie pêche et framboise en remplaçant les framboises par ½ mangue dénoyautée, pelée et hachée et le yogourt nature par du yogourt à la vanille.
Note – Ajoutez quelques gouttes d'extrait de vanille si vous n'avez pas de yogourt à la vanille sous la main.

391 SMOOTHIE PÊCHE ET MÛRE

Préparer le Smoothie pêche et framboise en remplaçant les framboises par 75 g (2 ½ oz) de mûres.
Note – Soyez prudent quand vous manipulez les mûres, car elles peuvent tacher la peau.

392 SMOOTHIE VERT À LA PÊCHE

Préparer la variante Smoothie pêche et mûre en remplaçant les framboises par 50 g (1 ¾ oz) de feuilles de jeunes épinards et 5 ml (1 c. à thé) de racine de gingembre râpée.

393 SMOOTHIE RICHE PÊCHE ET FRAMBOISE

Préparer le Smoothie pêche et framboise en remplaçant le lait par du lait entier ou du lait concentré à faible teneur en gras.

394 smoothie bleuet et fraise

Si possible, profitez des bleuets sauvages frais disponibles à la fin de l'été.

INGRÉDIENTS

75 g (2 ½ oz) de bleuets	250 ml (1 tasse) de yogourt
50 g (1 ¾ oz) de fraises, équeutées	nature à faible teneur en gras
	60 ml (¼ tasse) de lait

Mettre tous les ingrédients dans le mélangeur. Mixer 1 minute ou jusqu'à ce que ce soit lisse. Verser dans un verre et servir immédiatement.

DONNE 1 verre

CONSEIL PRATIQUE

Pour les smoothies dans le mélangeur, il n'est pas nécessaire d'enlever le cœur blanc des fraises : ne coupez que ce qui n'est pas mûr.

variantes

396 SMOOTHIE BLEUET, FRAISE ET POMME

Préparer le Smoothie bleuet et fraise en omettant le lait et en le remplaçant par la même quantité de cidre de pomme.
Note – Quand vous achetez du jus de pomme, choisissez du jus de pomme trouble biologique (jus de pomme frais sans alcool).

397 SMOOTHIE BLEUET, FRAISE ET ANANAS

Préparer le Smoothie bleuet et fraise en remplaçant le lait par la même quantité de jus d'ananas.
Note – Enfilez quelques bleuets sur un bâtonnet à cocktail et utilisez-le comme agitateur dans chacune de ces variantes.

398 SMOOTHIE BLEUET, FRAMBOISE ET POMME

Préparer le Smoothie bleuet et fraise en remplaçant le lait par 60 ml (¼ tasse) de jus de pomme et les fraises par 150 g (5 ¼ oz) de framboises.
Note – Si vous ne buvez pas immédiatement vos smoothies, ajoutez 5 ml (1 c. à thé) de jus de citron pour minimiser l'oxydation.

395 SMOOTHIE BLEUET, FRAISE ET ORANGE

Préparer le Smoothie bleuet et fraise, mais remplacer le lait par la même quantité de jus d'orange.
Note – Pour une version sans lait, utilisez du yogourt de soya.

399 SMOOTHIE BLEUET, FRAISE ET AMANDE

Préparer le Smoothie bleuet et fraise en remplaçant le lait par de la boisson d'amande. Pour un goût d'amande plus prononcé, ajouter 15 ml (1 c. à soupe) de pâte d'amande râpée.

400 SMOOTHIE BLEUET ET LAVANDE

Préparer le Smoothie bleuet, fraise et amande en omettant la pâte d'amande. Ajouter 3 ml (½ c. à thé) de fleurs de lavande séchées et 5 ml (1 c. à thé) de zeste de citron dans le mélangeur.
Note – La lavande apaise l'esprit.

401 SMOOTHIE BLEUET, FRAISE ET GRENADE

Préparer le Smoothie bleuet et fraise en remplaçant le lait par du jus de grenade.
Note – Tous n'aiment pas les graines (arilles) de grenade dans un smoothie, mais le jus est merveilleux.

402 SMOOTHIE BLEUET ET BANANE

Préparer le Smoothie bleuet et fraise en remplaçant les fraises par 1 petite banane.
Note – Il semble que les bleuets aident à garder le cerveau en bonne condition.

403 SMOOTHIE BLEUET ET BAIE DE SUREAU

Préparer le Smoothie bleuet et fraise en remplaçant les fraises par 40 g (1 ½ oz) de baies de sureau.
Note – Les baies de sureau sont disponibles en automne.

404 SMOOTHIE BLEUET ET GRENADE

Préparer le Smoothie bleuet et fraise en omettant les fraises et en remplaçant le lait par du jus de grenade.

405 Smoothie beurre d'arachide et confiture

Ce sandwich américain typique se transforme merveilleusement bien en smoothie délicieux que les enfants adoreront comme petite gâterie… peut-être associée à de l'exercice !

INGRÉDIENTS

1 banane pelée et en morceaux
15 ml (1 c. à soupe) de confiture de raisins
15 ml (1 c. à soupe) de beurre d'arachide crémeux
125 ml (½ tasse) de yogourt nature à faible teneur en gras
60 ml (¼ tasse) de lait

Mettre tous les ingrédients dans le mélangeur et mixer jusqu'à ce que ce soit homogène. Verser dans un verre et servir immédiatement.

DONNE 1 verre

CONSEIL NUTRITIONNEL

Le beurre d'arachide est une excellente source de protéines.

Variantes

406 SMOOTHIE BEURRE D'ARACHIDE ET MARMELADE D'ORANGE

Préparer le Smoothie beurre d'arachide et confiture en remplaçant la confiture de raisins par de la marmelade d'oranges.
Note – L'amertume de la pelure dans la marmelade atténuera le goût sucré de ce smoothie.

407 SMOOTHIE BEURRE D'ARACHIDE ET CHOCOLAT

Préparer le Smoothie beurre d'arachide et confiture en remplaçant la confiture de raisins par la même quantité de tartinade au chocolat (comme du Nutella).
Note – Nettoyez le mélangeur particulièrement bien après avoir cuisiné avec du beurre d'arachide, au cas où le prochain utilisateur souffrirait d'allergie aux noix.

408 SMOOTHIE TRÈS PROTÉINÉ AU BEURRE D'ARACHIDE

Préparer le Smoothie beurre d'arachide et confiture en omettant la confiture de raisins et en ajoutant 15 ml (1 c. à soupe) de protéines en poudre.
Note – Les protéines en poudre devraient être conservées dans un endroit frais et sombre.

409 SMOOTHIE BEURRE D'ARACHIDE ET RAISIN

Préparer le Smoothie beurre d'arachide et confiture en remplaçant la confiture de raisins par 75 g (2 ½ oz) de raisins rouges.
Note – Le resvératrol, présent dans la peau des raisins rouges, protège le cœur.

410 SMOOTHIE BEURRE D'ARACHIDE ET AVOINE

En préparant le Smoothie beurre d'arachide et confiture, mettez d'abord 30 ml (2 c. à soupe) de flocons d'avoine dans le mélangeur et mixer jusqu'à ce qu'ils soient réduits en poudre. Ajouter ensuite le reste des ingrédients.

Note – L'avoine augmente l'IG (index glycémique) de ce smoothie, ce qui vous garde rassasié plus longtemps.

411 SMOOTHIE BEURRE D'ARACHIDE ET PETITS FRUITS

Préparer le Smoothie beurre d'arachide et confiture en remplaçant la confiture de raisins par 50 g (1 ¾ oz) de petits fruits en mélange surgelés.

Note – Ici, on peut remplacer les petits fruits en mélange par des cerises en boîte ou en pot.

412 SMOOTHIE BEURRE D'ARACHIDE ET VERDURE

Préparer la variante Smoothie beurre d'arachide et petits fruits en ajoutant 25 g (1 oz) de feuilles de jeunes épinards.

Note – Voici un smoothie vert que les enfants aimeront.

413 SMOOTHIE BEURRE D'ARACHIDE ET DATTE

Préparer le Smoothie beurre d'arachide et confiture en remplaçant la confiture de raisins par 4 dattes tendres dénoyautées.

Note – Enlevez le minuscule pédoncule ligneux des dattes avant de mixer.

414 ARACHIDES ET MÉLANGE DU RANDONNEUR AU CHOCOLAT

En préparant le Smoothie beurre d'arachide et confiture, ajouter 15 ml (1 c. à soupe) de protéines de lactosérum en poudre et 15 ml (1 c. à soupe) de raisins secs.

Note – On peut remplacer les raisins secs par des canneberges.

415 smoothie guarana et papaye

Le guarana est un excellent énergisant, car il contient presque deux fois la quantité de caféine des grains de café. La poudre de guarana est amère si on la boit seulement avec de l'eau. Ce smoothie est une délicieuse façon de la boire aromatisée aux fruits.

INGRÉDIENTS

5 ml (1 c. à thé) de poudre de guarana
250 ml (1 tasse) de yogourt nature
225 g (8 oz) de papaye, pelée et hachée
15 ml (1 c. à soupe) de miel liquide
30 à 45 ml (2 à 3 c. à soupe) de lait

Mettre la poudre de guarana, le yogourt, la papaye et le miel dans le mélangeur et mixer jusqu'à ce que ce soit homogène. Ajouter le lait pour éclaircir à la consistance de votre choix.

DONNE 2 verres

DIGNE D'INTÉRÊT

La poudre de guarana est tirée des graines du guarana, un parent de l'érable que l'on trouve dans le bassin de l'Amazone.

variantes

416 SMOOTHIE GUARANA ET BANANE

Préparer le Smoothie guarana et papaye en remplaçant la papaye par 1 banane mûre.
Note – Certaines données semblent indiquer que le guarana supprime l'appétit en créant une sensation de satiété.

417 SMOOTHIE GUARANA, FRAISE ET BANANE

Préparer le Smoothie guarana et papaye en remplaçant la papaye par 75 g (2 ½ oz) de fraises et 1 petite banane.
Note – Servir garni d'un quartier de fraise fendu, placé sur le bord du verre.

418 SMOOTHIE GUARANA ET AÇAÏ

Préparer le Smoothie guarana et papaye en remplaçant la papaye par 60 ml (¼ tasse) de purée d'açaï et 1 petite banane.
Note – Les baies d'açaï sont difficiles à trouver, mais les boutiques d'aliments santé en vendent sous forme de purée.

419 SMOOTHIE GUARANA ET NOIX DE COCO

Préparer le Smoothie guarana et papaye ou la variante à la banane plus haut, en remplaçant le yogourt nature par du yogourt à la noix de coco et en omettant le miel.
Note – Certains yogourts à la noix de coco ne contiennent pas de lait.

420 SMOOTHIE AU GUARANA GARNI

Préparer le Smoothie guarana et papaye, ou toute autre de ses variantes, et le verser dans des verres. Mêler ensemble 15 ml (1 c. à soupe) de chacune : noix de coco râpée, graines de citrouille rôties et graines de tournesol rôties. Utilisez ce mélange comme garniture.

421 Smoothie banane et lentilles

Les lentilles sont offertes en une variété de couleurs. Riches en fibres, elles aident à réduire le mauvais cholestérol.

INGRÉDIENTS

30 ml (2 c. à soupe) combles de lentilles rouges cassées
1 banane, pelée et hachée

310 ml (1 ¼ tasse) de jus d'orange, fraîchement pressé de préférence
150 ml (⅔ tasse) de boisson d'amande

Mettre les lentilles dans une casserole, couvrir de beaucoup d'eau froide et amener à ébullition. Baisser le feu et laisser mijoter 20 à 25 minutes ou jusqu'à ce qu'elles soient tendres. Égoutter et laisser refroidir.

Mettre les lentilles refroidies, la banane et le jus d'orange dans le mélangeur et mixer jusqu'à ce que ce soit lisse. Ajouter la boisson d'amande et mixer. Verser dans des verres et servir aussitôt.

DONNE 2 verres

422 SMOOTHIE BANANE, ANANAS ET LENTILLES

Préparer le Smoothie banane et lentilles en remplaçant le jus d'orange par du jus d'ananas.
Note – Les lentilles rouges n'exigent pas de pré-trempage.

423 SMOOTHIE BLEUET ET LENTILLES

Préparer le Smoothie banane et lentilles en remplaçant la banane par 150 g (5 ¼ oz) de bleuets.
Note – Les glucides ajoutés dans toutes ces boissons en font un excellent choix à emporter pour les journées à horaire chargé.

424 smoothie yogourt, germe de blé et mélasse noire

Ce smoothie épais et riche est meilleur préparé avec du yogourt grec qui lui confère une merveilleuse onctuosité. La mélasse noire est un édulcorant sain qui contient de bonnes quantités de vitamine B6 et de minéraux importants.

INGRÉDIENTS

250 ml (1 tasse) de yogourt grec
15 ml (1 c. à soupe) de mélasse noire
5 ml (1 c. à thé) de germe de blé
Glaçons

Mettre le yogourt, la mélasse et le germe de blé dans le mélangeur et mixer jusqu'à ce que ce soit homogène. Verser sur les glaçons dans des verres et servir immédiatement.

DONNE 1 grand ou 2 petits verres

CONSEIL PRATIQUE

Pour réduire la teneur en gras, choisissez un yogourt grec sans gras ou à faible teneur en gras.

variantes

425 SMOOTHIE MANGUE ET GERME DE BLÉ

Préparer le Smoothie yogourt, germe de blé et mélasse noire et ajouter ½ mangue pelée, dénoyautée et hachée aux autres ingrédients.
Note – La mélasse noire est plus un supplément alimentaire qu'un édulcorant.

426 SMOOTHIE CERISE GLACÉE ET GERME DE BLÉ

Préparer le Smoothie yogourt, germe de blé et mélasse noire et ajouter 75 g (2 ½ oz) de cerises dénoyautées surgelées aux autres ingrédients.
Note – Si vous utilisez des cerises fraîches, ajoutez 2 glaçons.

427 SMOOTHIE MÛRE ET GERME DE BLÉ

Préparer le Smoothie yogourt, germe de blé et mélasse noire et ajouter 75 g (2 ½ oz) de mûres et 5 ml (1 c. à thé) de zeste d'orange aux autres ingrédients.
Note – Au lieu d'incorporer le zeste d'orange, vous pouvez en parsemer le smoothie, pour garnir.

428 SMOOTHIE RICOTTA ET GERME DE BLÉ

Préparer le Smoothie yogourt, germe de blé et mélasse noire en utilisant 125 ml (½ tasse) de yogourt grec et en ajoutant 125 ml (½ tasse) de fromage ricotta. Ajouter 5 ml (1 c. à thé) de zeste de citron ou d'orange râpé.

Note – La ricotta est disponible en variétés lait entier et lait écrémé.

429 SMOOTHIE YOGOURT GLACÉ ET GERME DE BLÉ

Remplacer le yogourt dans le Smoothie yogourt, germe de blé et mélasse noire par 2 cuillères à crème glacée de yogourt glacé à la vanille ou au citron.

Note – Le sucre contenu dans le yogourt glacé ajoute des calories à ce smoothie.

430 SMOOTHIE YOGOURT, GERME DE BLÉ ET ÉRABLE

Préparer le Smoothie yogourt, germe de blé et mélasse noire en remplaçant la mélasse par du sirop d'érable.

Note – Une fois ouverte, la bouteille de sirop d'érable doit être conservée au réfrigérateur.

431 Smoothie rooibos et petits fruits

Le rooibos est une excellente base pour ce smoothie riche en protéines et préparé avec des petits fruits surgelés riches en antioxydants. Il est génial dans le cadre d'une séance d'entraînement.

INGRÉDIENTS

1 sachet de rooibos
125 ml (½ tasse) d'eau très chaude mais non bouillante
225 g (8 oz) de petits fruits en mélange, surgelés

125 ml (½ tasse) de tofu soyeux
15 ml (1 c. à soupe) de protéines en poudre
5 ml (1 c. à thé) de miel liquide, facultatif

Mettre le sachet dans une théière ou un récipient résistant à la chaleur et y verser l'eau chaude. Laisser infuser 8 à 10 minutes, puis retirer le sachet. Laisser refroidir.

Mettre la tisane, les petits fruits, le tofu et les protéines en poudre dans le mélangeur et mixer jusqu'à ce que ce soit homogène. Sucrer au goût avec le miel et verser dans des verres pour servir immédiatement, ou verser dans un thermos.

DONNE 2 verres

DIGNE D'INTÉRÊT

Le rooibos provient d'un arbuste qu'on ne trouve que près de Cape Town, en Afrique du Sud.

Variantes

432 SMOOTHIE ROOIBOS ET PÊCHE

Préparer le Smoothie rooibos et petits fruits en remplaçant les petits fruits par 275 g (9 ¾ oz) de morceaux de pêches surgelés.
Note – Rooibos signifie « buisson rougeâtre » en afrikaans.

433 SMOOTHIE ROOIBOS, FRAISE ET ORANGE

Préparer le Smoothie rooibos et petits fruits en remplaçant les petits fruits par 150g (5 ¼ oz) de fraises surgelées et ½ orange pelée et hachée.
Note – Le rooibos ne contient pas de tanin, mais il contient 9 oligo-éléments essentiels.

434 SMOOTHIE ROOIBOS ET NOIX

Préparer le Smoothie rooibos et petits fruits en remplaçant le tofu par 125 ml (½ tasse) de boisson d'amande et 15 ml (1 c. à soupe) de beurre d'arachide, de noix de cajou ou d'amande.
Note – Un grand choix de beurre de noix est offert dans les bonnes boutiques santé ou les bons supermarchés.

435 SMOOTHIE AU THÉ FRUITÉ

Préparer le Smoothie rooibos et petits fruits en remplaçant le rooibos par 1 sachet de tisane aux petits fruits rouges en mélange.
Note – Ne soyez pas sceptique en ce qui concerne l'utilisation de tofu soyeux dans les smoothies. Il ajoute une intéressante richesse onctueuse.

436 Jus vert tropical parfumé à la carambole

La carambole, aussi appelée fruit étoilé, est un fruit délicatement parfumé qui donne une note aromatique à ce délicieux jus tropical stimulant.

INGRÉDIENTS

2 caramboles
85 g (3 oz) de mangue, pelée et dénoyautée
⅓ d'ananas, tranché
1 kiwi, pelé
115 g (4 oz) de feuilles d'épinards ou de chou frisé *(kale)*
125 ml (½ tasse) de lait de coco

Passer les caramboles, la mangue, l'ananas, le kiwi et les épinards dans l'extracteur à jus. Ajouter en brassant le lait de coco. Verser dans des verres et servir immédiatement.

DONNE 2 verres

MISE EN GARDE

La carambole devrait être évitée par quiconque souffre de problèmes rénaux.

variantes

437 ZINGER PARFUMÉ À LA CARAMBOLE

Préparer le Jus vert tropical parfumé à la carambole, mais remplacer la mangue par ½ concombre et 2,5 cm (1 po) de racine de gingembre.

Note – La carambole contient peu de calories : 31 calories par 100 g (3 ½ oz).

438 JUS ROSÉ PARFUMÉ À LA CARAMBOLE

Préparer le Jus vert tropical parfumé à la carambole en remplaçant la mangue par 150 g (5 ¼ oz) de pastèque. Utiliser 60 ml (¼ tasse) de lait de coco.

Note – La carambole est originaire de l'Asie du Sud-Est et de la Chine.

439 JUS BLEUET ET ANANAS PARFUMÉ À LA CARAMBOLE

Préparer le Jus vert tropical parfumé à la carambole en remplaçant la mangue par 150 g (5 ¼ oz) de bleuets.

Note – Cette boisson désaltérante, gardée au frais, est délicieuse à boire sur le pouce.

440 JUS VERT TROPICAL CARAMBOLE ET ANIS

Préparer le Jus vert tropical parfumé à la carambole et ajouter en brassant 1 ml (¼ c. à thé) d'anis étoilé moulu au jus, une fois fini.

Note – L'anis étoilé peut se conserver longtemps dans un endroit frais et sombre.

441 SMOOTHIE VERT PARFUMÉ À LA CARAMBOLE

Préparer le Jus vert tropical parfumé à la carambole, mais réduire les épinards ou le chou frisé à 60 g (2 oz). Enlever les graines de l'anis étoilé ; peler et enlever le cœur de l'ananas. Mettre tous les ingrédients dans le mélangeur et mixer jusqu'à ce que le tout soit lisse. Verser dans des verres et servir aussitôt.

Note – Garnir de quelques tranches de carambole.

442 Smoothie feuillu

La vedette de ce jus est la bette à carde à grandes feuilles offerte dans une gamme aux couleurs de l'arc-en-ciel. Combinée à l'ananas, elle donne un smoothie rafraîchissant qui renforce aussi les os et les muscles.

INGRÉDIENTS

3 grandes feuilles de bette à carde, la nervure centrale enlevée
150 g (5 ¼ oz) de morceaux d'ananas

½ banane, pelée
2 dattes tendres, dénoyautées
500 ml (2 tasses) d'eau de coco, ou filtrée, ou minérale
5 ml (1 c. à thé) d'huile de lin

Mettre tous les ingrédients dans le mélangeur et mixer jusqu'à ce que ce soit homogène. Servir immédiatement.

DONNE 1 grand ou 2 petits verres

CONSEIL NUTRITIONNEL

Ajoutez 5 ml (1 c. à thé) d'huile de lin pour la stimulation du métabolisme et un surplus de vitamine E, puis parsemez quelques graines de sésame sur le jus fini pour un peu de protéines.

Variantes

443 JUS FEUILLU

Préparer le Smoothie feuillu en remplaçant la banane par une pomme en quartiers et en omettant l'eau. Réduire tous les ingrédients dans l'extracteur à jus, puis ajouter l'huile de lin.
Note – Si vous extrayez le jus, il n'est pas nécessaire d'enlever la nervure centrale des feuilles de bette à carde.

444 SMOOTHIE FEUILLU À LA POMME

Préparer le Smoothie feuillu en remplaçant l'ananas par 2 pommes, le cœur enlevé et en quartiers.
Note – Si la bette à carde n'est pas disponible, les épinards ou le chou frisé *(kale)* seront d'excellentes substitutions.

445 SMOOTHIE FEUILLU À LA POIRE

Préparer le Smoothie feuillu en remplaçant l'ananas et les dattes par 2 poires, le cœur enlevé et en quartiers.
Note – Utiliser des poires plutôt que l'ananas et les dattes donnera un smoothie un peu plus clair.

446 SMOOTHIE FEUILLU AU MELON

Préparer le Smoothie feuillu en remplaçant l'ananas par 150 g (5 ¼ oz) de cantaloup ou de melon Galia.
Note – Assurez-vous que le melon est mûr avant de l'acheter. Il devrait être très parfumé et ferme, sans être dur.

447 SMOOTHIE FEUILLU ENERGISANT

Préparer le Smoothie feuillu en ajoutant 5 ml (1 c. à thé)
de spiruline dans le mélangeur.
Note – La spiruline (une algue bleu-vert) est un supplément
énergisant.

448 SMOOTHIE SUPER ENERGISANT

Préparer le Smoothie feuillu en remplaçant les feuilles de bette
à carde et la banane par 150 g (5 ¼ oz) de morceaux de papaye.
N'utiliser que 250 ml (1 tasse) d'eau de coco. Ajouter 5 ml
(1 c. à thé) de spiruline au smoothie.
Note – Pour un goût plus riche, utilisez du lait de coco.

449 SMOOTHIE FEUILLU À L'AVOCAT

Préparer le Smoothie feuillu en remplaçant la banane par
½ avocat dénoyauté et pelé.
Note – L'avocat offre une gamme complexe de protéines, de
bons gras, de vitamines et de minéraux. Il est excellent pour les
végétaliens et quiconque a un régime alimentaire sans viande
ou sans produits laitiers.

450 SMOOTHIE FEUILLU À LA LUZERNE

Préparer le Smoothie feuillu en ajoutant 50 g (1 ¾ oz)
de germes de luzerne.
Note – La luzerne est une légumineuse de la même famille
que le pois et le haricot.

451 Jus épicé roquette et céleri

La roquette offre tous les bienfaits des légumes-feuilles plus une saveur poivrée unique. Idéale pour dynamiser les smoothies pour ceux qui les aiment épicés.

INGRÉDIENTS

50 g (1 ¾ oz) de roquette
4 branches de céleri
1 poire

4 brins de coriandre
½ lime, pelée
125 ml (½ tasse) d'eau de coco

Passer la roquette, le céleri, la poire, la coriandre et la lime dans l'extracteur à jus. Ajouter en brassant l'eau de coco. Verser dans un verre et servir immédiatement.

DONNE 1 verre

CONSEIL NUTRITIONNEL

La vitamine C favorise la formation de collagène nécessaire pour garder les os forts et en santé.

Variantes

452 JUS ÉPICÉ ROQUETTE, CÉLERI ET CONCOMBRE

Préparer le Jus épicé roquette et céleri en ajoutant ½ concombre aux autres ingrédients.
Note – Le compagnon idéal du sandwich au fromage grillé.

453 JUS ÉPICÉ ROQUETTE, CÉLERI ET ORANGE

Préparer le Jus épicé roquette et céleri en remplaçant la poire par 1 orange pelée et hachée.
Note – Si vous aimez les ingrédients en mélange dans une salade, il y a des chances que vous les aimiez tout autant dans un jus.

454 JUS ÉPICÉ ROQUETTE, CÉLERI ET RAISIN

Préparer le Jus épicé roquette et céleri en remplaçant la poire par 300 g (10 ½ oz) de raisins verts ou rouges.
Note – Préparer des jus vous permet de consommer une variété de produits frais contenant une vaste gamme de nutriments.

455 JUS ÉPICÉ ROQUETTE ET TAHINI

Brasser 5 ml (1 c. à thé) de tahini avec un peu d'eau de coco pour obtenir une pâte, puis ajouter le reste d'eau. Ajouter en brassant dans le Jus épicé roquette et céleri prêt à boire.
Note – Le tahini est tiré des graines de sésame.

456 smoothie aux griottes en conserve

Les ingrédients en conserve peuvent produire de bons smoothies. Cette recette exige quelques ingrédients non réfrigérés que vous pourriez avoir à portée de la main.

INGRÉDIENTS

60 ml (¼ tasse) de jus de canneberges
170 g (6 oz) de griottes dénoyautées en pot, égouttées

75 ml (⅓ tasse) de yogourt de soya à la vanille
5 glaçons

Mettre tous les ingrédients dans le mélangeur et mixer jusqu'à ce que ce soit homogène. Verser dans des verres et servir immédiatement.

DONNE 2 verres

CONSEIL PRATIQUE

Si les cerises sont en conserve dans leur jus naturel, utilisez ce jus pour préparer un autre smoothie aux fruits en le combinant à des mangues et à des bananes.

457 SMOOTHIE GRIOTTE ET FRAMBOISE

Préparer le Smoothie aux griottes en conserve en utilisant 250 ml (1 tasse) de griottes en pot et ajouter 125 ml (½ tasse) de framboises en pot ou en boîte.

variantes

458 SMOOTHIE À LA SALADE DE FRUITS

Préparer le Smoothie aux griottes en conserve en remplaçant les griottes par une salade de fruits en pot ou en boîte.
Note – N'utilisez pas le jus de la salade de fruits parce que vous devez équilibrer les fruits sucrés avec l'acidité du jus de canneberge.

459 SMOOTHIE À LA COMPOTE D'ABRICOT

Préparer le Smoothie aux griottes en conserve en remplaçant les griottes par 250 ml (1 tasse) de compote d'abricots, 2 moitiés de poire en conserve et 3 ml (½ c. à thé) de cannelle moulue.
Note – Remplacez le yogourt par du lait pour un smoothie plus clair.

460 SPLENDEUR AMANDE ET GRIOTTE

Préparer le Smoothie aux griottes en conserve en remplaçant le yogourt de soya par 125 ml (½ tasse) de boisson d'amande.
Note – Garnir le smoothie de quelques amandes effilées, grillées.

461 SMOOTHIE FIGUE ET FRAMBOISE

Préparer le Smoothie aux griottes en conserve en remplaçant les griottes par 4 figues en pot, coupées en deux, 125 ml (½ tasse) de framboises en pot ou en boîte et 1 généreuse pincée de cannelle.
Note – Retirer les pédoncules durs des figues avant de mélanger le tout.

462 SMOOTHIE À LA GARNITURE POUR TARTE À LA CERISE

Préparer le Smoothie aux griottes en conserve en remplaçant les griottes par 125 ml (½ tasse) de garniture pour tarte aux cerises et 5 ml (1 c à thé) de jus de citron. Augmenter le jus de canneberge à 125 ml (½ tasse).
Note – Ce smoothie ne peut être classé santé !

463 Smoothie rhubarbe et orange

La compote de rhubarbe est une excellente base de smoothie. Cette recette requiert du jus d'orange sanguine qui accentue l'intensité de la couleur.

INGRÉDIENTS

120 g (4 ¼ oz) de rhubarbe hachée

3 ml (½ c. à thé) de zeste d'orange

175 ml (¾ tasse) de jus d'orange sanguine, fraîchement pressé de préférence

30 ml (2 c. à soupe) de cassonade

125 ml (½ tasse) de yogourt à la vanille

Dans une petite casserole à feu doux, cuire la rhubarbe avec le zeste d'orange, le jus d'orange et le sucre environ 10 minutes ou jusqu'à ce qu'elle soit tendre. Laisser refroidir. Transférer dans le mélangeur, ajouter le yogourt et mixer jusqu'à ce que ce soit homogène.

DONNE 1 verre

CONSEIL PRATIQUE

Pour que la rhubarbe soit plus rosée, ajoutez quelques gouttes de colorant alimentaire rouge.

Variantes

464 FRAPPÉ RHUBARBE ET CRÈME GLACÉE

Préparer le Smoothie rhubarbe et orange en remplaçant le yogourt à la vanille par 1 cuillère à crème glacée de crème glacée aux framboises.

Note – Alors qu'on pensait qu'elle était un fruit, la rhubarbe est en réalité un légume.

465 SMOOTHIE RHUBARBE ET BANANE

Préparer le Smoothie rhubarbe et orange en ajoutant 1 petite banane dans le mélangeur et en remplaçant le yogourt par 150 ml (⅔ tasse) de lait ou de boisson d'amande.

Note – Les feuilles de rhubarbe sont toxiques. Par conséquent, ne soyez pas tenté de les ajouter dans votre smoothie.

466 SMOOTHIE RHUBARBE ET NOIX DE COCO

Préparer le Smoothie rhubarbe et orange en remplaçant le yogourt à la vanille par du yogourt à la noix de coco et en ajoutant quelques gouttes d'extrait de vanille.

Note – La rhubarbe se congèle bien. Réduisez en compote tel qu'indiqué plus haut. Refroidissez et emballez en portions dans des sacs pour congélateur refermables.

467 SMOOTHIE RHUBARBE ET FRAISE

Préparer le Smoothie rhubarbe et orange en ajoutant
6 grosses fraises dans le mélangeur avec la compote
de rhubarbe.
Note – La rhubarbe est riche en vitamine K, calcium et
potassium, tous bons pour les muscles, les os et le système
nerveux.

468 SMOOTHIE RHUBARBE ET POIRE

Préparer le Smoothie rhubarbe et orange en remplaçant 60 g
(2 oz) de rhubarbe par 1 poire ferme, pelée et le cœur enlevé.
Note – La rhubarbe à pédoncule rouge n'est pas nécessairement plus sucrée que la rhubarbe verte.

469 SMOOTHIE RHUBARBE ET GINGEMBRE

Préparer le Smoothie rhubarbe et orange en ajoutant 5 ml
(1 c. à thé) de gingembre moulu à la rhubarbe pendant
qu'elle cuit.
Note – On peut remplacer le gingembre moulu par 15 ml
(1 c. à soupe) de gingembre confit.

470 SMOOTHIE RHUBARBE ET CRÈME

Préparer le Smoothie rhubarbe et orange en remplaçant le
yogourt par de la crème à 18 % m. g., mais sans l'ajouter dans
le mélangeur. Verser le mélange rhubarbe et orange dans le
verre, puis ajouter un tourbillon de crème.
Note – L'alternative plus santé consiste à utiliser de la crème
de soya ou d'avoine.

471 smoothie à la figue de Barbarie

La figue de Barbarie, ou poire cactus, est le fruit du cactus nopal du Mexique, et l'un des aliments les plus précieux. Un verre de jus du figuier de Barbarie, *Licuado de Nopal,* est le déjeuner préféré du pays. Transformez-le en smoothie et vous obtenez une collation saine et nourrissante à tout moment de la journée.

INGRÉDIENTS

1 figue de Barbarie moyenne, les épines enlevées, ou 10 ml (2 c. à thé) de poudre de figue de Barbarie
1 banane, pelée et hachée
125 ml (½ tasse) de yogourt nature
310 ml (1 ¼ tasse) de jus d'orange, fraîchement pressé de préférence

Mettre la figue ou la poudre de figue dans le mélangeur, ajouter la banane et le yogourt, puis réduire en purée. Verser le jus d'orange et mixer jusqu'à ce que ce soit homogène. Verser dans des verres et servir immédiatement.

DONNE 2 verres

CONSEIL PRATIQUE

Si vous utilisez une figue de Barbarie fraîche, il est évidemment important que toutes les épines (glochides) aient été enlevées et que le fruit soit aussi jeune et frais que possible.

Variantes

472 SMOOTHIE JUTEUX À LA FIGUE DE BARBARIE

Préparer le Smoothie à la figue de Barbarie en remplaçant la banane par 1 concombre.
Note – Les fruits du figuier de Barbarie contiennent des antioxydants, des fibres alimentaires, du fer et des vitamines A, B et C.

473 SMOOTHIE FIGUE DE BARBARIE ET ANANAS

Préparer le Smoothie à la figue de Barbarie avec 1 tranche d'ananas plutôt que la banane et en n'utilisant que 250 ml (8 oz) de jus d'orange.
Note – Les fruits du cactus ne sont pas courants dans les supermarchés, mais vous pouvez utiliser le jus ou la poudre.

474 SMOOTHIE FIGUE DE BARBARIE ET PASTÈQUE

Préparer le Smoothie à la figue de Barbarie en remplaçant la banane par 150 g (5 ¼ oz) de cubes de pastèque et en n'utilisant que 125 ml (½ tasse) de jus d'orange.

475 SMOOTHIE FIGUE DE BARBARIE ET FRAISE

Préparer le Smoothie à la figue de Barbarie en remplaçant la banane par 150 g (5 ¼ oz) de fraises et en n'utilisant que 125 ml (½ tasse) de jus d'orange.

476 SMOOTHIE FIGUE DE BARBARIE ET LIME

Préparer le Smoothie à la figue de Barbarie en remplaçant la banane par 1 concombre et en utilisant le jus de 2 limes et 250 ml (1 tasse) d'eau filtrée ou minérale. Ajouter 5 ml (1 c. à thé) de sirop d'agave pour sucrer (facultatif).

477 smoothie à la fève guada d'Australie

Les fèves guada rampantes qui grimpent sur d'énormes treillis sont un spectacle familier dans les régions subtropicales d'Australie et d'Afrique du Sud, où on les cultive au lieu des courgettes.

INGRÉDIENTS

2 fèves guada, parées et hachées
50 g (1 ¾ oz) de feuilles
  de jeunes épinards

1 pomme pelée, le cœur enlevé
  et en quartiers
30 ml (2 c. à soupe) de jus
  de raisin blanc

Mettre tous les ingrédients dans le mélangeur et mixer jusqu'à ce que ce soit homogène. Verser dans des verres et servir immédiatement.

DONNE 2 verres

CONSEIL PRATIQUE

Le jus de raisin devrait sucrer ce smoothie, mais ajoutez un peu de miel ou de sirop d'agave si nécessaire.

variante

478 SMOOTHIE À LA COURGETTE

Remplacer les fèves guada par 115 g (4 oz) de jeunes courgettes tranchées.
Note – Les courgettes et les fèves guada sont interchangeables dans la plupart des recettes.

479 Jus énergisant riche en fer

Ce jus délicieusement doux est gorgé d'ingrédients qui aideront à hausser votre taux de fer et à stimuler votre énergie. Il utilise des abricots séchés qui ont besoin d'être réhydratés avant d'être réduits en jus.

INGRÉDIENTS

75 ml (2 ½ oz) de jus de pomme
50 g (1 ¾ oz) d'abricots secs, hachés
2 carottes parées
50 g (1 ¾ oz) de jeunes épinards
1 concombre
1 cm (½ po) de racine de gingembre, pelée
½ lime, parée
5 ml (1 c. à thé) de spiruline en poudre
Environ 60 ml (¼ tasse) d'eau filtrée ou minérale
15 ml (1 c. à soupe) de graines de citrouille, finement hachées

Dans un petit bol allant au micro-ondes, chauffer le jus de pomme jusqu'à ce qu'il soit chaud mais non bouillant, environ 20 secondes. Ajouter les abricots et laisser reposer jusqu'à ce que le tout soit refroidi.

Passer le mélange d'abricots, les carottes, les épinards, le concombre, le gingembre et la lime dans l'extracteur à jus. Ajouter en brassant la spiruline et verser dans des verres. Combler avec un peu d'eau au goût. Parsemer de graines de citrouille hachées et servir immédiatement.

DONNE 2 verres

POUR SERVIR

Voici un excellent supplément nutritif pour le dîner, servi avec une légère collation comme de l'hoummos, du pain pita et des olives.

480 JUS ÉNERGISANT RICHE EN FER À LA NOIX DE COCO

Préparer le Jus énergisant riche en fer en remplaçant l'eau par de l'eau de coco.
Note – On peut utiliser de la poudre de varech plutôt que de la spiruline.

481 JUS ÉNERGISANT RICHE EN FER AU THÉ *EARL GREY*

Préparer le Jus énergisant riche en fer en remplaçant le jus de pomme par du thé Earl Grey fort. Ajouter les abricots au thé très chaud ; laisser reposer jusqu'à ce qu'il ait refroidi.
Note – Le thé Earl Grey contient de l'huile de pelure de bergamote. C'est ce qui lui donne sa saveur fumée caractéristique qui en fait une base de smoothie idéale.

482 JUS ÉNERGISANT RICHE EN FER AUX FIGUES SÉCHÉES

Préparer le Jus énergisant riche en fer en remplaçant les abricots séchés par des figues séchées.
Note – Les fruits séchés sont des sources plus concentrées de vitamines et de minéraux, mais on ne peut les réduire en jus sans les réhydrater.

483 JUS ÉNERGISANT RICHE EN FER AUX PRUNEAUX

Préparer le Jus énergisant riche en fer en remplaçant les abricots séchés par des pruneaux dénoyautés.
Note – Les pruneaux (des prunes séchées) sont riches en fibres et sont des laxatifs naturels.

484 JUS ÉNERGISANT RICHE EN FER À LA MARGOSE

Préparer le Jus énergisant riche en fer en remplaçant le concombre par 170 g (6 oz) de margose et en omettant la lime.
Note – La margose (momordique) est un fruit à la peau verte très ridée, à la chair épaisse et au goût très amer. Elle est riche en fer et elle contrebalance le sucre dans ce jus.

485 JUS ÉNERGISANT RICHE EN FER À LA POIRE

Préparer le Jus énergisant riche en fer en remplaçant le jus de pomme par du thé vert fort et les abricots par des poires séchées.
Note – Pour un surplus de protéines, ajoutez 15 ml (1 c. à soupe) de protéines en poudre.

486 JUS ÉNERGISANT TRÈS RICHE EN FER

Préparer le Jus énergisant riche en fer en ajoutant 10 ml (2 c. à thé) de levure alimentaire et 3 ml (½ c. à thé) de graines de lin moulues.
Note – La levure de bière peut être utilisée au lieu de la levure alimentaire (ou nutritionnelle).

487 Smoothie brésilien à l'avocat

Ce smoothie à l'avocat rappelle le lait frappé à la vanille et il est extrêmement populaire au Brésil. L'avocat est l'un des seuls fruits à contenir du gras, mais heureusement c'est un gras monosaturé bon pour la santé, la variété qui diminue le taux de cholestérol.

INGRÉDIENTS

½ avocat, dénoyauté et la peau enlevée

375 ml (1 ½ tasse) de boisson de soya à la vanille

23 à 45 ml (1 ½ à 3 c. à soupe) de miel liquide, ou au goût

8 glaçons

Mettre l'avocat, la boisson de soya, 23 ml (1 ½ c. à soupe) de miel et les glaçons dans le mélangeur et mixer jusqu'à ce que ce soit homogène. Ajuster le sucre au goût. Verser dans des verres et servir immédiatement.

DONNE 2 verres

CONSEIL PRATIQUE

Si vous utilisez du lait, ajoutez 3 ml (½ c. à thé) d'extrait de vanille.

variantes

488 SMOOTHIE AVOCAT ET ORANGE

Préparer le Smoothie brésilien à l'avocat en remplaçant la boisson de soya par du jus d'orange.

Note – Les avocats ne mûrissent pas sur l'arbre parce que les feuilles sécrètent une substance qui les empêche de mûrir. Ils se conserveront dans l'arbre jusqu'à 18 mois. Une fois cueillis, ils devraient être conservés à la température de la pièce jusqu'à ce qu'ils soient mûrs, puis au réfrigérateur 3 à 5 jours.

489 SMOOTHIE CHOCOLATÉ À L'AVOCAT

Préparer le Smoothie brésilien à l'avocat en remplaçant la boisson de soya par de la boisson de soya au chocolat ou par du lait au chocolat.

Note – L'avocat est bon pour la peau parce qu'il est une bonne source de biotine, qui aide à prévenir la peau sèche, de même que les cheveux et les ongles cassants.

490 SMOOTHIE NATURE À L'AVOCAT

Préparer le Smoothie brésilien à l'avocat en remplaçant la boisson de soya par du lait et le miel par du sucre semoule.

Note – Essayez en omettant le sucre et en ajoutant une pincée de sel et 15 ml (1 c. à soupe) de coriandre. Le sel agit comme exhausteur de saveur.

491 SMOOTHIE AVOCAT ET MANGUE

Préparer le Smoothie brésilien à l'avocat en remplaçant la boisson de soya par du lait de coco et en ajoutant 170 g (6 oz) de mangue hachée et 5 ml (1 c. à thé) de jus de lime.
Note – Si vous n'avez pas de lait de coco, utilisez plutôt du jus d'orange.

492 SMOOTHIE AVOCAT ET BANANE

Préparer le Smoothie brésilien à l'avocat en ajoutant 1 petite banane et 1 ml (¼ c. à thé) de cannelle moulue dans le mélangeur.
Note – Cette variante est gourmande préparée avec du lait au chocolat.

493 SMOOTHIE RICHE À L'AVOCAT

Préparer le Smoothie brésilien à l'avocat en réduisant la boisson de soya à la vanille à 250 ml (1 tasse) et en ajoutant 125 ml (½ tasse) de tofu soyeux.
Note – L'avocat est un symbole aztèque d'amour et de fertilité… peut-être parce qu'il pousse en paires sur les arbres.

494 smoothie fraise et chocolat blanc

Parfois, une petite gâterie fait du bien. Voici un délicieux smoothie exalté par la richesse du chocolat blanc.

INGRÉDIENTS

4 (25 g/1 oz) carrés de chocolat blanc	125 ml (½ tasse) de lait entier ou de crème à 18 % m. g.
125 ml (½ tasse) de jus de grenade	150 ml (⅔ tasse) de yogourt à la vanille
300 g (10 ½ oz) de fraises	10 glaçons

Mettre le chocolat dans un petit bol résistant à la chaleur sur une casserole d'eau mijotante, en brassant à l'occasion tandis que le chocolat fond. Laisser refroidir un peu. Mettre tout le reste des ingrédients dans le mélangeur, y verser le chocolat fondu et mixer jusqu'à ce que ce soit homogène.

DONNE 2 verres

CONSEIL PRATIQUE

Le chocolat blanc a un point de combustion très bas de 44 °C (110 °F). Par conséquent, il est préférable de le faire fondre au-dessus de l'eau et de le brasser pendant qu'il fond. Il est facile de le gâcher au micro-ondes.

variantes

495 SMOOTHIE CHOCOLAT NOIR À LA FRAISE

Préparer le Smoothie fraise et chocolat blanc en remplaçant le chocolat blanc par 30 ml (2 c. à soupe) de sirop au chocolat.
Note – Le chocolat noir a une saveur beaucoup plus intense que le chocolat blanc. Par conséquent, il en faut beaucoup moins pour un effet équivalent sur le goût.

496 SMOOTHIE NUTRITIF CHOCOLAT ET FRAISE

Préparer chaque smoothie avec 250 ml (1 tasse) de boisson nutritionnelle à saveur de chocolat, 150 g (5 ¼ oz) de fraises et 5 glaçons. Éclaircir avec un peu d'eau, si nécessaire.
Note – Vous avez ici une délicieuse variante pour une personne en convalescence, et plus intéressante que les boissons synthétiques à saveur de fraise.

497 SMOOTHIE GÂTEAU AU FROMAGE À LA FRAISE

Préparer le Smoothie fraise et chocolat blanc en remplaçant le yogourt par 125 ml (½ tasse) de fromage ricotta et en ajoutant 3 ml (½ c. à thé) de zeste d'orange râpé, 1 ml (¼ c. à thé) d'extrait de vanille et 15 ml (1 c. à soupe) de graines de lin moulues.
Note – La boisson d'amande ajoute une saveur délicate à ce smoothie, si on la substitue au lait entier.

498 SMOOTHIE POIVRÉ À LA FRAISE

Préparer le Smoothie fraise et chocolat blanc en omettant le chocolat blanc. Remplacer le yogourt à la vanille par du yogourt nature, puis ajouter 3 à 5 ml (½ à 1 c. à thé) de poivre rose ou noir fraîchement moulu et un brin de menthe.
Note – Une petite pincée de poivre saupoudrée sur un bol de fraises est un exhausteur classique.

499 SIMPLE SMOOTHIE À LA FRAISE

Pour chaque smoothie, mixer 150 g (5 ¼ oz) de fraises et 250 ml (1 tasse) de lait.
Note – Pour un smoothie sans lait, utilisez de la boisson de riz nature ou à la vanille.

500 SMOOTHIE À LA FRAISE CLASSIQUE

Préparer le Smoothie fraise et chocolat blanc en remplaçant le chocolat blanc par 1 banane pelée et hachée.
Note – C'est le smoothie gagnant servi comme gâterie à un enfant qui reste à dormir.

501 SMOOTHIE PROTÉINÉ À LA FRAISE DU COUREUR

Préparer la variante Smoothie à la fraise classique en ajoutant 30 ml (2 c. à soupe) de protéines en poudre au chocolat et 10 ml (2 c. à thé) d'huile de lin dans le mélangeur.
Note – Si vous utilisez des protéines en poudre à la vanille, utilisez du yogourt nature.

Boissons désaltérantes

Quand vous avez soif, les fruits sont tout indiqués. Ce chapitre regorge de délicieuses boissons aux fruits et aux légumes qui placent pressage et mixage à un autre niveau. Certains mélanges sont des classiques, tandis que d'autres combinent exotisme et banalité ou simplicité et inattendu. Ces recettes vous aideront à prendre un bon départ, mais il ne fait aucun doute que vous tenterez des expériences et découvrirez vos propres coups de cœur. Vous pouvez même commencer à remplacer vos boissons pétillantes commerciales par une ananade maison et autres merveilles gazeuses. Vous trouverez ici des boissons idéales pour accueillir des visiteurs assoiffés par la chaleur, tout autant que des boissons que les enfants adoreront.

502 smoothie délicieux d'été

Utiliser les fruits surgelés directement du congélateur permet une rapidité d'exécution et des smoothies glacés non dilués par les glaçons.

INGRÉDIENTS

250 g (8 ¾ oz) de petits fruits d'été en mélange, surgelés

30 ml (2 c. à soupe) de miel liquide

310 ml (1 ¼ tasse) de jus d'orange frais

60 ml (¼ tasse) de yogourt grec

Verser tous les petits fruits surgelés, sauf quelques-uns, dans le mélangeur ou robot culinaire. Ajouter le miel, le jus d'orange et le yogourt. Mixer jusqu'à ce que ce soit lisse, en ajoutant un peu plus de jus d'orange au besoin. Verser dans des verres et décorer avec les fruits réservés.

DONNE 3 verres

CONSEIL PRATIQUE

Pour demeurer rassasié plus longtemps, ajouter 60 ml (¼ tasse) de flocons d'avoine aux autres ingrédients.

Variantes

503 SMOOTHIE VERT D'ÉTÉ À LA MENTHE

Préparer le Smoothie délicieux d'été en ajoutant une petite poignée de feuilles de menthe et 10 feuilles de jeunes épinards dans le mélangeur.

Note – L'ajout de menthe relève toujours la saveur des fruits et des légumes. Elle facilite aussi la digestion.

506 SMOOTHIE PROTÉINÉ SANS LAIT

Préparer le Smoothie délicieux d'été en remplaçant le yogourt par 60 g (2 oz) de tofu soyeux.

Note – Les protéines ajoutées par le tofu transforment ce smoothie en repas.

504 SMOOTHIE CANNEBERGE ET FRAMBOISE

Préparer le Smoothie délicieux d'été en remplaçant les petits fruits en mélange par 120 g (4 ¼ oz) de canneberges et de framboises surgelées et en ajoutant 5 cm (2 po) de concombre.

Note – Le concombre fait de ce smoothie une boisson légèrement allongée, parfaite en temps de canicule.

507 SMOOTHIE À LA FRAISE

Préparer le Smoothie délicieux d'été en remplaçant les petits fruits d'été en mélange par des fraises surgelées.

Note – Congelez des fraises en saison et vous trouverez de nombreuses façons de les utiliser tout au long de l'année.

505 SMOOTHIE AUX BLEUETS

Préparer le Smoothie délicieux d'été en remplaçant les petits fruits en mélange surgelés par des bleuets surgelés et ajouter 5 cm (2 po) de concombre.

Note – Voici une bonne boisson qui stimule l'énergie ; essayez-la au milieu de l'après-midi quand vous vous sentez faiblir.

508 BOISSON PÉTILLANTE D'ÉTÉ

Préparer le Smoothie délicieux d'été en remplaçant le jus d'orange par une boisson à l'orange pétillante, ou de l'eau pétillante, et en omettant le yogourt.

Note – Lisez attentivement les étiquettes pour choisir la boisson pétillante qui contient le moins de sucre.

509 SMOOTHIE DESSERT D'ÉTÉ

Préparer le Smoothie délicieux d'été en omettant le yogourt. Remplir les verres au tiers de smoothie, couvrir de 15 ml (1 c. à soupe) de yogourt grec, répéter avec le reste du mélange, pour terminer par une couche de yogourt garnie des fruits réservés.

Note – Transformez ainsi vos smoothies préférés en dessert spectaculaires. Utilisez du yogourt sans gras pour réduire les calories et le contenu en gras, si désiré.

510 SMOTHIE À FAIBLE TENEUR EN GRAS, MANGUE ET PETITS FRUITS

Préparer le Smoothie délicieux d'été en remplaçant le jus d'orange par du nectar de mangue et du jus mangue et orange, et utiliser du yogourt sans gras ou de soya plutôt que du yogourt grec. Ajouter 45 ml (3 c. à soupe) de germe de blé aux autres ingrédients dans le mélangeur.

Note – La mangue, excellente source de vitamines et d'antioxydants, fait de ce smoothie un bon stimulant pour la santé.

511 BARBOTINE AUX PETITS FRUITS

Préparer le Smoothie délicieux d'été en remplaçant le yogourt par 3 cuillères à crème glacée de yogourt glacé à la vanille ou aux framboises et en réduisant le jus d'orange à 150 ml (⅔ tasse).

Note – Utiliser du yogourt glacé plutôt que du jus d'orange refroidit vraiment cette boisson, qui devient particulièrement bonne dans un thermos pour une collation sur le pouce.

512 Jus de légumes

Voici un repas dans un verre, prêt en quelques minutes : plein de saveur, d'antioxydants, de vitamines (surtout la vitamine C) et de minéraux essentiels comme le fer.

INGRÉDIENTS

1 fleuron de brocoli
2 branches de céleri
1 carotte, parée
1 poivron rouge, le cœur enlevé et épépiné
4 tomates
1 petite poignée de feuilles de persil
5 brins de cresson
Pincée de sel

Mettre tous les ingrédients dans l'extracteur à jus. Verser dans un verre et servir immédiatement.

DONNE 1 verre

POUR SERVIR

Ce jus fige s'il n'est pas bu aussitôt ; donc, servez-le avec un bâtonnet à cocktail ou une paille résistante.

Variantes

514 JUS DE LÉGUMES AVEC NOTE ÉPICÉE

Préparer le Jus de légumes, puis ajouter 5 ml (1 c. à thé) de sauce chili et une généreuse quantité de poivre noir moulu.
Note – Pour une alternative plus douce, utilisez une sauce chili thaïe douce.

515 JUS DE LÉGUMES ZESTÉ

Préparer le Jus de légumes, puis ajouter 5 ml (1 c. à thé) de jus de citron et 5 ml (1 c. à thé) de jus de lime.
Note – Essayez aussi cette variante avec 5 à 10 ml (1 à 2 c. à thé) de jus de pamplemousse.

516 JUS DE LÉGUMES AVEC ROQUETTE

Préparer le Jus de légumes en remplaçant le cresson par de la roquette et en ajoutant ¼ de citron pelé.
Note – Il est très facile de cultiver la roquette en pot. Ressemez à intervalles réguliers pour un approvisionnement constant.

513 JUS DE LÉGUMES VIRGIN MARY

Préparer le Jus de légumes, puis ajouter jusqu'à 8 ml (1 ½ c. à thé) de sauce Worcestershire, quelques traits de sauce Tabasco, un peu de sel de céleri, un filet de jus de citron et une généreuse quantité de poivre noir moulu.

517 JUS DE LÉGUMES ET ALOÈS

Préparer le Jus de légumes ou toute autre variante et ajouter 15 ml (1 c. à soupe) de jus d'aloès.
Note – Si vous avez un aloès, coupez 2,5 cm (1 po) de chair, puis passez-la dans l'extracteur à jus.

518 Jus pomme et orange

Voici peut-être la combinaison de jus de fruits la plus traditionnelle et la plus familière… et pour une très bonne raison.

INGRÉDIENTS

3 pommes, en quartiers
3 oranges, pelées

Mettre les pommes et les oranges dans l'extracteur à jus. Verser dans un verre et servir immédiatement.

DONNE 2 petits verres

CONSEIL PRATIQUE

Exploitez les saveurs nombreuses et variées des pommes. Recherchez des variétés nouvelles dans un marché agricole en automne, puisqu'elles ont l'avantage d'être produites localement.

variantes

519 JUS POIRE ET ORANGE

Préparer le Jus pomme et orange, en omettant les pommes et en les remplaçant par 3 poires.
Note – Utilisez la pulpe du jus d'orange dans les muffins et les pains rapides à l'orange.

520 JUS ANANAS ET ORANGE

Préparer le Jus pomme et orange en remplaçant les pommes par 225 g (8 oz) de morceaux d'ananas pelé.
Note – L'ananas fait partie de la famille des *Bromeliaceae*, ainsi nommée parce que ces plantes sont riches en broméline, une enzyme qui réduit l'inflammation.

521 JUS ANANAS ET POMME

Préparer le Jus pomme et orange en remplaçant les oranges par 225 g (8 oz) de morceaux d'ananas pelé.
Note – Les ananas sont riches en manganèse, minéral essentiel pour le métabolisme, les os et la cicatrisation.

 ### JUS POMME
ET FENOUIL

Préparer le Jus pomme et orange en remplaçant les oranges par ¼ de bulbe de fenouil moyen.
Note – Le fenouil étant bon contre les ballonnements et autres maux d'estomac, ce jus est donc bienvenu quand l'estomac est fragile.

 ### JUS POMME ET MÛRE

Préparer le Jus pomme et orange en remplaçant les oranges par 150 g (5 ¼ oz) de mûres.
Note – Essayez ce jus chaud.

 ### JUS POMME
ET BROCOLI

Préparer le Jus pomme et orange en remplaçant les oranges par 6 fleurons de brocoli.
Note – Voici un bon jus à boire quand vous sentez votre énergie décliner.

525 Ananade

Cette version acidulée d'un jus de fruits pétillant classique est idéale à servir dans un grand pichet par un long après-midi d'été.

INGRÉDIENTS

¼ d'ananas, pelé
60 ml (¼ tasse) d'eau pétillante

Mettre l'ananas dans l'extracteur à jus. Verser dans un verre et combler d'eau pétillante.

DONNE 1 verre

CONSEIL PRATIQUE

Coupez quelques morceaux de chair d'ananas avant de la réduire en jus ; vous pourrez l'utiliser pour décorer les verres si vous préparez la boisson pour des amis.

variantes

527 ORANGEADE

Préparer l'Ananade en remplaçant l'ananas par 3 oranges pelées.
Note – Cette boisson est délicieuse aussi préparée avec des mandarines et des clémentines.

528 POMMADE

Préparer l'Ananade en remplaçant l'ananas par 3 pommes en quartiers.
Note – Les enfants adorent le soda aux pommes en bouteille. Essayez cette recette comme alternative moins chère et plus santé.

529 CERISADE

Préparer l'Ananade en remplaçant l'ananas par 150 g (5 ¼ oz) de cerises dénoyautées.
Note – Pour un jus plus sucré, comblez avec du soda citron-lime au lieu d'eau.

526 ANANADE LIME ET MENTHE

Préparer l'Ananade en ajoutant 8 feuilles de menthe et ¼ de lime pelée dans l'extracteur à jus. Sucrer avec 5 ml (1 c. à thé) de sirop d'agave, ou au goût. Verser dans un verre glacé et décorer de feuilles de menthe fraîches.

530 BIÈRE DE GINGEMBRE À L'ANANAS

Préparer l'Ananade en remplaçant l'eau pétillante par de la bière de gingembre.
Note – Cette variante est plus piquante.

531 Panaché à l'hibiscus

Connue sous l'appellation *agua de Jamaica* au Mexique et *karkadé* en Égypte, cette boisson rafraîchissante est d'une merveilleuse et riche couleur rouge. Elle est à la fois aigre et douce.

INGRÉDIENTS

500 ml (2 tasses) d'eau
250 ml (1 tasse) de fleurs
  d'hibiscus, lavées
160 g (5 ¼ oz) de sucre
  de canne, en morceaux

Glaçons, pour servir
Eau filtrée ou minérale,
  pour servir
Sirop d'agave, au goût

Dans une casserole, amener l'eau à ébullition. Ajouter les fleurs et le sucre. Brasser jusqu'à ce que le sucre soit dissous, puis laisser bouillir 1 minute. Couvrir et laisser reposer 30 à 60 minutes pour infuser (ne pas dépasser 2 heures). Égoutter dans un coton à fromage, en pressant les fleurs pour en extraire le plus de jus possible. Verser dans une bouteille et garder au frais.

Pour servir, mettre quelques glaçons dans des verres et remplir jusqu'à la moitié environ de sirop d'hibiscus. Combler avec l'eau minérale ou filtrée. Utiliser plus ou moins de sirop au goût et sucrer avec un peu de sirop d'agave, au besoin.

DONNE 2 verres

CONSEIL PRATIQUE

Les fleurs d'hibiscus séchées sont disponibles dans les grandes boutiques d'aliments santé, les boutiques d'alimentation internationale et en ligne.

Variantes

532 PANACHÉ HIBISCUS ET THÉ

Préparer le Panaché à l'hibiscus en ajoutant 1 sachet de thé *English breakfast* à l'eau bouillante avec les fleurs. Servir tel qu'indiqué avec un trait de jus de citron ou de lime pressé.
Note – On peut substituer du thé vert au thé *English breakfast.*

533 PANACHÉ HIBISCUS ÉPICÉ

Préparer le Panaché à l'hibiscus en ajoutant 2,5 cm (1 po) de racine de gingembre écrasée, 1 petit bâtonnet de cannelle et le zeste de ½ orange à l'eau bouillante avec les fleurs. Servir tel qu'indiqué, en ajoutant 30 ml (2 c. à soupe) de jus d'orange dans chaque verre.

534 PANACHÉ HIBISCUS ET PETITS FRUITS

Préparer le Panaché à l'hibiscus en ajoutant 60 ml (¼ tasse) de jus de bleuet (fraîchement réduit de préférence) et 5 ml (1 c. à thé) de jus de lime dans le verre avant de le combler d'eau.
Note – Si le sucre de canne n'est pas disponible, remplacez-le par du sucre semoule doré ou de la cassonade pâle.

535 PANACHÉ HIBISCUS ET ORANGE

Préparer le Panaché à l'hibiscus en ajoutant le zeste de 1 orange avec les fleurs d'hibiscus. Pour servir, ajouter 30 ml (2 c. à soupe) de jus d'orange dans le verre avant de le combler d'eau.

536 PANACHÉ HIBISCUS ET AGRUMES

Dans chaque verre de Panaché à l'hibiscus, ajouter 5 ml (1 c. à thé) de chacun : jus de citron et de lime et 30 ml (2 c. à soupe) de jus d'orange. Sucrer au goût avec du nectar d'agave.

Note – Le nectar d'agave est le meilleur édulcorant pour les jus. Étant liquide, il se mêle rapidement et son goût est très doux.

537 PANACHÉ HIBISCUS ET GRENADE

Préparer le Panaché à l'hibiscus en ajoutant 60 ml (¼ tasse) de jus de grenade (fraîchement réduit de préférence) et 30 ml (2 c. à soupe) de jus d'orange dans le verre avant de combler d'eau.

Note – Portez un tablier pour préparer le sirop !

538 PANACHÉ TROPICAL HIBISCUS ET THE

Préparer le sirop d'hibiscus comme dans la recette du Panaché à l'hibiscus. Remplir un verre à la moitié de sirop d'hibiscus et combler avec une égale quantité de jus d'ananas et d'eau de coco.

Note – Des données récentes démontrent que l'hibiscus pourrait aider à réduire la pression artérielle.

539 PANACHÉ HIBISCUS ET PASTÈQUE

Préparer le Panaché à l'hibiscus en ajoutant 60 ml (¼ tasse) de jus de pastèque (fraîchement réduit de préférence) et 15 ml (1 c. à soupe) de jus de lime avant de combler d'eau.

Note – Congelez les restes de jus de pastèque dans des tiroirs à glace.

540 Smoothie aux ramboutans

Regardez l'enveloppe hérissée d'excroissances fibreuses rouges et jaunes du ramboutan et vous comprendrez comment il s'est mérité son nom : du mot malais *rambut* qui signifie «poil». Sous les excroissances, une écorce orangée et fragile que l'on pèle pour découvrir la chair, translucide, blanche et ferme. Sucrés, juteux et délicatement parfumés, les ramboutans se combinent bien dans ce smoothie à deux autres fruits malaisiens abondants : la papaye et l'ananas.

INGRÉDIENTS

8 ramboutans, pelés et dénoyautés

½ papaye moyenne, épépinée et hachée

310 ml (1 ¼ tasse) de jus d'ananas
Glace broyée

Mettre les fruits et le jus d'ananas dans le mélangeur et mixer jusqu'à ce que ce soit homogène. Verser dans des verres sur de la glace broyée et servir immédiatement.

DONNE 2 verres

CONSEIL PRATIQUE

Les ramboutans sont offerts en deux couleurs, rouge et jaune. On peut utiliser l'un ou l'autre dans ce smoothie.

Variantes

541 SMOOTHIE RAMBOUTAN ET MANDARINE

Préparer le Smoothie aux ramboutans en remplaçant le jus d'ananas par du jus de mandarine.

Note – Recherchez des ramboutans de couleur vive, fermes et non endommagés, avec des pics fermes. Évitez tout fruit noirci ou dont les excroissances ont noirci.

542 SMOOTHIE RAMBOUTAN ET PAMPLEMOUSSE RUBIS

Préparer le Smoothie aux ramboutans en remplaçant le jus d'ananas par du jus de pamplemousse rubis.

Note – Les ramboutans mûrs se garderont 5 à 7 jours au réfrigérateur, de préférence enveloppés dans un essuie-tout ou un sac en plastique perforé.

543 SMOOTHIE RAMBOUTAN ET FRAISE

Préparer le Smoothie aux ramboutans en remplaçant la papaye par 150 g (5 ¼ oz) de fraises.

Note – La médecine traditionnelle malaise utilise les ramboutans contre le diabète, l'hypertension et pour augmenter le degré d'énergie.

544 SMOOTHIE LITCHI ET ANANAS

Préparer le Smoothie aux ramboutans en remplaçant les ramboutans par 8 litchis.

Note – Vous pouvez préparer cette variante avec 150 g (5 ¼ oz) d'ananas haché et du jus de litchi plutôt que du jus d'ananas.

545 SMOOTHIE À L'ANONE CŒUR DE BŒUF

Préparer le Smoothie aux ramboutans en remplaçant les ramboutans par 250 ml (1 tasse) d'anone cœur de bœuf, épépinées.

Note – La meilleure façon de manger l'anone cœur de bœuf, c'est de la couper en deux et de l'ouvrir en tirant avec les mains, puis de retirer la chair à la cuillère. Ne vous fiez pas aux apparences : elle est sucrée, juteuse et bien meilleure qu'elle n'en a l'air.

546 SMOOTHIE AU JAQUE

Préparer le Smoothie aux ramboutans en remplaçant les ramboutans par 180 g (6 ½ oz) de jaque haché.

Note – Jaques, ramboutans et litchis sont tous disponibles en conserve ou surgelés dans certaines boutiques internationales, quand on ne peut les trouver frais.

547 SMOOTHIE JAQUE ET NOIX DE COCO

Préparer la variante Smoothie au jaque en remplaçant le jus d'ananas par de l'eau de coco.

Note – Pour une version crémeuse, utilisez du lait de coco à faible teneur en gras.

548 SMOOTHIE FRUIT DU DRAGON

Préparer le Smoothie aux ramboutans en remplaçant les ramboutans par 225 g (8 oz) de chair de fruit du dragon, retirée à la cuillère du centre du fruit.

Note – Le fruit du dragon n'est comestible qu'à 60 % seulement.

549 Pétillant aux litchis, framboises et eau de rose

Le délicat parfum de l'eau de rose ajoute une note encore plus exotique à cette rare combinaison de framboises et de litchis.

INGRÉDIENTS

300 g (10 ½ oz) de litchis, pelés et dénoyautés
150 g (5 ¼ oz) de framboises
5 ml (1 c. à thé) d'eau de rose
125 ml (½ tasse) d'eau pétillante

Passer les litchis et les framboises dans l'extracteur à jus. Ajouter en brassant l'eau de rose. Verser dans un verre, combler d'eau pétillante et servir immédiatement.

DONNE 1 verre

CONSEIL PRATIQUE

On peut utiliser des litchis en conserve dans cette recette.

variantes

550 PÉTILLANT AUX LITCHIS, FRAISES ET EAU DE ROSE

Préparer le Pétillant aux litchis, framboises et eau de rose en remplaçant les framboises par des fraises.
Note – Ajouter un trait de citron ou de lime si cette combinaison est trop sucrée à votre goût.

551 PÉTILLANT AUX LITCHIS, BLEUETS ET EAU DE ROSE

Préparez le Pétillant aux litchis, framboises et eau de rose en remplaçant les framboises par des bleuets.
Note – Cette variante serait délicieuse après une séance d'exercices.

552 PÉTILLANT AUX LITCHIS, GROSEILLES ET EAU DE ROSE

Préparer le Pétillant aux litchis, framboises et eau de rose en remplaçant les framboises par des groseilles.
Note – Il peut être difficile de trouver des groseilles ; cependant, elles sont souvent disponibles dans les marchés agricoles en saison.

553 PÉTILLANT AUX LITCHIS, MÛRES ET EAU DE ROSE

Préparer le Pétillant aux litchis, framboises et eau de rose en remplaçant les framboises par des mûres.
Note – Les litchis se congèlent bien ; ajoutez-en un comme garniture.

554 Jus noir au raisin

Du jus de raisin doux et sucré sert de base à ce jus délicieux. Cette combinaison de fruits possède aussi des vertus anti-âge.

INGRÉDIENTS

300 g (10 ½ oz) de raisins rouges
150 g (5 ¼ oz) de cassis ou de mûres
1 pomme, en quartiers

Passer les fruits dans l'extracteur à jus. Verser dans des verres et servir immédiatement.

DONNE 1 verre

CONSEIL PRATIQUE

Il est préférable d'enlever les pédoncules des cassis et des raisins avant de les réduire.

Variantes

555 JUS NOIR ET BLEU AU RAISIN

Préparer le Jus noir au raisin en ajoutant 75 g (2 ½ oz) de bleuets aux autres petits fruits.
Note – On compte environ 15 raisins moyens pour 225 g (8 oz).

556 JUS ROUGE VIF AU RAISIN

Préparer le Jus noir au raisin en remplaçant les cassis ou les mûres par 75 g (2 ½ oz) de canneberges et de cerises dénoyautées.
Note – Les canneberges sont excellentes pour entretenir la circulation libre dans les voies urinaires.

557 JUS LUMINEUX AU RAISIN

Préparer le Jus rouge vif au raisin en remplaçant la pomme par 1 grosse carotte parée.
Note – La carotte dans ce jus devrait offrir le sucre nécessaire mais, si les canneberges sont trop acides, ajoutez un peu de sirop d'agave ou de miel liquide.

558   JUS ROSE AU RAISIN

Préparer le Jus noir au raisin en remplaçant les cassis ou les mûres par les graines (arilles) de 1 grosse grenade.
Note – La grenade produit un jus assez pâle ; par conséquent, ce jus est particulièrement beau à servir avec des canapés délicats.

559   JUS VIOLET AU RAISIN

Préparer le Jus noir au raisin en remplaçant les cassis ou les mûres par 4 prunes noires dénoyautées.
Note – Le poids de 4 grosses prunes est environ 450 g (1 lb).

560   JUS POURPRE AU RAISIN

Préparer la variante Jus violet au raisin en ajoutant 1 petite betterave.
Note – Toutes ces boissons à base de raisins peuvent être diluées avec un peu d'eau plate ou pétillante.

561 Jus pétillant au fruit de la Passion

Cette boisson aux fruits de la Passion vous procure une dose d'énergie... ce qui est tout indiqué pour un repas de la Saint-Valentin !

INGRÉDIENTS

4 oranges
4 fruits de la Passion,
  coupés en deux

Glaçons de pastèque, facultatif
  (voir page 10)
Eau pétillante

Presser les oranges au presse-agrumes, ou les peler et réduire dans l'extracteur à jus. À la cuillère, retirer la chair des fruits de la Passion et l'ajouter en brassant au jus d'orange. Mettre 3 ou 4 glaçons de pastèque dans les verres, si désiré, et verser le jus combiné dans les verres pour les remplir à la moitié. Combler avec de l'eau pétillante.

DONNE 2 verres

CONSEIL PRATIQUE

Si vous n'aimez pas les graines de fruits de la Passion dans votre boisson, passez la chair dans un tamis non métallique.

Variantes

562 JUS PÉTILLANT DE LA NOUVELLE-ZÉLANDE

Préparer le Jus pétillant au fruit de la Passion en remplaçant les fruits de la Passion par 3 kiwis. Passer les oranges pelées et les kiwis pelés dans l'extracteur à jus.
Note – Pour une occasion spéciale, préparer l'un ou l'autre de ces pétillants avec du jus de raisin pétillant plutôt que de l'eau pétillante, et servez-les dans des flûtes à champagne au bord givré de sucre.

563 JUS PÉTILLANT À LA CERISE

Préparer le Jus pétillant au fruit de la Passion en remplaçant les fruits de la Passion par 150 g (5 ¼ oz) de cerises dénoyautées.
Note – En général, plus les cerises sont foncées, plus les bienfaits nutritionnels sont concentrés.

564 JUS PÉTILLANT ORANGE, FRAMBOISE ET ROMARIN

Préparer le Jus pétillant au fruit de la Passion en remplaçant les fruits de la Passion par 150 g (5 ¼ oz) de framboises et en ajoutant les feuilles de 1 brin de romarin dans l'extracteur.
Note – Pour un effet inusité, omettez le romarin et ajoutez 5 à 10 ml (1 à 2 c. à thé) de sirop d'herbe (romarin ou basilic), ou essayez un sirop à la cardamome ou à la cannelle (voir page 252).

Le jus pétillant au fruit de la Passion est une alternative santé aux boissons gazeuses du commerce.

565 JUS PÉTILLANT AU COROSSOL

Préparer le Jus pétillant au fruit de la Passion en remplaçant les fruits de la Passion par 250 ml (1 tasse) de chair de corossol ou par 125 ml (½ tasse) de jus de corossol. Plutôt que 4 oranges, utiliser 2 oranges et la chair de ½ mangue pelée et dénoyautée.

Note – Aussi connu sous son nom espagnol, *guanábana*, ce fruit a une pelure verte facile à enlever sur sa chair crémeuse.

566 JUS PÉTILLANT MANGUE ET LIME

Préparer le Jus pétillant au fruit de la Passion en remplaçant les fruits de la Passion par ½ lime pelée et la chair de 1 petite mangue pelée et dénoyautée. Passer les oranges pelées, la lime pelée et la mangue dans l'extracteur à jus.

Note – Le jus mangue et orange est une combinaison commerciale courante ; si le temps vous presse, utilisez un jus de bonne qualité pour préparer votre pétillant.

567 JUS PÉTILLANT PAPAYE ET LIME

Préparer le Jus pétillant au fruit de la Passion en remplaçant les fruits de la Passion par ½ papaye moyenne et ½ lime. Passer les oranges pelées, la papaye pelée et la lime pelée dans l'extracteur à jus.

Note – Il n'est pas nécessaire d'épépiner la papaye avant de la réduire.

568 Jus nectarine et framboise

La saveur ensoleillée de ce jus de fruits est le remède idéal pour les jours où la température est loin d'être tropicale.

INGRÉDIENTS

3 nectarines, coupées en deux
  et dénoyautées
150 g (5 ¼ oz) de framboises

Passer les nectarines et les framboises dans l'extracteur à jus. Verser dans un verre et servir immédiatement.

DONNE 1 verre

CONSEIL PRATIQUE

Vous pouvez utiliser la pulpe de ce jus dans une pâte à muffins.

569 JUS NECTARINE ET FRAISE

Préparer le Jus nectarine et framboise en remplaçant les framboises par 5 grosses fraises.
Note – Les nectarines étant légèrement plus sucrées que les pêches, utilisez des pêches si ce jus est trop sucré à votre goût.

variantes

570 JUS NECTARINE ET MÛRE

Préparer le Jus nectarine et framboise en remplaçant les framboises par la même quantité de mûres.
Note – Servir en décorant le bord du verre de minces quartiers de nectarine.

571 JUS NECTARINE ET BLEUET

Préparer le Jus nectarine et framboise en remplaçant les framboises par la même quantité de bleuets.
Note – Évitez les nectarines présentant des taches vertes, non mûres.

572 JUS NECTARINE ET PRUNE

Préparer le Jus nectarine et framboise en remplaçant les framboises par 3 prunes violettes coupées en deux et dénoyautées.

573 JUS NECTARINE ET ABRICOT

Préparer le Jus nectarine et framboise en remplaçant les framboises par 2 abricots coupés en deux et dénoyautés. Combler le verre avec environ 60 ml (¼ tasse) d'eau filtrée ou minérale.

574 Smoothie tropical à la papaye

La papaye parfumée est mêlée à l'orange fraîche pour produire un smoothie délicieusement vivifiant qui vous transportera sur une île tropicale, peu importe la température.

INGRÉDIENTS

150 g (5 ¼ oz) de papaye fraîche, pelée, épépinée et hachée

½ banane moyenne, pelée et hachée

250 ml (1 tasse) de jus d'orange, fraîchement pressé de préférence

5 ml (1 c. à thé) de jus de lime, fraîchement pressé de préférence

Mettre tous les ingrédients dans le mélangeur et mixer jusqu'à ce que le tout soit lisse. Verser dans des verres et servir aussitôt.

DONNE 1 grand ou 2 petits verres

CONSEIL PRATIQUE

Pour préparer une papaye, coupez-la en deux dans le sens de la longueur et épépinez-la à la cuillère. Ensuite, avec un couteau affûté, détachez la chair de la pelure.

Variantes

575 SMOOTHIE PAPAYE ET ORANGE

Préparer le Smoothie tropical à la papaye en omettant la banane et en ajoutant 10 ml (2 c. à thé) de miel.
Note – Pour acheter une papaye mûre, recherchez-en une de couleur jaune et rouge et qui cède légèrement quand on la presse délicatement.

576 SMOOTHIE PAPAYE ET MANGUE

Préparer le Smoothie papaye et orange en remplaçant le jus d'orange par du jus de mangue.
Note – Les graines de papaye sont comestibles : elles ont une saveur poivrée. Elles sont particulièrement bonnes dans les salades.

577 SMOOTHIE PAPAYE, ANANAS ET CERISE

Préparer le Smoothie papaye et orange en remplaçant le jus d'orange par du jus d'ananas et en ajoutant 50 g (1 ¾ oz) de cerises dénoyautées.
Note – Les enzymes des papayes réduisent l'inflammation.

578 Mousseux à l'orange

L'ajout de blanc d'œuf donne de la texture à ce jus, qui est simple par ailleurs. Avec si peu d'ingrédients, le jus d'orange doit vraiment être fraîchement pressé et gorgé de saveur. Rappelez-vous que le blanc d'œuf cru ne peut être consommé par quiconque souffre d'une déficience du système immunitaire, ni par une femme enceinte.

INGRÉDIENTS

250 ml (1 tasse) de jus d'orange, fraîchement pressé
60 ml (¼ tasse) de jus de lime
5 ml (1 c. à thé) de miel, facultatif
1 blanc d'œuf
3 glaçons

Combiner le jus d'orange, le jus de lime, le miel (si utilisé), le blanc d'œuf et les glaçons dans le mélangeur et mixer à basse vitesse jusqu'à ce que les glaçons soient presque brisés, puis mixer à haute vitesse jusqu'à ce que ce soit homogène. Verser dans des verres et servir immédiatement.

DONNE 1 grand ou 2 petits verres

CONSEIL NUTRITIONNEL

Les blancs d'œufs sont riches en protéines, mais faibles en gras et en calories.

Variantes

579 MOUSSEUX ORANGE ET FRAMBOISE

Préparer le Mousseux à l'orange en réduisant le jus d'orange à 175 ml (¾ tasse) et en ajoutant le jus de 75 g (2 ½ oz) de framboises.
Note – Préparer le Mousseux à l'orange, puis ajouter le jus de framboise en filet. Servir sans brasser avec un bâtonnet à cocktail.

580 MOUSSEUX ORANGE ET KIWI

Préparer le Mousseux à l'orange en réduisant le jus d'orange à 175 ml (¾ tasse) et en ajoutant le jus de 2 kiwis.
Note – Quoique associé à la Nouvelle-Zélande, le kiwi est originaire de Chine, où on l'appelle *yáng táo*. Des missionnaires l'ont introduit en Nouvelle-Zélande au début du 20e siècle.

581 MOUSSEUX ORANGE ET MANGUE

Préparer le Mousseux à l'orange en réduisant le jus d'orange à 150 ml (⅔ tasse) et en ajoutant le jus de ½ mangue pelée et dénoyautée.
Note – Servir ce jus rafraîchissant pour accompagner du saumon ou du poulet grillé.

582 MOUSSEUX ORANGE ET CERISE

Préparer le Mousseux à l'orange en réduisant le jus d'orange à 175 ml (¾ tasse) et en ajoutant le jus de 75 g (2 ½ oz) de cerises fraîches, rouges ou noires, dénoyautées.
Note – Comme ce jus contient des protéines, c'est un bon stimulant à donner à un enfant fatigué.

583 MOUSSEUX À L'ANANAS

Préparer le Mousseux à l'orange en remplaçant le jus d'orange par du jus d'ananas et en n'utilisant que 30 ml (2 c. à soupe) de jus de lime.
Note – Essayez de boire du jus d'ananas au lieu d'un antiacide. Il contient une protéine appelée broméline, qui aide à décomposer les protéines, et les faibles résidus de fibres alimentaires aident à dégager l'appareil digestif.

584 MOUSSEUX ANANAS ET NOIX DE COCO

Préparer la variante Mousseux à l'ananas en ajoutant 30 ml (2 c. à soupe) de pâte de noix de coco.
Note – Comme les ingrédients sont tous deux astringents, crémeux et moelleux, cette boisson est excellente à boire avec un mets épicé mexicain ou indien.

585 Boisson désaltérante au melon

La vedette de ces boissons simples est le melon. Il produit un fantastique jus doux qui, servi froid, vous désaltère en un rien de temps. Les nutriments du melon étant absorbés rapidement, ce jus est idéal comme gâterie après l'exercice.

INGRÉDIENTS

1 ½ melon miel Honeydew ou cantaloup, pelé et épépiné

125 ml (½ tasse) de petits fruits d'été en mélange
Glaçons broyés

Réduire le melon et les petits fruits dans l'extracteur à jus. Brasser pour mélanger, puis verser dans un verre sur la glace broyée. Servir immédiatement.

DONNE 1 verre

CONSEIL PRATIQUE

Ne calez pas des jus fraîchement pressés. Sirotez-les et laissez le jus s'attarder dans la bouche. Non seulement vous en apprécierez vraiment la saveur, mais encore se mêlera-t-il aux enzymes de la salive.

variantes

586 BOISSON DÉSALTÉRANTE MELON ET FRAISE

Préparer la Boisson désaltérante au melon en remplaçant les petits fruits d'été en mélange par des fraises.
Note – Les melons mûrs sont plus lourds que ceux qui ne le sont pas.

587 BOISSON DÉSALTÉRANTE MELON ET BLEUET

Préparer la Boisson désaltérante au melon en remplaçant les petits fruits d'été en mélange par des bleuets.
Note – Ce jus a une couleur remarquable et c'est une boisson délicieuse pour accueillir des invités après qu'ils se sont déplacés par une chaude journée.

588 BOISSON DÉSALTÉRANTE MELON ET POIRE

Préparer la Boisson désaltérante au melon en remplaçant les petits fruits d'été en mélange par 1 poire mûre et 10 feuilles de menthe fraîche.
Note – Vous devrez peut-être ajouter un peu de jus de citron ou de lime si cette boisson est trop sucrée à votre goût.

590 BOISSON DÉSALTÉRANTE MELON ET RAISIN

Préparer la Boisson désaltérante au melon en remplaçant les petits fruits d'été en mélange par des raisins rouges ou verts sans pépins.

Note – Servez cette variante avec des brochettes d'agneau ou un plat méditerranéen à l'agneau du même type.

591 SMOOTHIE D'ÉTÉ AU MELON

Mettre le melon et les petits fruits d'été en mélange dans le mélangeur avec 75 ml (⅓ tasse) de yogourt nature et 75 ml (⅓ tasse) de jus de pomme.

Note – Dans cette variante, on peut utiliser d'autres jus, comme le jus de petits fruits rouges ou de poire, au lieu du jus de pomme.

589 BOISSON DÉSALTÉRANTE MELON ET GOYAVE

Préparer la Boisson désaltérante au melon en remplaçant les petits fruits d'été en mélange par 2 goyaves pelées et coupées en deux.

Note – Le jus de melon est bon contre des maladies de la peau comme l'eczéma.

592 PÉTILLANT D'ÉTÉ AU MELON

Préparer la Boisson désaltérante au melon en ajoutant 250 ml (1 tasse) de jus de pomme pétillant au jus prêt à boire.

Note – Remplacez le jus de pomme pétillant par de l'eau pétillante pour réduire fructose et calories.

593 Sirop de baies sauvages

La base des boissons aux baies d'arbrisseaux sauvages est issue de très vieilles recettes traditionnelles qui remontent aux cordiaux de l'Europe médiévale eux-mêmes qui remontent probablement beaucoup plus loin au Moyen-Orient. Le vinaigre de base aux framboises est tiré de *Mrs Beeton's Book of Household Management*, dans lequel on le décrit comme «une excellente boisson en cas de fièvres et de rhumes». Utilisez des baies sauvages, mais assurez-vous que vous savez ce que vous cueillez.

INGRÉDIENTS

120 g (4 ½ oz) de fruits sauvages fraîchement cueillis (mûres, baies de sureau, bleuets, framboises, airelles rouges, etc.)

250 ml (1 tasse) de cidre ou de vinaigre de vin blanc
Approximativement 250 g (8 ¾ oz) de sucre granulé

Mettre les baies dans un grand pot en verre ou un bol non métallique et, à la fourchette ou au pilon à purée, les écraser légèrement. Ajouter le vinaigre et mêler pour combiner. Couvrir et laisser au réfrigérateur, ou dans un endroit frais, au moins 24 heures et jusqu'à 1 semaine, en agitant occasionnellement le pot ou en brassant le mélange.

Passer le vinaigre aux fruits dans un tamis fin ou un coton à fromage au-dessus d'une tasse à mesurer. Verser le liquide tamisé dans une casserole avec un volume égal de sucre. Brasser à feu doux jusqu'à ce que le sucre soit dissous, puis amener à ébullition et laisser mijoter 5 minutes. Laisser refroidir, puis verser dans des bouteilles stérilisées.

DONNE environ 375 ml (1 ½ tasse) de sirop

CONSEIL PRATIQUE

Le reste de pulpe de fruits peut être mêlé à 500 ml (2 tasses) de vin blanc ou de vinaigre blanc distillé, couvert et mis en attente 2 semaines. Passez dans un tamis fin ou une mousseline et embouteillez. Utilisez comme vinaigre de base avec d'autres baies sauvages ou dans les vinaigrettes.

Variantes

594 SIROP GLACÉ DE BAIES SAUVAGES

Mettre 15 ml (1 c. à soupe) de Sirop de baies sauvages dans un grand verre et ajouter de l'eau filtrée ou minérale, glacée, en ajustant la quantité de sirop au goût. Servir sur de la glace broyée.
Note – Il vaut la peine de doubler les quantités quand vous préparez les sirops de baies sauvages, ou de préparer 2 saveurs en même temps.

595 SIROP GLACÉ PÉTILLANT DE BAIES SAUVAGES

Mettre 15 ml (1 c. à soupe) de Sirop de baies sauvages dans un grand verre et combler avec de l'eau pétillante, en ajustant la quantité de sirop au goût. Servir sur des glaçons.
Note – Ajouter l'eau très lentement, car le vinaigre et le dioxyde de carbone dans l'eau peuvent avoir une réaction volcanique.

596 SIROP GLACÉ BAIES SAUVAGES ET GINGEMBRE

Mettre 15 ml (1 c. à soupe) de Sirop de baies sauvages dans un grand verre et combler avec de la bière de gingembre, en ajustant la quantité de sirop au goût. Servir sur des glaçons.
Note – Verser du sirop de baies sauvages pur sur de la crème glacée à la vanille pour un dessert étonnamment délicieux.

597 SIROP GLACÉ BAIES SAUVAGES ET POMME

Mettre 15 ml (1 c. à soupe) de Sirop de baies sauvages dans un grand verre et combler avec du jus de pomme pétillant, en ajustant la quantité de sirop au goût. Servir sur des glaçons.
Note – Les sirops de baies sauvages font d'excellents cadeaux.

598 SIROP CHAUD DE BAIES SAUVAGES

Ajouter en brassant 15 ml (1 c. à soupe) de Sirop de baies sauvages dans 250 ml (1 tasse) d'eau bouillante, en ajustant le sirop au goût.

Note – Cette variante est excellente dans un flacon pour une marche vivifiante ou comme alternative sans alcool au vin chaud.

599 SIROP CERISE ET VANILLE

Préparer le Sirop de baies sauvages en remplaçant les baies sauvages par des cerises dénoyautées et en ajoutant une gousse de vanille au sirop pendant qu'il infuse.

Note – Il n'est pas nécessaire que ce soit une nouvelle gousse de vanille ; utilisez une gousse dont les graines ont déjà été enlevées.

600 SIROP PRUNE ET CANNELLE

Préparer le Sirop de baies sauvages en remplaçant les baies sauvages par 10 prunes moyennes coupées en deux et en ajoutant un bâtonnet de cannelle au sirop pendant qu'il infuse.

601 SIROP FRAISE ET VINAIGRE BALSAMIQUE

Préparer le Sirop de baies sauvages en remplaçant les baies sauvages par des fraises et le cidre ou le vinaigre de vin par du vinaigre balsamique blanc.

602 SIROP DÉLICAT DE POIRE

Préparer le Sirop de baies sauvages en remplaçant les baies sauvages par une grosse poire mûre. Hacher la poire en très petits morceaux et ajouter 60 g (2 oz) de sucre puis attendre 30 minutes pour que le fruit dégorge son liquide. Ensuite, procéder selon les instructions du Sirop de baies sauvages.

603 Sirop de bleuet

Voici un fantastique sirop à avoir sous la main pour préparer de jolies boissons rafraîchissantes. Comme il est préparé avec un sirop de sucre bouilli, il se gardera dans un endroit frais et sombre environ 6 mois. Pour l'utiliser, versez simplement 30 ml (2 c. à soupe) de sirop dans un verre et comblez avec de l'eau plate ou pétillante.

INGRÉDIENTS

600 g (1 ¼ lb) de bleuets frais	500 g (1 ½ lb) de sucre brut
750 ml (3 tasses) d'eau	ou granulé
Zeste de 1 citron, coupé	Jus de ½ citron
en lanières	

Mettre les bleuets dans une grande casserole et les défaire au pilon à purée. Ajouter 250 ml (1 tasse) d'eau et les lanières de citron, puis amener à ébullition à feu moyen-fort, en brassant. Laisser bouillir 5 minutes ; retirer du feu et laisser refroidir. Égoutter le mélange dans un tamis fin non métallique ou un coton à fromage.

Dans une casserole propre, combiner le reste d'eau et le sucre, puis faire dissoudre à feu doux en brassant. Augmenter le feu et laisser bouillir environ 20 minutes, ou jusqu'à ce que le mélange atteigne 110 °C (230 °F). En brassant délicatement, incorporer le mélange aux bleuets et laisser bouillir 2 minutes, puis ajouter le jus de citron. Laisser refroidir. Transférer dans des bouteilles stérilisées. Garder dans un endroit frais jusqu'à 6 mois.

DONNE environ 600 ml (un peu moins de 2 ½ tasses) de sirop.

CONSEIL PRATIQUE

Coupez le zeste du citron en lanières avec un couteau éplucheur.

Variantes

604 SIROP BLEUET ET LIME

Préparer le Sirop de bleuet en remplaçant le zeste de citron par du zeste de lime et en utilisant le jus de 1 lime entière.
Note – Les bleuets fraîchement cueillis sont très riches en pectine. Mettez-les en attente quelques jours dans un endroit frais avant de les utiliser, car le mélange pourrait prendre.

605 SIROP BLEUET ET BASILIC

Commencer en préparant le Sirop de bleuet. Une fois les bleuets cuits, ajouter 6 brins de basilic, tiges et feuilles incluses, et laisser infuser le temps que le mélange aux bleuets refroidisse. Ensuite, procéder selon les instructions du Sirop de bleuets.
Note – Cette méthode fonctionne tout aussi bien avec d'autres herbes comme le thym ou le romarin.

606 SIROP FRAISE, CARDAMOME ET POIVRE

Préparer le Sirop de bleuet en remplaçant les bleuets par des fraises et le citron par le zeste et le jus de ½ orange. Pendant la cuisson, ajouter aux fraises 12 capsules de cardamome broyées et 5 ml (1 c. à thé) de grains de poivre roses ou noirs.
Note – Comme les fraises sont cuites, il n'est pas nécessaire d'utiliser les plus beaux fruits.

**SIROP FRAISE
ET EAU DE ROSE**

Préparer le Sirop de bleuet en remplaçant les bleuets par des
fraises et le citron par le zeste et le jus de ½ orange. Ajouter
en brassant 10 à 20 ml (2 à 4 c. à thé) d'eau de rose avec le
jus d'orange au sirop prêt. Ajouter peu à peu, au goût.
Note – Ajouter des tranches de carambole parmi les
glaçons pour servir.

 **SIROP DE CERISE
AMÈRE**

Préparer le Sirop de bleuet en remplaçant les bleuets par
des cerises.
Note – S'il est impossible de trouver des cerises sauvages
fraîches, vous pouvez réhydrater des cerises amères.

SIROP DE FRAMBOISE

Préparer le Sirop de bleuet en remplaçant les bleuets par des
framboises.
Note – Les framboises se marient bien à la lime ; utilisez le
zeste et le jus de 1 lime entière. Elles se marient bien aussi avec
l'orange ; utilisez le zeste et le jus de ½ orange.

610 Rafraîchissement pomme et bleuet

Même si vous ne préparez pas votre propre sirop, il y a un éventail de sirops de fruits commerciaux offerts sur le marché, qui permettent d'excellentes boissons instantanées. En les combinant à des jus de fruits, vous pouvez préparer des rafraîchissements vraiment intéressants.

INGRÉDIENTS

Glace broyée
30 ml (2 c. à soupe) de sirop de bleuets (voir page 176)

500 ml (2 tasses) environ de jus de pomme

Répartir la glace broyée entre deux verres et verser le sirop. Combler chaque verre de jus de pomme et bien brasser.

DONNE 2 verres

POUR SERVIR

Mettre une couche de bleuets au fond de chaque verre.

variantes

611 RAFRAÎCHISSEMENT CERISE AMÈRE ET PASTÈQUE

Préparer le Rafraîchissement pomme et bleuet en utilisant le Sirop de cerise amère (voir page 177) et du jus de pastèque.
Note – Si vous découvrez des jus inusités sur le marché, n'hésitez pas, essayez-les.

612 RAFRAÎCHISSEMENT PÊCHE ET CANNEBERGE

Préparer le Rafraîchissement pomme et bleuet en utilisant du sirop de pêche et du jus de canneberge.
Note – Roulez un petit brin de romarin entre vos paumes pour l'écraser légèrement, puis ajoutez-le à la boisson pour un soupçon de saveur d'herbe.

613 RAFRAÎCHISSEMENT FRAMBOISE, TANGERINE ET LIME

Préparer le Rafraîchissement pomme et bleuet en utilisant le Sirop de framboise (voir page 177), du jus de tangerine et 15 ml (1 c. à soupe) de jus de lime.
Note – Augmentez cette variante en utilisant 2 l (8 tasses) de jus d'orange et 125 ml (½ tasse) de jus de lime.

614 RAFRAÎCHISSEMENT FRAMBOISE ET LITCHI

Préparer le Rafraîchissement pomme et bleuet en utilisant le Sirop de framboise (voir page 177) et du jus de litchi.
Pour servir – Servir cette variante avec un plat thaï.

615 cordial aux agrumes

Cette boisson n'a rien à voir avec les boissons préparées avec des cordiaux du commerce. Elle est très facile et économique à préparer. C'est une excellente boisson pour toute la famille. En outre, elle ne contient aucun agent de conservation.

INGRÉDIENTS

3 oranges	900 g (2 lb) de sucre granulé
3 citrons	30 ml (2 c. à soupe) d'acide
1 l (4 tasses) d'eau bouillante	citrique

Râper le zeste des oranges et des citrons, puis extraire le jus au presse-agrumes ou à l'extracteur à jus. Dans un grand récipient ou un bol résistant à la chaleur, mêler le jus et le zeste râpé. Ajouter l'eau bouillante, puis le sucre et l'acide citrique. Brasser jusqu'à ce que le sucre soit dissous, laisser refroidir et infuser 24 heures. Passer dans un tamis fin non métallique et verser dans des bouteilles stérilisées.

DONNE 1 l (4 tasses) ou 30 à 60 verres, une fois dilué, selon le goût.

CONSEIL PRATIQUE

Pour obtenir le maximum de jus d'un agrume, chauffez-le au micro-ondes 10 à 20 secondes.

variantes

 ## CORDIAL À LA MANDARINE

Préparer le Cordial aux agrumes en remplaçant les oranges et les 2 citrons par le zeste et le jus de 8 grosses mandarines.
Note – Dans cette variante, on peut utiliser des clémentines au lieu des mandarines.

 ## CORDIAL AGRUMES ET FRUIT DE LA PASSION

Préparer le Cordial aux agrumes en ajoutant la chair de 3 fruits de la Passion avec le zeste des agrumes râpé.
Note – Cette variante est particulièrement bonne servie avec de l'eau pétillante pendant un barbecue. Les saveurs contrastent bien avec les aliments fumés.

 ## CORDIAL AU CITRON

Préparer le Cordial aux agrumes en omettant les oranges et en utilisant le zeste de 3 citrons et le jus de 6 citrons.
Note – Râpez le zeste des citrons restants et conservez-le dans un petit contenant hermétique au congélateur pour usage ultérieur.

 ## CORDIAL CITRON ET FRAMBOISE

Préparer la variante Cordial au citron en ajoutant 300 g (10 ½ oz) de framboises.

620 CORDIAL ÉPICÉ AUX PETITS FRUITS

Préparer le Cordial aux agrumes en utilisant le zeste et le jus de 1 citron et 1 orange et en ajoutant 300 g (10 ½ oz) de mûres. Ajouter 3 clous de girofle entiers, 3 capsules de cardamome légèrement broyées, 2 grains de poivre roses ou noirs , 2 bâtonnets de cannelle de 7,5 cm (3 po) et 1 feuille de laurier.

621 CORDIAL AUX FLEURS DE SUREAU

Préparer le Cordial aux agrumes en omettant les oranges. Trancher finement 2 citrons et utiliser 75 g (2 ½ oz) d'acide citrique, 1,5 kg (3 ¼ lb) de sucre et 20 grosses inflorescences de sureau. Passer dans un coton à fromage ou des filtres à café pour éliminer le pollen.

622 CORDIAL PAMPLEMOUSSE, GINGEMBRE ET CITRONNELLE

Préparer le Cordial aux agrumes en remplaçant les oranges et les citrons par le zeste de 1 pamplemousse et le jus de 2 pamplemousses. Ajouter 2 tiges de citronnelle et 5 cm (2 po) de racine de gingembre, non pelés et finement tranchés.

623 CORDIAL À LA LIME

Préparer le Cordial aux agrumes en remplaçant les oranges et les citrons par le zeste de 5 limes et le jus de 10 limes.
Note – Ce cordial est délicieux avec un filet de sirop de menthe (voir page 252).

624 CORDIAL TROPICAL

Préparer le Cordial aux agrumes en n'utilisant que 1 orange et 1 citron, la chair de 1 fruit de la Passion et 225 g (8 oz) d'ananas fraîchement broyé.

Laits frappés et boissons glacées

Ces boissons sont des gâteries que l'on s'offre pour se sentir heureux. Certaines sont riches en calories, mais les options santé sont nombreuses et non moins agréables. Le répertoire entier des boissons glacées figure dans ce chapitre. On y trouve des laits frappés et des frappés sans lactose, des smoothies glacés et givrés, des barbotines et des sodas crémeux. L'ingrédient de base pour les uns est la crème glacée, pour d'autres le sorbet ou le sorbet laitier et pour d'autres encore, le yogourt glacé. Aucun répertoire ne serait complet sans le lait frappé à la vanille classique et ses cousins, le lait frappé à la banane et le lait frappé au chocolat belge, mais vous découvrirez aussi des combinaisons plus inhabituelles.

625   Lait frappé à la vanille classique

Ce lait frappé est prodigieusement merveilleux, tout en étant très simple, et sert de base à la plupart des frappés qui suivent. La vanille étant la vedette de ces laits frappés, il est important d'acheter la meilleure qualité de crème glacée et d'extrait de vanille.

INGRÉDIENTS

250 ml (1 tasse) de crème
  glacée à la vanille
3 ml (½ c. à thé) d'extrait
  de vanille
5 à 10 ml (1 à 2 c. à thé)
  de sucre, facultatif
75 à 125 ml (1/3 à ½ tasse)
  de lait entier

Mettre la crème glacée, l'extrait de vanille, le sucre (si désiré) et 75 ml (1/3 tasse) de lait dans le mélangeur et mixer à basse vitesse 30 secondes. Brasser, puis mixer à haute vitesse jusqu'à ce que ce soit homogène et mousseux, en ajoutant plus de lait, pour obtenir la texture désirée. Verser dans un verre et servir immédiatement.

DONNE 1 verre

CONSEIL PRATIQUE

L'ajout de sucre dépend de la sucrosité de la crème glacée. Donc, goûtez avant de sucrer.

variantes

LAIT FRAPPÉ À LA VANILLE VRAIMENT RICHE

Préparer le Lait frappé à la vanille classique en utilisant de la crème 15 % de m. g. au lieu du lait entier.
Note – Servir garni de crème fouettée et de sirop de chocolat.

LAIT FRAPPÉ VANILLE ET *OREO*

Préparer le Lait frappé à la vanille classique en ajoutant 3 biscuits *Oreo* ou autres biscuits au chocolat dans le mélangeur avec les ingrédients.
Note – Au lieu d'ajouter des biscuits, vous pouvez utiliser une crème glacée enrichie de biscuits.

TOURBILLON DE FRAISE

Réduire en purée 8 fraises moyennes et ajouter 1 ml (¼ c. à thé) de zeste d'orange râpé. Retirer la purée de fraises du mélangeur et préparer le Lait frappé à la vanille classique. Verser ⅓ du lait frappé dans un verre, ajouter ⅓ du mélange de fraises, faire un léger tourbillon à la cuillère, puis répéter 2 autres fois.
Note – Au lieu d'ajouter les fraises en tourbillon, garnissez le dessus du lait fouetté de purée de fraises. Décorez de menthe fraîche.

LAIT FRAPPÉ VANILLE ET CARAMEL SALÉ

Préparer le Lait frappé à la vanille classique en ajoutant 15 ml (1 c. à soupe) de sauce au caramel salé dans le mélangeur avec les ingrédients. Garnir de bretzels émiettés et d'un filet de sauce au caramel.
Note – La sauce au caramel salé est parfois appelée sauce au caramel à la fleur de sel.

LAIT FRAPPÉ À LA NOIX DE COCO

Préparer le Lait frappé à la vanille classique en remplaçant la crème glacée à la vanille par de la crème glacée à la noix de coco, puis décorer d'un quartier d'ananas.
Note – Ajoutez 30 ml (2 c. à soupe) de copeaux de chocolat après le mixage et décorez d'un surplus de copeaux de chocolat.

LAIT FRAPPÉ À LA TARTE AUX POMMES

Ajouter 225 g (8 oz) de purée ou de compote de pommes aux ingrédients avec 1 ml (¼ c. à thé) de cannelle et une pincée de muscade. Mixer ensuite tel qu'indiqué dans la recette de Lait frappé à la vanille classique. Garnir de biscuits digestifs émiettés et de sucre à la cannelle.
Note – Si vous préférez, utilisez 1 pomme fraîche, pelée, le cœur enlevé et hachée dans le mélangeur avec la moitié du lait. Mixez ensuite tel qu'indiqué.

Ajoutez de la crème glacée et du sirop de chocolat à un lait frappé qui servira de dessert.

632 LAIT FRAPPÉ VANILLE ET PÊCHE

Mettre une pêche pelée, dénoyautée et hachée dans le mélangeur avec 30 ml (2 c. à soupe) de jus d'orange. Mixer jusqu'à ce que ce soit moelleux. Ajouter le reste des ingrédients de la recette Lait frappé à la vanille classique, puis mixer tel qu'indiqué.

Note – Utiliser ici des pêches en conserve est bien, mais rien ne remplace vraiment les fruits frais.

633 LAIT FRAPPÉ À LA VANILLE CLASSIQUE SANS LAIT

Préparer le Lait frappé à la vanille classique en remplaçant la crème glacée à la vanille par de la crème glacée sans lait et le lait par de la boisson de soya ou de la boisson d'amande.

Note – Les crèmes glacées sans lactose sont préparées avec de la boisson de soya, d'amande ou de riz. Le goût et la consistance varient, mais la plupart donnent un bon lait frappé.

634 LAIT FRAPPÉ À LA VANILLE MINCEUR

Mêler 175 ml (¾ tasse) de boisson d'amande non sucrée, 3 ml (½ c. à thé) d'extrait de vanille et l'édulcorant au goût. Verser dans un contenant en plastique et congeler environ 2 heures. Mixer avec 175 ml (¾ tasse) de boisson d'amande supplémentaire.

Note – Si vous utilisez de la boisson d'amande à la vanille, n'ajoutez que quelques gouttes de plus de vanille : le froid intense masque la délicate saveur de la vanille.

635 Lait frappé à la banane

Ce lait frappé, celui avec lequel nous avons tous grandi, ne perd jamais son charme. Pour ce lait frappé, il est préférable d'utiliser des bananes vraiment mûres, gorgées de saveur.

INGRÉDIENTS

1 banane, pelée et en morceaux
310 ml (1 ¼ tasse) de crème
    glacée à la vanille
30 ml (2 c. à soupe) de lait

Mettre tous les ingrédients dans le mélangeur et mixer à basse vitesse 30 secondes ; brasser, puis mixer à haute vitesse jusqu'à ce que ce soit homogène et mousseux. Verser dans un grand verre et servir immédiatement.

DONNE 1 verre

POUR SERVIR

Préparer le lait frappé à la maison ne signifie pas que vous ne pouvez pas tout avoir : ajoutez simplement la crème fouettée, des grains de chocolat ou des noix et, pourquoi pas, une cerise !

Variantes

636 LAIT MALTÉ FRAPPÉ À LA BANANE

Préparer le Lait frappé à la banane en ajoutant 15 ml (1 c. à soupe) de poudre de malt aux ingrédients avant de mixer.
Note – La poudre de malt est une fine poudre pâle et sucrée, au léger goût de noix. Elle est préparée avec des grains germés et séchés au four, le plus souvent des grains d'orge.

637 LAIT MALTÉ FRAPPÉ BANANE ET BEURRE D'ARACHIDE

Préparer le Lait frappé à la banane en ajoutant 15 ml (1 c. à soupe) de poudre de malt et 15 ml (1 c. à soupe) de beurre d'arachide aux ingrédients avant de mixer.
Note – Si vous utilisez du beurre d'arachide croquant, achetez de plus grosses pailles.

638 LAIT MALTÉ FRAPPÉ BANANE ET CHOCOLAT

Préparer le Lait frappé à la banane en remplaçant la crème glacée à la vanille par la même quantité de crème glacée au chocolat. Ajouter aussi 15 ml (1 c. à soupe) de poudre de malt aux ingrédients avant de mixer.

639 LAIT FRAPPÉ BANANE ET CHOCOLAT

Préparer le Lait frappé à la banane en remplaçant la crème glacée à la vanille par la même quantité de crème glacée au chocolat.

640 LAIT FRAPPÉ BANANE ET CARAMEL

Préparer le Lait frappé à la banane en remplaçant la crème glacée à la vanille par de la crème glacée au caramel anglais et garnir le lait frappé avec de la crème fouettée et des mini grains de chocolat.
Note – Servir comme dessert avec quelques tranches de banane à la base du verre et verser en filet un peu de sauce au caramel en versant le lait frappé dans le verre.

641 LAIT FRAPPÉ BANANE ET ÉPICES

Préparer le Lait frappé à la banane en ajoutant 1 ml (¼ c. à thé) d'épices pour tarte à la citrouille, ou aux pommes, aux autres ingrédients avant de mixer.
Note – Vous pouvez remplacer les épices en mélange par une généreuse pincée de chacune : cannelle et muscade moulues.

642 LAIT FRAPPÉ BANANE ET CAFÉ

Préparer le Lait frappé à la banane en remplaçant la crème glacée à la vanille par de la crème glacée au café.
Note – Si vous n'avez pas de crème glacée au café, vous pouvez ajouter 30 ml (2 c. à soupe) de café instantané en poudre dans le mélangeur. Si vous utilisez des granules, dissolvez-les dans un peu d'eau très chaude et laissez refroidir avant d'ajouter.

643 LAIT FRAPPÉ BANANE ET MOKA

Préparer le Lait frappé à la banane en remplaçant la crème glacée à la vanille par de la crème glacée au café et en ajoutant 15 ml (1 c. à soupe) de sirop de chocolat en brassant.

644 LAIT FRAPPÉ BANANE ET MIEL

Préparer le Lait frappé à la banane en ajoutant 30 ml (2 c. à soupe) de miel liquide, 15 ml (1 c. à soupe) de jus de citron et une pincée de muscade dans le mélangeur.

645 Lait frappé chocolat blanc et framboise

Un des plaisirs simples de la vie : les framboises et le chocolat blanc forment un couple idéal. Choisissez la meilleure qualité de crème glacée que vous puissiez trouver parce qu'elle fait toute la différence.

INGRÉDIENTS

120 g (4 ¼ oz) de framboises
310 ml (1 ¼ tasse) de crème
 glacée au chocolat blanc
30 ml (2 c. à soupe) de lait

Mettre tous les ingrédients dans le mélangeur et mixer à basse vitesse 30 secondes ; brasser, puis mixer à haute vitesse jusqu'à ce que ce soit homogène. Verser dans un verre et servir immédiatement.

DONNE 1 verre

CONSEIL PRATIQUE

C'est le froid qui donne cette consistance crémeuse et épaisse. Par conséquent, assurez-vous que tout est aussi froid que possible : crème glacée, ustensiles, mélangeur, lait et aromates.

Variantes

647 LAIT FRAPPÉ AU CHOCOLAT BLANC

Préparer le Lait frappé chocolat blanc et framboise en omettant les framboises et en augmentant la quantité de crème glacée à 375 ml (1 ½ tasse).
Note – Évitez d'utiliser des crèmes glacées à faible teneur en gras.

648 LAIT MALTÉ FRAPPÉ AU CHOCOLAT BLANC

Préparer le Lait frappé chocolat blanc et framboise en omettant les framboises et en augmentant la quantité de crème glacée à 375 ml (1 ½ tasse). Ajouter 15 ml (1 c. à soupe) de poudre de malt aux autres ingrédients avant de mixer.

649 LAIT FRAPPÉ DOUBLE CHOCOLAT

Préparer le Lait frappé chocolat blanc et framboise en omettant les framboises et en ajoutant 125 ml (½ tasse) de crème glacée au chocolat blanc et 15 ml (1 c. à soupe) de grains de chocolat aux autres ingrédients avant de mixer.

650 LAIT FRAPPÉ CHOCOLAT BLANC ET CERISE

Préparer le Lait frappé chocolat blanc et framboise en remplaçant les framboises par des cerises dénoyautées.
Note – De très, très grosses cerises rouges produisent un effet fantastique.

646 LAIT MALTÉ FRAPPÉ CHOCOLAT BLANC ET FRAMBOISE

Préparer le Lait frappé chocolat blanc et framboise en ajoutant 15 ml (1 c. à soupe) de poudre de malt aux autres ingrédients avant de mixer.

651 LAIT FRAPPÉ CHOCOLAT BLANC ET BLEUET

Préparer le Lait frappé chocolat blanc et framboise en remplaçant les framboises par des bleuets.
Note – Trempez des bleuets dans du chocolat blanc fondu pour garn

652 Lait frappé gingembre, chocolat et poire

Poire et chocolat, une combinaison inspirée qui trouve toujours preneur. Il est certain que ce lait frappé onctueux deviendra l'un de vos préférés. Servi dans de plus petits verres, il se transforme aussi en excellent dessert glacé.

INGRÉDIENTS

2,5 cm (1 po) de racine de gingembre fraîche, pelée
1 poire mûre et pelée, le cœur enlevé et hachée
310 ml (1 ¼ tasse) de crème glacée au chocolat
30 ml (2 c. à soupe) de lait

Râper le gingembre et le mettre dans le mélangeur avec tous les autres ingrédients. Mixer à basse vitesse 30 secondes ; brasser, puis mixer à haute vitesse jusqu'à ce que ce soit homogène et mousseux. Verser dans un verre et servir immédiatement.

DONNE 1 verre

CONSEIL PRATIQUE

La poire doit être vraiment mûre ou le lait frappé aura une texture granuleuse. Une poire en conserve est préférable à une poire fraîche insuffisamment mûre.

variantes

653 LAIT FRAPPÉ DÉCADENT GINGEMBRE, CHOCOLAT ET POIRE

Préparer le Lait frappé gingembre, chocolat et poire et garnir le dessus du lait frappé de miettes de biscuits au gingembre juste avant de servir.
Note – Un biscuit au chocolat noir serait aussi excellent avec cette combinaison de saveurs.

654 LAIT MALTÉ FRAPPÉ GINGEMBRE, CHOCOLAT ET POIRE

Préparer le Lait frappé gingembre, chocolat et poire et ajouter 15 ml (1 c. à soupe) de poudre de malt aux autres ingrédients avant de mixer.
Note – Si vous ne voulez pas utiliser du gingembre frais, essayez le gingembre confit, qui est sucré.

655 LAIT FRAPPÉ CHOCOLAT ET POIRE

Préparer le Lait frappé gingembre, chocolat et poire, mais omettre le gingembre.
Note – Les poires sont une bonne source de fibres et de vitamine C.

656 Lait frappé aux petits fruits

Ce délicieux lait frappé se prépare en un rien de temps et utiliser des fruits qui sortent directement du congélateur en fera la gâterie idéale au retour de l'école (ou du travail).

INGRÉDIENTS

250 ml (1 tasse) de crème
  glacée à la vanille
40 g (1 ½ oz) de petits fruits
  en mélange, surgelés
75 ml (⅓ tasse) de lait

Mettre tous les ingrédients dans le mélangeur et mixer à basse vitesse 30 secondes. Brasser, puis mixer à haute vitesse jusqu'à ce que ce soit homogène et mousseux. Verser dans un verre et servir immédiatement.

DONNE 1 verre

CONSEIL PRATIQUE

Même si votre crème glacée n'est qu'à peine liquide, vous n'obtiendrez pas un lait fouetté vraiment épais. Elle doit être vraiment bien congelée.

variantes

LAIT FRAPPÉ AUX PETITS FRUITS ET CHOCOLAT

Préparer le Lait frappé aux petits fruits en remplaçant la crème glacée à la vanille par de la crème glacée au chocolat.
Note – C'est une bonne idée d'offrir un pichet d'eau filtrée ou minérale avec un lait frappé.

658 LAIT FRAPPÉ ET BEAUCOUP DE PETITS FRUITS

Préparer le Lait frappé aux petits fruits en remplaçant la crème glacée à la vanille par de la crème glacée aux fraises.
Note – Si votre lait frappé n'est pas assez épais, mettez-le dans le congélateur 15 à 20 minutes après le mixage.

LAIT FRAPPÉ FRAISE ET EAU DE ROSE

Préparer le Lait frappé aux petits fruits en remplaçant les petits fruits par des fraises surgelées et en ajoutant 5 ml (1 c. à thé) d'eau de rose dans le mélangeur avec les autres ingrédients.
Note – Garnir de quelques graines de cardamome fraîchement moulues.

660 LAIT FRAPPÉ BLEUET ET VANILLE

Préparer le Lait frappé aux petits fruits en remplaçant les petits fruits en mélange par des bleuets surgelés et en ajoutant 1 ml (¼ c. à thé) d'extrait de vanille.

Note – Si vous utilisez des bleuets frais, refroidissez-les au réfrigérateur avant de les utiliser.

661 LAIT FRAPPÉ BLEUET ET PÊCHE

Préparer la variante Lait frappé bleuet et vanille et ajouter 1 pêche pelée, dénoyautée et hachée dans le mélangeur.

Note – Divisez en deux et servez comme dessert à deux enfants, ou comme gâterie au dessert à des adultes.

662 LAIT FRAPPÉ BLEUET ET AMANDE

Préparer la variante Lait frappé bleuet et vanille et ajouter 30 ml (2 c. à soupe) de pâte d'amandes râpée et quelques gouttes d'extrait d'amande, au goût.

Note – Ajoutez l'extrait d'amande une fois le lait frappé prêt ; vous l'ajustez ainsi à votre goût. Ne soyez pas tenté d'en mettre beaucoup, sinon le lait frappé sera amer.

663 Frappé à la banane sans lait

Utiliser de la pastèque et des bananes surgelées vous assure des frappés bien froids sans lactose et sans calories… sans compter le goût extrêmement délicat de la pastèque. Ces frappés sont si bons pour vous qu'on ne peut les considérer comme des gâteries.

INGRÉDIENTS

300 g (10 ½ oz) de morceaux
   de pastèque surgelés
1 banane, pelée et surgelée
125 à 175 ml (½ à ¾ tasse) de boisson
   de soya ou de riz à la vanille
Quelques gouttes d'extrait
   de vanille, facultatif

Mettre tous les ingrédients, sauf l'extrait de vanille, dans le mélangeur et mixer à basse vitesse jusqu'à ce que les fruits soient en purée. Brasser, puis mixer à haute vitesse jusqu'à ce que ce soit homogène et mousseux. Ajouter l'extrait de vanille au goût. Verser dans un verre et servir immédiatement.

DONNE 1 verre

CONSEIL PRATIQUE

Congelez les fruits quand ils sont bien mûrs et bien savoureux.

Variantes

FRAPPÉ AU CHOCOLAT SANS LAIT

Préparer le Frappé à la banane sans lait en ajoutant 30 ml (2 c. à soupe) de poudre de cacao non sucré et en sucrant au goût avec 5 à 10 ml (1 à 2 c. à thé) de sirop de chocolat, de miel liquide ou de sirop d'agave.
Note – Pour un lait frappé au chocolat moucheté, utilisez 60 ml (¼ tasse) de grains de chocolat noir au lieu de la poudre de cacao.

FRAPPÉ AU CHOCOLAT PROTÉINÉ SANS LAIT

Préparer le Frappé à la banane sans lait en omettant l'extrait de vanille et en ajoutant 1 cuillerée comble de poudre de protéines au chocolat et 10 ml (2 c. à thé) de poudre de cacao non sucrée.
Note – Ajouter quelques glaçons pour épaissir le frappé.

FRAPPÉ À L'ÉRABLE SANS LAIT

Préparer le Frappé à la banane sans lait en ajoutant 30 ml (2 c. à soupe) de sirop d'érable dans le mélangeur avec les autres ingrédients.
Note – Utiliser des aliments de bonne qualité assure des frappés de bonne qualité. Donc, ne faites aucun compromis sur le sirop d'érable.

667 Lait frappé au chocolat belge

Peu de gens peuvent résister à un grand verre de chocolat liquide glacé, garni avec encore plus de chocolat ou d'autres friandises sucrées. Les vrais chocooliques utiliseront de la crème glacée au chocolat belge, d'autres préféreront une crème glacée texturée plus légère.

INGRÉDIENTS

250 ml (1 tasse) de lait entier
125 ml (½ tasse) de crème glacée
  au chocolat belge

Mettre le lait et la crème glacée dans le mélangeur et mixer à basse vitesse 30 secondes. Brasser et mixer à haute vitesse jusqu'à ce que ce soit homogène et mousseux. Verser dans un verre et servir immédiatement.

DONNE 1 verre

CONSEIL PRATIQUE

Préparer vos glaçons avec du lait au chocolat pour réduire l'effet diluant des glaçons.

variantes

 ## 668 LAIT FRAPPÉ CHOCOLAT ET GRAINS DE CHOCOLAT

Préparer le Lait frappé au chocolat belge en ajoutant 30 ml (2 c. à soupe) de grains de chocolat après le mixage initial pour qu'ils conservent une certaine texture.

Note – Pour un lait frappé très texturé, ajouter et brasser des mini grains de chocolat dans le lait frappé une fois prêt.

 ## 671 LAIT FRAPPÉ CHOCOLAT ET ORANGE

Préparer le Lait frappé au chocolat belge en ajoutant 1 orange pelée, épépinée et hachée dans le mélangeur avec les autres ingrédients.

Note – Pour une saveur plus prononcée, ajoutez quelques gouttes d'huile d'orange ou d'extrait d'orange.

 ## 669 LAIT FRAPPÉ NAPOLITAIN

Préparer le Lait frappé au chocolat belge. Ajouter au lait frappé, en brassant à la main, 60 ml (¼ tasse) de fraises hachées. Garnir d'une cuillerée de crème glacée, de tranches de fraises et d'amandes grillées.

Note – Excellent garni de sirop de fraise (voir page 176 pour la préparation des sirops).

 ## 672 LAIT FRAPPÉ CHOCOLAT ET NOIX

Préparer le Lait frappé au chocolat belge en ajoutant dans le mélangeur 30 ml (2 c. à soupe) de mini guimauves et 30 ml (2 c. à soupe) de noix en mélange hachées. Décorer d'un surplus de guimauves et de noix hachées.

Note – On peut utiliser des guimauves grillées au lieu des mini guimauves. Enfilez 3 guimauves sur une brochette. Tenez au-dessus du rond d'une cuisinière au gaz jusqu'à ce qu'elles soient grillées uniformément. Garnir le dessus du lait frappé d'une autre guimauve grillée.

 ## 670 LAIT FRAPPÉ AU CHOCOLAT PRALINÉ

Préparer le Lait frappé au chocolat belge. Ajouter en brassant 45 ml (3 c. à soupe) de pralines finement hachées et garnir le dessus d'un surplus de miettes de pralines.

Note – Pour préparer les pralines, combinez 115 g (4 oz) de sucre et 30 ml (2 c. à soupe) d'eau dans une casserole à feu doux. Cuisez en brassant jusqu'à ce que le sucre soit dissous. Augmentez le feu et amenez à ébullition ; laissez bouillir sans brasser 5 minutes, jusqu'à ce que ce soit doré. Laissez reposer 2 minutes, puis ajoutez 60 g (2 oz) d'amandes mondées. Versez sur une plaque à pâtisserie doublée de papier ciré. Laissez refroidir, puis brisez en morceaux.

 ## 673 LAIT FRAPPÉ CHOCOLAT-MENTHE

Préparer le Lait frappé au chocolat belge en ajoutant 1 ou 2 gouttes (pas plus) d'extrait de menthe aux autres ingrédients. Garnir de chocolats à la menthe ; ceux qui contiennent de petits morceaux croustillants sont les meilleurs.

Note – Servir dans des tasses à espresso avec des cuillères à café, plutôt que des chocolats après un repas.

servir ce lait frappé avec des glaçons préparés avec du lait au chocolat pour un lait chocolaté plus décadent.

674 LAIT FRAPPÉ ÉPICÉ CHOCOLAT ET CITROUILLE

Préparer le Lait frappé au chocolat belge en ajoutant dans le mélangeur 30 ml (2 c. à soupe) de purée de citrouille, 1 ml (¼ c. à thé) de cannelle moulue et une pincée de chacun : poivre de Cayenne moulu, gingembre moulu et clous de girofle moulus.

Note – Omettre le poivre de Cayenne si vous voulez un lait frappé épicé mais non piquant.

675 LAIT FRAPPÉ CHOCOLAT ET BEURRE DE PACANE

Préparer le Lait frappé au chocolat belge en ajoutant jusqu'à 60 ml (¼ tasse) de beurre de pacane. Garnir de quelques pacanes et d'un filet de sirop d'érable.

Note – Vous pouvez préparer cette variante en utilisant du beurre d'amande, de noix de cajou ou du beurre d'arachide ordinaire plutôt que du beurre de pacane.

676 LAIT FRAPPÉ CHOCOLAT ET CARAMEL

Préparer le Lait frappé au chocolat belge en ajoutant 15 ml (1 c. à soupe) de sauce au caramel dans le mélangeur avec les autres ingrédients. Ajouter en brassant 30 ml (2 c. à soupe) de chocolat aromatisé et finement haché au lait frappé fini. Garnir d'une cuillerée de crème glacée à la vanille, d'un filet de sauce au caramel et d'amandes rôties, hachées.

Note – Très bon aussi avec du chocolat aromatisé à l'orange ou du chocolat blanc aromatisé à la noix de coco.

677 Lait frappé fraise et kiwi

Choisissez des saveurs complémentaires et des fruits mûrs de bonne qualité pour préparer un lait frappé parfait à tout coup. Pour qu'il soit vraiment moelleux, réduisez les fruits en purée dans le mélangeur, puis passez-les dans un tamis non métallique. Ces laits frappés aux fruits sont très adaptables et s'harmonisent bien avec des crèmes glacées, des sorbets au lait ou des sorbets aromatisés aux fruits.

INGRÉDIENTS

125 ml (½ tasse) de crème glacée
   à la vanille
125 ml (½ tasse) de lait entier
1 kiwi, pelé et haché
50 g (1 ¾ oz) de fraises

15 ml (1 c. à soupe) de jus de lime
Tranches de kiwi et de fraise et
   feuilles de menthe, pour garnir

Mettre tous les ingrédients dans le mélangeur et mixer à basse vitesse 30 secondes, puis brasser et mixer à haute vitesse jusqu'à ce que ce soit homogène et mousseux. Verser dans un verre et servir immédiatement. Garnir de fruits frais et de feuilles de menthe.

DONNE 1 verre

CONSEIL PRATIQUE

L'ajout de citron ou de lime relève souvent la saveur du fruit. Ajustez pour que cela convienne à votre propre goût.

variantes

679 LAIT FRAPPÉ FRAMBOISE ET CANTALOUP

Préparer le Lait frappé fraise et kiwi en remplaçant les fraises par des framboises et le kiwi par 85 g (3 oz) de cantaloup haché.

678 LAIT FRAPPÉ FRAISE, KIWI ET ORANGE

Préparer le Lait frappé fraise et kiwi en remplaçant la crème glacée à la vanille par du sorbet aux fraises et le lait par du jus d'orange.
Note – Préparé avec un sorbet, ce lait frappé ne contient pas de gras.

LAIT FRAPPÉ FRAMBOISE ET MANGUE

Préparer le Lait frappé fraise et kiwi en remplaçant les fraises par des framboises et le kiwi par 85 g (3 oz) de mangue hachée.

LAIT FRAPPÉ FRAISE ET NECTARINE

Préparer le Lait frappé fraise et kiwi en remplaçant le kiwi par 1 petite nectarine pelée, dénoyautée et hachée.
Note – Cette variante constitue une délicieuse gâterie alléchante pour le brunch.

Lait frappé aux petits fruits givrés

De nombreux laits frappés à l'ancienne n'utilisent pas de crème glacée ; les fruits surgelés fournissent l'épaisseur de la texture.

INGRÉDIENTS

75 g (2 ½ oz) de petits fruits d'été, surgelés
15 ml (1 c. à soupe), ou plus au goût, de miel liquide ou de sirop d'agave

250 ml (1 tasse) de lait entier
Petits fruits surgelés et feuilles de menthe fraîches, pour garnir

Mettre les petits fruits directement du congélateur dans le mélangeur. Mixer avec les autres ingrédients à basse vitesse jusqu'à ce que presque lisse, puis à haute vitesse jusqu'à ce que ce soit homogène et crémeux. Au besoin, ajouter plus de miel ou de sirop, puis servir. Garnir de petits fruits et de feuilles de menthe.

DONNE 1 verre

CONSEIL PRATIQUE

Vous pouvez sucrer cette préparation avec du sirop de framboises.

variantes

FRAPPÉ FRAISE GIVRÉE ET AMANDE

Préparer le Lait frappé aux petits fruits givrés en remplaçant les petits fruits d'été par des fraises surgelées et le lait par de la boisson d'amande.
Note – Toute boisson de source non laitière, comme la boisson de riz ou la boisson de soya, assure que ce frappé est sans lactose.

FRAPPÉ PETITS FRUITS D'ÉTÉ GIVRÉS ET NOIX DE COCO

Préparer le Lait frappé aux petits fruits givrés en remplaçant le lait par du lait de coco à faible teneur en gras. Garnir de flocons de noix de coco non sucrés grillés.
Note – La noix de coco brûle rapidement quand on la fait griller.

FRAPPÉ MÛRE GIVRÉE ET ORANGE

Préparer le Lait frappé aux petits fruits givrés en remplaçant les petits fruits d'été par des mûres et en utilisant 125 ml (½ tasse) de lait de coco et 125 ml (½ tasse) de jus d'orange au lieu du lait entier.

686 Panaché orange et cerise noire

Quel panaché extraordinaire ! Deux ingrédients servent de base aux panachés qui suivent : un sorbet aux fruits et un jus de fruits. Les panachés sont idéaux pour une solution rapide les jours d'été. Il est facile de remplacer les fruits et les jus selon ce que vous avez sous la main.

INGRÉDIENTS

250 ml (1 tasse) de jus d'orange, fraîchement pressé de préférence

250 ml (1 tasse) de sorbet aux cerises noires
Glace broyée
Tranches d'orange, pour garnir

Mettre le jus d'orange et le sorbet aux cerises noires dans le mélangeur et mixer jusqu'à ce que ce soit homogène. Verser sur la glace broyée et décorer de tranches d'orange.

DONNE 1 verre

CONSEIL PRATIQUE

Il vaut vraiment la peine d'utiliser du jus d'orange fraîchement pressé. Quand il n'y a que deux ingrédients, choisissez toujours ce qu'il y a de mieux.

Variantes

688 PANACHÉ ANANAS ET MANGUE

Préparer le Panaché orange et cerise noire en remplaçant le sorbet aux cerises par du sorbet à la mangue et le jus d'orange par du jus d'ananas.
Note – On peut préparer le sorbet à la mangue dans une sorbetière en barattant simplement une grosse boîte de chair de mangue avec un peu de jus de lime.

689 PANACHÉ ORANGE ET FIGUE DE BARBARIE

Préparer le Panaché orange et cerise noire en remplaçant le sorbet aux cerises par du sorbet à la figue de Barbarie.
Note – Il existe une incroyable variété de sorbets sur le marché. Achetez une variété inhabituelle quand vous en voyez une, puis préparez des panachés au goût fantastique.

690 PANACHÉ ORANGE ET ABRICOT SÉCHÉ

Cuire 10 abricots séchés dans un peu d'eau jusqu'à ce qu'ils soient tendres ; laisser refroidir. Réduire en purée dans le mélangeur avec 45 ml (3 c. à soupe) de jus de cuisson. Ajouter 250 ml (1 tasse) de jus d'orange et 250 ml (1 tasse) de sorbet au citron. Passer dans un tamis non métallique en versant dans un verre.
Note – Les abricots séchés ont une saveur plus intense que les abricots frais.

687 PANACHÉ ORANGE ET CANNEBERGE

Préparer le Panaché orange et cerise noire en remplaçant le sorbet aux cerises par du sorbet à l'orange et le jus d'orange par du jus de canneberge.
Note – Ces panachés ne contiennent pas de gras.

691 PANACHÉ PETITS FRUITS ET LIME

Préparer le Panaché orange et cerise noire en remplaçant le sorbet aux cerises par du sorbet à la lime et le jus d'orange par du jus de petits fruits.

692 Frappé minceur à la mangue

Surveiller son poids ne signifie pas qu'il faut bannir tous les types de frappés crémeux. Ces frappés à la boisson d'amande sont vraiment délicieux et la banane surgelée apporte cette texture épaisse qu'on souhaite dans un frappé.

INGRÉDIENTS

½ grosse mangue,
  dénoyautée, pelée et hachée
1 banane surgelée

250 ml (1 tasse) de boisson
  d'amande à la vanille

Mettre les morceaux de mangue et la banane, directement du congélateur, dans le mélangeur. Ajouter la boisson d'amande et mixer à basse vitesse jusqu'à ce que ce soit presque lisse, puis à haute vitesse jusqu'à ce que ce soit homogène et crémeux. Verser dans un verre et servir aussitôt.

DONNE 1 verre

CONSEIL PRATIQUE

Pelez les bananes et coupez-les en morceaux avant de les congeler. Ensuite, mettez simplement les morceaux de bananes dans un sac à congélation refermable et retirez l'air.

693 FRAPPÉ MINCEUR À L'ANANAS

Préparer le Frappé minceur à la mangue en remplaçant la mangue par 150 g (5 ¼ oz) d'ananas en morceaux. Passer dans un tamis non métallique en versant dans un verre, si désiré.
Note – Utilisez les bananes directement du congélateur.

694 FRAPPÉ MINCEUR AUX BLEUETS

Préparer le Frappé minceur à la mangue en remplaçant la mangue par 150 g (5 ¼ oz) de bleuets.
Note – Achetez des bananes très mûres ou brunes à rabais, puis congelez-les pour un usage ultérieur.

695 Smoothie yogourt glacé et fruit de la Passion

variantes

Que vous achetiez ou que vous prépariez votre propre yogourt glacé, les smoothies qui en résulteront seront non seulement riches et crémeux, mais encore auront-ils un goût plus net que les frappés préparés avec de la crème glacée. Ces smoothies sont si bons au goût – et si santé – que vous pourriez même vous en offrir un comme collation au milieu de la matinée.

INGRÉDIENTS

1 fruit de la Passion, coupé en deux

125 ml (½ tasse) de yogourt glacé à la vanille ou à l'ananas

125 ml (½ tasse) de jus d'orange, fraîchement pressé de préférence

À la cuillère, retirer la chair du fruit de la Passion et la passer dans un tamis non métallique au-dessus du mélangeur. Ajouter le yogourt glacé et le jus et mixer à basse vitesse jusqu'à ce que ce soit presque lisse, puis à haute vitesse jusqu'à ce que ce soit homogène et crémeux. Verser dans un verre et servir immédiatement.

DONNE 1 verre

POUR SERVIR

Pour préparer votre propre yogourt glacé, sucrez 500 ml (2 tasses) de yogourt nature avec du miel liquide ou un édulcorant (vous devez sucrer un peu plus parce que les aliments surgelés goûtent moins sucrés). Ajoutez des fruits hachés ou de l'extrait de vanille au goût et barattez dans une sorbetière jusqu'à ce que ce soit prêt. Transférez dans un contenant en plastique et congelez jusqu'à ce que le tout soit ferme.

696 SMOOTHIE YOGOURT GLACÉ FRUIT DE LA PASSION ET PÊCHE

Préparer le Smoothie yogourt glacé et fruit de la Passion en remplaçant le yogourt glacé à la vanille ou à l'ananas par du yogourt glacé à la pêche.

Note – La plupart des yogourts glacés contiennent des édulcorants et, donc, il n'est pas nécessaire d'ajouter plus de sucre à ces smoothies. Choisissez de préférence un yogourt glacé sucré au miel.

697 SMOOTHIE YOGOURT GLACÉ CHOCO-PASSION

Préparer le Smoothie yogourt glacé et fruit de la Passion en remplaçant le yogourt glacé à la vanille ou à l'ananas par du yogourt glacé au chocolat.

Note – Si vous n'avez pas de yogourt glacé au chocolat, ajouter 15 ml (1 c. à soupe) de sirop de chocolat aux autres ingrédients dans le mélangeur.

698 SMOOTHIE YOGOURT GLACÉ LIME ET FRUIT DE LA PASSION

Préparer le Smoothie yogourt glacé et fruit de la Passion en remplaçant le yogourt glacé à la vanille ou à l'ananas par du yogourt glacé à la lime.

Note – Pour les personnes allergiques au lactose et les végétaliens, des yogourts glacés à base de soya sont disponibles.

699 SMOOTHIE TROPICAL AU YOGOURT GLACÉ

Préparer le Smoothie yogourt glacé et fruit de la Passion en remplaçant le jus d'orange par du jus d'ananas et le yogourt à la vanille ou à l'ananas par du yogourt à la noix de coco. Garnir de tranches de carambole.

Note – Le yogourt glacé a une plus faible teneur en gras que la crème glacée. Par contre, comme il contient du sucre, il peut ne pas avoir une aussi faible teneur en calories qu'on pourrait le penser.

700 SMOOTHIE YOGOURT GLACÉ PASSION DES PETITS FRUITS

Préparer le Smoothie yogourt glacé et fruit de la Passion en remplaçant le yogourt glacé à la vanille ou à l'ananas par du yogourt glacé aux petits fruits et le jus d'orange par du jus de canneberge.

Note – Si vous utilisez ces smoothies comme substituts de repas, ajoutez une cuillerée de protéines en poudre.

701 SMOOTHIE FRUIT DE LA PASSION ET MASCARPONE

Préparer le Smoothie yogourt glacé et fruit de la Passion en remplaçant la moitié du yogourt glacé par 60 ml (¼ tasse) de fromage mascarpone froid.

Note – On peut préparer aussi cette variante avec du fromage à la crème à faible teneur en gras.

702 Lait frappé vietnamien papaye et noix de coco

L'ajout de lait concentré sucré, si populaire en climat tropical, est ce qui caractérise ce simple lait frappé. Il permet des laits frappés tellement riches et crémeux qu'ils pourraient presque créer une dépendance !

INGRÉDIENTS

45 ml (3 c. à soupe) de lait concentré sucré
1 morceau de banane de 5 cm (2 po)

90 g (3 oz) de papaye hachée
125 ml (½ tasse) de lait de coco
6 glaçons

Mettre les ingrédients dans le mélangeur et mixer à basse vitesse jusqu'à ce que ce soit presque lisse, puis mixer à haute vitesse jusqu'à ce que ce soit homogène et crémeux. Verser dans un verre et servir immédiatement.

DONNE 1 verre

DIGNE D'INTÉRÊT

On prépare le lait de coco en faisant mijoter une partie de noix de coco râpée dans une partie d'eau. Pour la crème de coco, on fait mijoter quatre parties de noix de coco râpée dans une partie d'eau. Ces méthodes donnent des consistances et des saveurs très différentes. Il ne faut donc pas les confondre.

Variantes

703 LAIT FRAPPÉ VIETNAMIEN À LA PAPAYE

Préparer le Lait frappé vietnamien papaye et noix de coco en remplaçant le lait de coco par du lait entier.
Note – Sous les tropiques, le lait concentré est plus facile à conserver que le lait frais et toute cette partie du monde l'utilise pour cuisiner.

704 LAIT FRAPPÉ VIETNAMIEN GOYAVE ET PÊCHE

Préparer le Lait frappé vietnamien papaye et noix de coco en remplaçant la papaye par 1 petite pêche pelée, dénoyautée et hachée et ajouter 60 ml (¼ tasse) de nectar de goyave.
Note – Épépiner une goyave prend du temps ; le nectar de goyave est donc une bonne alternative rapide. Sinon, utilisez la chair épépinée d'une petite goyave.

705 LAIT FRAPPÉ VIETNAMIEN AU FRUIT DU DRAGON

Préparer le Lait frappé vietnamien papaye et noix de coco en remplaçant la papaye par 1 fruit du dragon.
Note – Le fruit du dragon se développe sur un cactus dont la fleur ne dure qu'une nuit. Papillons de nuit ou chauves-souris la pollinisent au passage durant cette nuit unique.

706 LAIT FRAPPÉ VIETNAMIEN À LA MANGUE

Préparer le Lait frappé vietnamien papaye et noix de coco en remplaçant la papaye par de la mangue fraîche hachée.
Note – Voici la finale parfaite pour un repas vietnamien ou thaï.

707 smoothie à la pêche givrée

Sur une base de fruits surgelés, ces smoothies givrés sont des alternatives santé aux laits frappés à base de crème glacée, sans qu'on y perde au goût ou au plaisir.

INGRÉDIENTS

100 g (3 ½ oz) de pêches tranchées, surgelées

150 ml (⅔ tasse) de jus de grenade

45 ml (3 c. à soupe) de yogourt grec à faible teneur en gras

3 glaçons

Mettre les ingrédients dans le mélangeur et mixer à basse vitesse jusqu'à ce que ce soit presque lisse. Si la texture semble trop épaisse à votre goût, ajouter un peu plus de jus de grenade. Mixer à haute vitesse jusqu'à ce que ce soit homogène. Verser dans un verre et servir.

DONNE 1 verre

CONSEIL PRATIQUE

Si vous n'avez pas de pêches surgelées, égouttez des pêches tranchées en conserve et mettez-les 1 heure au congélateur.

variantes

708 SMOOTHIE PÊCHE GIVRÉE, FRAISE ET MENTHE

Préparer le Smoothie à la pêche givrée en ajoutant 10 feuilles de menthe et 5 fraises aux autres ingrédients dans le mélangeur.
Note – Avoir des fruits surgelés au congélateur vous permet de toujours avoir des fruits sous la main sans courir le risque de les perdre.

709 SMOOTHIE FRAMBOISE GIVRÉE ET CONCOMBRE

Préparer le Smoothie à la pêche givrée en remplaçant les pêches par des framboises surgelées et en ajoutant 5 cm (2 po) de concombre dans le mélangeur.
Note – Le concombre rend ce smoothie un peu plus clair, parfait pour étancher la soif par journées chaudes.

710 SMOOTHIE AUX BLEUETS GIVRÉS

Préparer le Smoothie à la pêche givrée en remplaçant les pêches par des bleuets surgelés.
Note – Voici une bonne boisson pour stimuler l'énergie après une séance d'exercice.

711 SMOOTHIE PÊCHE GIVRÉE ET TOFU

Préparer le Smoothie à la pêche givrée en remplaçant le yogourt par 45 ml (3 c. à soupe) de tofu soyeux.
Note – Les protéines ajoutées dans ce smoothie en font une bonne boisson qui, à l'heure du dîner, haussera votre niveau d'énergie pour le reste de la journée.

712 SMOOTHIE À LA PÊCHE GIVRÉE ET AUX PETITS FRUITS

Préparer le Smoothie à la pêche givrée en n'utilisant que 50 g (1 ¾ oz) de pêches tranchées et en ajoutant 50 g (1 ¾ oz) de framboises, de mûres ou de bleuets.
Note – Recherchez des petits fruits frais à leur dernier jour de vente. Souvent offerts à prix raisonnable, ils peuvent être congelés pour un usage ultérieur.

713 DESSERT SMOOTHIE À LA PÊCHE

Préparer le Smoothie à la pêche givrée en omettant le yogourt. Au fond de 2 verres, émietter du gâteau à l'avoine. En alternant, couvrir de couches de smoothie et de yogourt grec, pour terminer avec le yogourt.
Note – On choisit le yogourt grec pour son goût crémeux, ce qui signifie qu'il est relativement riche en calories. Essayez une version sans gras pour un dessert plus santé.

714 SMOOTHIE YOGOURT GLACÉ, PÊCHE ET MANGUE

Préparer le Smoothie à la pêche givrée en remplaçant le jus de grenade par du nectar de mangue, ou du jus mangue et orange, et en remplaçant le yogourt grec par 125 ml (½ tasse) de yogourt glacé à la vanille.
Note – La mangue étant une excellente source de vitamines et d'antioxydants, ce smoothie est une boisson qui améliore la santé.

715 Soda crémeux à l'ananas

Les sodas aux jus de fruits faisaient fureur il y a plus d'un siècle, et ils sont toujours aussi délicieux, crémeux et rafraîchissants. La base de ces versions fruitées est un jus acidulé comme le jus d'ananas, d'orange ou de canneberge, que l'on mêle à de la crème glacée et du soda.

INGRÉDIENTS

15 ml (1 c. à soupe) de crème 35 %
150 ml (⅔ tasse) de jus d'ananas, frais de préférence

Soda
125 ml (½ tasse) de crème glacée à la vanille
Cerises au marasquin

Mettre la crème dans un grand verre et ajouter le jus. Ajouter assez de soda pour remplir le verre aux trois quarts. Ajouter la crème glacée, puis combler avec du soda. Garnir de cerises au marasquin.

DONNE 1 verre

CONSEIL PRATIQUE

Le *club soda* et le *soda water* sont interchangeables ; toutefois, le *club soda* contient souvent du sel de table ou d'autre additifs légèrement salés.

716 SODA À L'ANANAS

Préparer le Soda crémeux à l'ananas en omettant la crème et en remplaçant la crème glacée par du sorbet à l'ananas ou à l'orange.
Note – Dans les ventes-débarras, les magasins d'antiquités et les boutiques de bienfaisance, recherchez des verres à soda à l'ancienne de 475 ml (16 oz).

Variantes

717 SODA CRÉMEUX À LA CANNEBERGE

Préparer le Soda crémeux à l'ananas en remplaçant le jus d'ananas par du jus de canneberge et en utilisant de la crème glacée aux canneberges ou aux framboises, si disponibles.
Note – Servez avec une cuillère à parfait à long manche pour mêler et prendre des bouchées de crème glacée dans la boisson.

718 SODA CRÉMEUX À LA CERISE

Préparer le Soda crémeux à l'ananas en remplaçant le jus d'ananas par du jus de cerise amère et en ajoutant quelques gouttes d'extrait d'amande.
Note – Si vous ne voulez pas ajouter de crème, utilisez 15 ml (1 c. à soupe) de sirop de framboise (page 177) au fond du verre.

719 SODA CRÉMEUX ORANGE-LIME

Préparer le Soda crémeux à l'ananas en remplaçant le jus d'ananas par du jus d'orange fraîchement pressé, plus 15 ml (1 c. à soupe) de jus de lime fraîchement pressé.
Note – Utilisez un soda à l'orange plutôt qu'un soda pour une saveur d'orange plus intense et un goût un peu plus sucré.

720 SODA AUX AGRUMES

Préparer la variante Soda crémeux orange-lime en omettant la crème et en remplaçant la moitié de la crème glacée à la vanille par du sorbet au citron.
Note – Si l'on met d'abord la crème glacée au fond du verre, la boisson s'appelle un flotteur.

721 Lait frappé mexicain à l'avocat

L'avocat est un fruit qui se combine bien au miel ou au sucre pour produire des laits frappés étonnamment délicieux.

INGRÉDIENTS

1 avocat coupé en deux, la peau enlevée et dénoyauté
250 ml (1 tasse) de lait
6 glaçons

15 à 30 ml (1 à 2 c. à soupe) de miel liquide
Quelques gouttes d'extrait de vanille, facultatif

Mettre l'avocat, le lait, les glaçons et 15 ml (1 c. à soupe) de miel dans le mélangeur et mixer à basse vitesse jusqu'à ce que ce soit presque lisse et que les glaçons soient presque broyés, puis mixer à haute vitesse jusqu'à ce que ce soit homogène et crémeux. Ajuster le sucre et ajouter l'extrait de vanille au goût. Mélanger à petits coups de pulsion, puis laisser reposer 10 à 15 minutes dans le réfrigérateur pour permettre aux saveurs de se développer (quoique ce ne soit pas essentiel). Verser dans des verres pour servir.

DONNE 2 à 3 verres

CONSEIL D'ACHAT

Les avocats doivent être très mûrs pour ce lait fouetté, mais ils devraient être fermes, sans imperfections ni taches noires. Ils devraient céder légèrement quand on les presse avec le pouce.

723 LAIT FRAPPÉ VIETNAMIEN À L'AVOCAT

Préparer le Lait frappé mexicain à l'avocat en omettant le miel. N'utilisez que 125 ml (½ tasse) de lait et ajouter 75 ml (⅓ tasse) de lait concentré sucré.
Note – Cette boisson s'appelle *sinh to bo* au Viêt Nam, où c'est probablement la recette la plus courante préparée avec des avocats.

722 LAIT FRAPPÉ AVOCAT ET LIME

Préparer le Lait frappé mexicain à l'avocat en omettant le miel. Ajouter 125 ml (½ tasse) de crème glacée à la vanille et 5 ml (1 c. à thé) de jus de lime en mixant.

724 LAIT FRAPPÉ VIETNAMIEN AVOCAT ET BANANE

Préparer le Lait frappé mexicain à l'avocat en omettant le miel et en ajoutant 1 banane pelée et hachée aux autres ingrédients.
Note – Choisissez une banane qui n'est pas trop mûre.

variantes

725 LAIT FRAPPÉ AVOCAT ET CHOCOLAT

Préparer le Lait frappé mexicain à l'avocat en ajoutant un filet de sirop de chocolat au lait frappé en le versant dans les verres.
Note – Plutôt qu'ajouter le filet de sirop de chocolat avec le lait frappé, vous pourriez le verser en spirale sur la paroi interne du verre avant de verser le lait frappé.

726 LAIT FRAPPÉ AVOCAT ET CAFÉ

Préparer le Lait frappé mexicain à l'avocat en ajoutant une lampée de café espresso froid aux autres ingrédients.
Note – Les variantes café et chocolat fonctionnent bien aussi avec le Lait frappé à l'avocat, le Lait frappé avocat et banane et le Lait frappé vietnamien à l'avocat.

727 Lait frappé pâte d'amandes et cerise

Dans les boulangeries en Sicile, on prépare une pâte d'amandes spéciale que l'on vend pour préparer des boissons. Elle a inspiré cette somptueuse boisson glacée.

INGRÉDIENTS

150 g (5 ¼ oz) de cerises, coupées en deux et dénoyautées

30 ml (2 c. à soupe) de pâte d'amandes
125 ml (½ tasse) de lait
6 glaçons

Mettre tous les ingrédients dans le mélangeur et mixer à basse vitesse jusqu'à ce que ce soit presque lisse et que les glaçons soient presque broyés, puis à haute vitesse jusqu'à ce que ce soit homogène et crémeux. Verser dans un verre et servir.

DONNE 1 verre

CONSEIL PRATIQUE

Si votre mélangeur ne peut mixer les glaçons, utilisez 125 ml (½ tasse) de glace broyée à la place.

728 LAIT FRAPPÉ PÂTE D'AMANDES ET CLÉMENTINE

Préparer le Lait frappé pâte d'amandes et cerise en omettant les cerises et en utilisant 1 grosse clémentine pelée, épépinée et en segments. Mettre la clémentine dans le mélangeur et mixer jusqu'à ce que ce soit homogène ; goûter et sucrer avec du miel liquide si nécessaire. Ajouter le reste des ingrédients et suivre la recette comme indiqué.
Note – Ôtez la peau blanche et les pépins de la clémentine.

729 LAIT FRAPPÉ PÂTE D'AMANDES, CLÉMENTINE ET CHOCOLAT

Préparer la variante Lait frappé pâte d'amandes et clémentine et ajouter 15 ml (1 c. à soupe) de grains de chocolat.
Note – C'est la version liquide des sucreries allemandes à la pâte d'amandes. Ce sont de petites bûches de pâte d'amandes enrobées de chocolat et enveloppées de papier superbement coloré.

730 LAIT FRAPPÉ PÂTE D'AMANDES ET FRAMBOISE

Préparer le Lait frappé pâte d'amandes et cerise en remplaçant les cerises par 150 g (5 ¼ oz) de framboises.
Note – Écoutez le son de l'appareil quand il broie les glaçons, vous saurez ainsi quand les glaçons sont broyés.

731 Frappé à la fraise

Préparé avec du sirop, de la crème glacée et des glaçons mixés jusqu'à ce qu'ils soient homogènes, crémeux et mousseux, le frappé est le préféré de la buvette. Quand on regarde l'incroyable gamme de sirops aromatisés sur le marché, c'est une infinie variété de frappés qui s'offre à nous. Néanmoins, les anciens sont parfois les meilleurs et le frappé à la fraise est particulièrement délicieux.

INGRÉDIENTS

6 fraises moyennes
30 ml (2 c. à soupe) de sirop
  de fraise
3 ml (½ c. à thé) de jus de lime
4 glaçons
125 ml (½ tasse) de crème
  glacée aux fraises
  ou à la vanille
Soda

Mettre tous les ingrédients, sauf le soda, dans le mélangeur et mixer à basse vitesse jusqu'à ce que ce soit presque lisse et que les glaçons soient presque broyés, puis à haute vitesse jusqu'à ce que ce soit homogène et crémeux. Verser dans un verre froid et combler de soda.

DONNE 1 verre

POUR SERVIR

Servir dans un grand verre étroit, refroidi au réfrigérateur, avec une cuillère à parfait ou un bâtonnet à cocktail pour mêler.

Variantes

732 FRAPPÉ SORBET À LA FRAISE

Préparer le Frappé à la fraise en remplaçant la crème glacée par du sorbet aux fraises.
Note – Servez avec une abondance de tranches de fruits frais et de feuilles de menthe ou de citronnelle.

733 FRAPPÉ À L'ÉRABLE

Préparer le Frappé à la fraise en omettant les fraises et en remplaçant le sirop de fraise par 30 ml (2 c. à soupe) de sirop d'érable. Vous pouvez remplacer le soda par du lait, si désiré.
Note – Dans les buvettes, les frappés étaient souvent préparés avec du lait plutôt que du soda.

734 FRAPPÉ POIRE ET CHOCOLAT

Préparer le Frappé à la fraise en remplaçant les fraises par 1 poire mûre et le sirop de fraise par du sirop de chocolat.
Pour servir – Ce frappé est attrayant décoré d'un bâtonnet de cannelle.

735 FRAPPÉ POIRE ET CAFÉ

Préparer le Frappé à la fraise en remplaçant les fraises par 1 poire mûre, le sirop de fraise par du sirop de café aux noisettes et la crème glacée à la vanille par de la crème glacée au café.

Note – Pour une délicieuse gâterie, garnir d'une cuillerée de crème glacée à la vanille arrosée de sirop de caramel.

736 FRAPPÉ MELON ET MENTHE

Préparer le Frappé à la fraise en remplaçant les fraises par 85 g (3 oz) de morceaux de melon, le sirop de fraise par du sirop de menthe et la crème glacée par du sorbet au citron.

Note – Pour une très jolie présentation, mettez le sirop de fruits au fond du verre, mais assurez-vous de fournir une cuillère à long manche ou un bâtonnet à cocktail.

737 FRAPPÉ BLEUET ET RAISIN

Préparer le Frappé à la fraise en remplaçant les fraises par 75 g (2 ½ oz) de bleuets et le sirop de fraise par du sirop de bleuets. Ajouter en brassant 5 ml (1 c. à thé) de jus de lime et combler avec du jus de raisin pétillant.

Note – Dans cette recette, on peut utiliser du jus de raisin pétillant rouge ou blanc.

738 Barbotine mangue et melon

Les barbotines de fruits font de splendides collations pour les grands enfants comme pour les petits. La base des barbotines est tout simplement une purée de fruits surgelés que l'on mixe avec un jus frais.

INGRÉDIENTS

¼ de cantaloup ou de melon
 Galia pelé, épépiné et haché
1 mangue épépinée, pelée et hachée
250 ml (1 tasse) de jus de pomme

Mettre le melon et la mangue dans le robot culinaire et mélanger jusqu'à ce que ce soit homogène. Mettre dans un contenant en plastique et transférer 1 heure au congélateur.

Prendre la purée de fruits et la mettre dans le mélangeur avec le jus de pomme. Mixer jusqu'à ce que ce soit homogène. Servir immédiatement.

DONNE 2 verres

CONSEIL PRATIQUE

La purée peut être partiellement ou complètement congelée pour préparer la barbotine.

739 BARBOTINE MANGUE ET FRUIT DE LA PASSION

Préparer la Barbotine mangue et melon en remplaçant le jus de pomme par du jus de fruit de la Passion et en ajoutant 15 ml (1 c. à soupe) de jus de lime.

variantes

740 BARBOTINE NOIX DE COCO, MANGUE ET FRUIT DE LA PASSION

Préparer la variante Barbotine mangue et fruit de la Passion en mêlant 60 ml (¼ tasse) de lait de coco à la purée de mangue et melon avant de la congeler.
Note – Si vous avez des glaçons de lait de coco, vous pouvez en utiliser 4 à la place.

741 BARBOTINE MANGUE ET GRENADE

Préparer la Barbotine mangue et melon en remplaçant le jus de pomme par du jus de grenade.
Note – Verser la purée dans un plat à rôtir en métal préalablement mis au congélateur hâtera la congélation.

Le jus de la figue de Barbarie se marie magnifiquement au melon pour donner la barbotine melon et figue de Barbarie.

BARBOTINE MANGUE ET KIWI

Préparer la Barbotine mangue et melon en remplaçant le melon par 1 kiwi pelé et haché.
Note – Si vous préférez, utilisez du jus de pomme trouble biologique.

BARBOTINE MELON ET FIGUE DE BARBARIE

Préparer la Barbotine mangue et melon en omettant la mangue et en utilisant ½ melon. Remplacer le jus de pomme par du jus de figue de Barbarie.
Note – Si vous préparez votre propre jus de figue de Barbarie, vous pouvez brûler les épines du fruit en le piquant avec une fourchette et en le tenant au-dessus de la flamme du gaz ou d'une chandelle.

744 Smoothie abricot et mandarine

La riche saveur des abricots combinée au yogourt glacé à la mandarine donne un résultat stupéfiant qui démontre combien le mariage de fruits en conserve et d'un yogourt glacé bien aromatisé peut s'avérer une réussite. Utiliser des fruits en conserve n'est pas nécessairement un compromis ; ces fruits donnent d'excellents smoothies nourrissants. Les fruits en conserve ne perdent pas leurs nutriments ; comme ils ne sont pas exposés à l'oxygène, le processus de décomposition est suspendu jusqu'à l'ouverture de la boîte.

INGRÉDIENTS

1 boîte (444 ml/15 oz) d'abricots dans leur jus
250 ml (1 tasse) de yogourt glacé à la mandarine ou à l'orange

5 à 10 ml (1 à 2 c. à thé) de miel liquide, facultatif

Mettre 10 moitiés d'abricots dans le mélangeur. Tamiser le jus tout en mesurant 250 ml (1 tasse) ; ajouter dans le mélangeur et mixer jusqu'à ce que ce soit homogène. Ajouter le yogourt glacé et le miel, si désiré, puis mixer à haute vitesse jusqu'à ce que ce soit crémeux et homogène. Verser dans un verre et servir immédiatement.

DONNE 1 verre

CONSEIL PRATIQUE

Pour un smoothie soyeux et moelleux, passez la purée d'abricots dans un tamis non métallique et remettez-la dans le mélangeur.

SMOOTHIE PÊCHE ET MANDARINE

Préparer le Smoothie abricot et mandarine en remplaçant les abricots par 250 ml (1 tasse) de tranches de pêches en conserve.

SMOOTHIE AUX FRUITS TROPICAUX EN MÉLANGE

Préparer le Smoothie abricot et mandarine en remplaçant les abricots par 250 ml (1 tasse) de salade de fruits tropicaux en conserve.
Note – Comparez les étiquettes et achetez les fruits en conserve qui ont la plus faible teneur en sucre.

747 Barbotine verte

Voici une façon alléchante de faire manger des légumes à quiconque se méfie des boissons vertes. Cette jolie barbotine douce et savoureuse est aussi bonne comme apéritif au dîner que comme collation rafraîchissante.

INGRÉDIENTS

2 pommes, en quartiers
50 g (1 ¾ oz) de jeunes épinards
½ concombre
2,5 cm (1 po) de racine
  de gingembre, pelée

250 ml (1 tasse) de jus d'ananas
Un trait de jus de lime

Passer les pommes, les épinards, le concombre et le gingembre dans l'extracteur à jus. Mettre dans un contenant en plastique, puis au congélateur 1 heure.

Prendre la purée de jus de fruits congelée et mettre dans le mélangeur avec le jus d'ananas ; mixer jusqu'à ce que ce soit moelleux. Arroser d'un trait de jus de lime et servir immédiatement.

DONNE 1 grand ou 2 petits verres

CONSEIL PRATIQUE

Plus la base du contenant en plastique sera large, plus la couche de jus sera mince et plus vite elle gèlera.

Variantes

748 PANACHÉ VERT

Préparer la Barbotine verte jusqu'à la congélation de la purée de jus de fruits. Transférer la purée de jus congelée dans le mélangeur, ajouter 125 ml (½ tasse) de sorbet citron-lime et mixer jusqu'à ce que le tout soit moelleux. Verser dans des verres et servir immédiatement.

Note – Si votre enfant ne termine pas sa boisson, mettez-la au congélateur jusqu'à ce qu'il réapparaisse pour la terminer.

749 BARBOTINE CAROTTE ET ANANAS

Préparer la Barbotine verte en remplaçant les pommes et les épinards par le jus de 5 carottes moyennes, parées. N'utilisez que 5 cm (2 po) de concombre.

Note – Supprimez toute la verdure des carottes, car elles contiennent des toxines nocives pour les humains.

750 BARBOTINE TOMATE ET FINES HERBES

Réduire en jus 2 tomates moyennes, 5 cm (2 po) de concombre, 5 brins de basilic, de menthe, de persil ou de roquette et congeler tel qu'indiqué dans la recette Barbotine verte. Ajouter dans le mélangeur avec le jus de 2 tomates supplémentaires. Saler et poivrer, puis ajouter de la sauce Worcestershire ou chili, au goût.

751 BARBOTINE AVOCAT ET FINES HERBES

Préparer la variante Barbotine tomate et fines herbes en ajoutant la chair de ½ avocat et un trait de jus de citron dans le mélangeur avec le mélange aux tomates surgelé.

Note – Assurez-vous que l'avocat est froid avant de le mixer.

Pour faire la fête

Tous aiment faire la fête, mais ceux qui ne boivent pas d'alcool se retrouvent souvent devant un choix médiocre de boissons commerciales sans originalité, riches en sucre et en agents de conservation, et qui manquent de saveur. Ce chapitre peut y remédier à tout jamais. Il fourmille d'idées sur la préparation de boissons fruitées aux couleurs vives qui plairont et raviront vos invités qui ne boivent pas d'alcool dans les fêtes, et d'autres qui peuvent même se décupler pour servir une foule. Riches en nutriments, délicieuses au goût et un plaisir pour les yeux, ces boissons sont le clou du spectacle et, ce qui est encore mieux, mais ne le dites à personne, elles exigent très peu d'effort.

752 Panaché melon et gingembre

Voici une boisson rafraîchissante qui accompagne bien un repas d'été… et, en outre, le gingembre facilite la digestion.

INGRÉDIENTS

2 cantaloups, melons miel
  Honeydew ou melons
  Galia, hachés
½ orange, hachée
75 cm (3 po) de racine
  de gingembre, pelée
Eau pétillante

Passer le melon, l'orange et le gingembre dans l'extracteur à jus. Verser dans des verres et combler d'eau pétillante.

DONNE 4 à 6 verres

CONSEIL PRATIQUE

Coupez le melon en morceaux, car l'extracteur à jus les réduit plus efficacement.

variantes

753 JUS MELON ET GINGEMBRE

Préparer le Panaché melon et gingembre en omettant l'eau pétillante et en le servant sur de la glace broyée.
Note – C'est un jus agréable à servir comme apéritif avec des bretzels.

754 PANACHÉ MELON, GINGEMBRE ET POMME

Préparer le Panaché melon et gingembre en ajoutant 2 grosses pommes en quartiers aux melons.
Note – Le panaché ne sera pas moins délicieux si vous omettez le gingembre.

755 PANACHÉ MELON, GINGEMBRE ET CONCOMBRE

Préparer le Panaché melon et gingembre en ajoutant 1 gros concombre et 2 limes pelées dans l'extracteur à jus.
Note – Servir avec un sauté à la chinoise.

756 PANACHÉ MELON ET MENTHE

Utiliser 1 melon miel Honeydew et 1 cantaloup, et passer avec 8 brins de menthe.
Note – Coupez en cubes les restes de chair de melon et congelez-les. Ces cubes peuvent être utilisés directement du congélateur.

757 VELOUTÉ DE MELON

Préparer l'une ou l'autre des variantes et procéder par petits lots en utilisant le mélangeur au lieu de l'extracteur à jus. Le panaché sera plus épais, mais aussi joli une fois comblé d'eau pétillante.

758 Boisson ananas, citronnelle et cardamome

Dans la cuisine occidentale, la cardamome est bien connue pour épicer les caris ou les plats de style asiatiques. Pourtant, en Asie du Sud et au Moyen-Orient, on l'utilise couramment aussi dans des préparations sucrées ; son chaud parfum s'associe magnifiquement à un jus à saveur asiatique comme celui-ci.

INGRÉDIENTS

2 ananas, pelés	Graines de 8 capsules
2 limes, pelées	de cardamome
4 tiges de citronnelle, parées	

Passer les ananas, les limes et les tiges de citronnelle dans l'extracteur à jus. Ajouter en brassant les graines de cardamome au jus. Verser dans des verres et servir immédiatement.

DONNE 4 à 6 verres

CONSEIL D'ACHAT

La citronnelle fraîche devrait être lourde et ferme, et ressembler plutôt à un gros oignon vert pâle. Si elle est légère ou ridée, elle a probablement séché sur l'étalage.

Variantes

759 BOISSON ANANAS, CITRONNELLE ET PIMENT

Préparer la Boisson ananas, citronnelle et cardamome en remplaçant la cardamome par 1 à 3 piments rouges épépinés. Les piments doivent être passés à l'extracteur, plutôt qu'ajoutés à la fin.
Note – Comme toujours, passez le piment à la fin et ajoutez-le peu à peu.

760 BOISSON ANANAS, CITRONNELLE ET MENTHE

Préparer la Boisson ananas, citronnelle et cardamome en remplaçant la cardamome par 8 brins de menthe fraîche.
Note – On peut aussi préparer le jus avec 8 feuilles de sauge.

761 BOISSON ANANAS, CITRONNELLE ET GINGEMBRE

Préparer la Boisson ananas, citronnelle et cardamome en remplaçant la cardamome par 10 cm (4 po) de racine de gingembre pelée. Le gingembre doit être passé à l'extracteur plutôt qu'ajouté à la fin.
Note – Servir avec des plats de nouilles de style Asie du Sud-Est.

762 BOISSON ANANAS, GINGEMBRE ET PIMENT

Préparer la Boisson ananas, citronnelle et cardamome en omettant la cardamome et en remplaçant la citronnelle par 10 cm (4 po) de racine de gingembre pelée et 2 à 4 piments rouges épépinés.

763 Granité pastèque et menthe

Le granité est un dessert italien semi-gelé, préparé avec du sucre, de l'eau et des arômes, le plus souvent de fruits ou de café. La texture du granité une fois prêt varie d'une région à une autre. C'est une combinaison légère et parfumée, d'apparence et de goût exotique, rafraîchissante et délectable.

INGRÉDIENTS

2 kg (4 ½ lb) de pastèque,   Glaçons
coupée en morceaux   Petit bouquet de menthe fraîche

Passer la pastèque dans l'extracteur à jus. En travaillant par lots, mettre 10 glaçons dans le mélangeur, verser de petites quantités de jus sur les glaçons, puis ajouter les feuilles de 3 brins de menthe. Mixer jusqu'à ce que ce soit homogène et glacé. Verser dans des verres et servir immédiatement.

DONNE 6 à 8 verres

CONSEIL PRATIQUE

C'est un granité de style barbotine. Il se prépare plus rapidement que le granité traditionnel, qui exige plusieurs heures de congélation.

variantes

764 GRANITÉ PASTÈQUE ET AGRUMES

Préparer le Granité pastèque et menthe en ajoutant au jus de pastèque le jus de 1 orange pelée et hachée et le jus de 1 ½ lime hachée et pelée.
Note – Le jus de pastèque devrait contenir assez de sucre, mais ajouter un peu de sucre glace pour contrebalancer la lime, si nécessaire.

765 GRANITÉ PASTÈQUE, GINGEMBRE ET AGRUMES

Préparer la variante Granité pastèque et agrumes en passant 7,5 cm (3 po) de racine de gingembre dans l'extracteur à jus avec les autres ingrédients.
Note – Garnissez le verre d'un brin de menthe supplémentaire, si désiré.

766 GRANITÉ PASTÈQUE, LAVANDE ET EAU DE ROSE

Réduire en jus 1 lime pelée et hachée et ajouter au jus de pastèque. Remplacer la menthe par 10 ml (2 c. à thé) de lavande culinaire séchée, 10 à 15 ml (2 à 3 c. à thé) d'eau de rose, au goût, et une pincée de sel.
Note – Remplacez la lavande par du sirop de lavande.

767 GRANITÉ FRAISE ET MENTHE

Préparer le Granité pastèque et menthe en remplaçant la pastèque par 1 kg (2 ¼ lb) de fraises.
Note – Vous pouvez servir ce granité comme dessert faible en calories, garni de fraises et de framboises fraîches.

Le granité est un dessert faible en calories.

768 · GRANITÉ MANGUE ET MENTHE

Préparer le Granité pastèque et menthe en remplaçant la pastèque par 1 kg (2 ¼ lb) de mangue pelée et hachée.
Note – Préparez ces granités à l'avance et gardez-les au congélateur jusqu'à 30 minutes avant de servir.

769 · GRANITÉ POMME ET MENTHE

Préparer le Granité pastèque et menthe en remplaçant la pastèque par 12 pommes.
Note – Préparer le jus avant l'arrivée des invités et préparez les granités frais sur demande.

770 · GRANITÉ POMME ET ESTRAGON

Préparer la variante Granité pomme et menthe en remplaçant la menthe par l'estragon.
Note – Ce granité accompagne parfaitement un plat de poulet.

771 · GRANITÉ POMME ET BASILIC

Préparer la variante Granité pomme et menthe en remplaçant la menthe par du basilic frais.
Note – En saison, utilisez des oranges sanguines pour leur couleur sensationnelle.

772 Thé glacé marocain à la menthe

Les Marocains, comme plusieurs autres peuples d'Afrique du Nord, boivent du thé toute la journée ; ils en offrent à la famille, aux amis et aux étrangers de passage comme symbole d'hospitalité et de bienveillance.

INGRÉDIENTS

15 ml (1 c. à soupe) de thé vert, ou 3 sachets de thé vert
10 brins de menthe fraîche, et un surplus pour garnir
1 l (4 tasses) d'eau bouillante
45 ml (3 c. à soupe) environ de sucre
Glace broyée

Mettre les feuilles ou les sachets de thé dans une théière ou un récipient résistant à la chaleur, ajouter la menthe et verser l'eau. Laisser infuser 3 minutes. Égoutter, sucrer au goût et laisser refroidir.

Verser sur la glace broyée, déjà parsemée de feuilles de menthe, et servir immédiatement.

DONNE 4 verres

POUR SERVIR

Les Marocains servent le thé dans de jolis verres colorés : une façon magnifique de présenter ce thé.

Variantes

773 THÉ MAROCAIN TRADITIONNEL

Préparer le Thé glacé marocain à la menthe, mais verser le thé immédiatement après l'avoir sucré ; servir bouillant ou chaud.
Note – Les Marocains aiment faire mousser le thé. Donc, préparez cette boisson dans une théière, puis versez-la cérémonieusement, d'une bonne hauteur, dans des verres résistants à la chaleur.

774 THÉ GLACÉ MAROCAIN CITRON ET MENTHE

En préparant le Thé glacé marocain à la menthe, trancher finement ½ citron et ajouter dans la théière avec la menthe. Servir avec une tranche de citron.
Note – Ce thé est délicieux avec un gâteau orange et miel ou une tranche de baklava.

775 THÉ GLACÉ MAROCAIN PÊCHE ET MENTHE

En préparant le Thé glacé marocain à la menthe, trancher ½ pêche en quatre et ajouter dans la théière avec la menthe. Remettre la pêche dans le liquide une fois celui-ci passé au tamis, pour infuser. Retirer avant de servir. Servir avec une tranche de pêche fraîche.
Note – Pour un goût de pêche plus doux, ne remettez pas les tranches de pêche dans la théière pour infuser. Servez-les plutôt comme dessert avec de la crème glacée.

776 THÉ GLACÉ MAROCAIN GRENADE ET LIME

Préparer le Thé glacé marocain à la menthe en remplaçant la menthe par une lime finement tranchée. Ajouter 500 ml (2 tasses) de jus de grenade au thé refroidi.
Note – En Afrique du Nord, les femmes cuisinent, mais pas les hommes. Toutefois, c'est le chef de famille ou l'homme le plus respecté du groupe qui prépare le thé.

777 THÉ GLACÉ MAROCAIN À LA CLÉMENTINE

Préparer le Thé glacé marocain à la menthe en remplaçant la menthe par une clémentine finement tranchée. Ajouter 125 ml (½ tasse) de jus de clémentine au jus refroidi.
Note – Ne sucrez le thé qu'après avoir ajouté le jus de clémentine.

778 THÉ GLACÉ MAROCAIN FLORAL

Préparer le Thé glacé marocain à la menthe en ajoutant 15 g (½ oz) de pétales de fleurs comestibles comme des fleurs d'oranger, d'hibiscus ou de calendule.
Note – Laissez flotter quelques fleurs comestibles à la surface du thé pour garnir.

779 Frappé mangue et raisin

En associant la riche saveur parfumée de la mangue aux notes fruitées du pétillant au raisin, cette boisson délicieuse devient un apéritif parfait.

INGRÉDIENTS

1 grosse mangue pelée, dénoyautée et tranchée
5 glaçons

600 ml (2 ½ tasses) de jus de raisin pétillant
Cerises au marasquin

Réserver quelques petites tranches de mangue pour la décoration, puis mettre le reste de chair de mangue dans le mélangeur avec les glaçons, puis mixer jusqu'à ce que ce soit homogène. Verser en tamisant dans un pichet, combler de jus de raisin pétillant et servir immédiatement avec les tranches de mangue réservées et les cerises au marasquin.

DONNE 3 à 4 verres

CONSEIL PRATIQUE

Si votre mélangeur ne brise pas les glaçons, mettez-les dans un sac à congélation refermable et broyez-les à l'aide d'un maillet avant de les mettre dans le mélangeur.

Variantes

781 FRAPPÉ PÊCHE ET RAISIN

Préparer le Frappé mangue et raisin en remplaçant la mangue par 2 petites pêches pelées, dénoyautées et hachées.
Note – Assurez-vous que les pêches sont mûres en vérifiant qu'elles sont jaune vif ou rouge vif, sans taches vertes. Si vous pressez légèrement, la chair devrait céder un peu.

782 FRAPPÉ MANGUE ET ORANGE

Préparer le Frappé mangue et raisin en remplaçant le jus de raisin pétillant par un soda à l'orange de bonne qualité.
Note – Lisez toujours les étiquettes. Certains sodas à l'orange sont préparés avec des oranges, mais d'autres ne sont qu'à saveur d'orange et contiennent des arômes artificiels.

783 FRAPPÉ FRUIT DE LA PASSION ET RAISIN

Préparer le Frappé mangue et raisin en remplaçant la mangue par la chair tamisée de 2 fruits de la Passion.
Note – Laisser les pépins des fruits de la Passion dans ce frappé gâcherait son raffinement.

780 FRAPPÉ CANTALOUP ET RAISIN

Préparer le Frappé mangue et raisin en remplaçant la mangue par ½ cantaloup pelé, épépiné et haché.
Note – Les pépins de cantaloup sont comestibles. Rôtissez-les à sec, saupoudrez-les de sel et de paprika, puis servez-les avec un apéritif.

784 FRAPPÉ MANGUE ET POMME

Préparer le Frappé mangue et raisin en remplaçant le soda par du jus de pomme pétillant.
Note – Cette boisson est magnifique servie dans un verre à cocktail refroidi au réfrigérateur.

785 Citronnade

La citronnade fraîchement pressée est sûrement la boisson pour laquelle les citrons existent. C'est toujours la version de cette boisson, telle que préparée par nos grands-mères et leurs grands-mères avant elles.

INGRÉDIENTS

4 à 5 citrons
1,25 l (5 tasses) d'eau filtrée
  ou minérale, divisée et un
  surplus pour diluer
225 g (8 oz) de sucre
Tranches de citron pour garnir

Couper en lanières le zeste de 2 citrons. Dans une petite casserole, combiner 250 ml (1 tasse) d'eau, le sucre et les lanières de zeste de citron. Cuire à feu doux, en brassant, jusqu'à ce que le sucre soit dissous. Laisser mijoter sans bouillir 5 minutes. Laisser refroidir.

Entre-temps, dans un presse-agrumes, presser les citrons (il faut 250 ml /1 tasse de jus). En versant le sirop de sucre dans un grand pichet, le tamiser pour retirer les zestes. Ajouter le jus de citron. Mêler, puis ajouter le reste d'eau. Le jus peut être préparé plusieurs heures à l'avance et gardé froid au réfrigérateur. Servir garni de tranches de citrons.

DONNE 6 à 8 verres

CONSEIL PRATIQUE

Si vous n'utilisez pas la citronnade immédiatement, ne remplissez pas le pichet de tranches de citron, car, avec le temps, l'écorce donnera un goût amer à la citronnade.

Variantes

786 CITRONNADE SICILIENNE

Préparer la Citronnade en ajoutant 10 brins de menthe avec le zeste de citron.
Note – Préparez des glaçons de citronnade pour que l'ajout de glaçons ne dilue pas la citronnade.

787 LIMONADE À LA FRAIS

Préparer la Citronnade en remplaçant les citrons par 7 à 8 limes. Dans mélangeur, réduire 225 g (8 oz) de fraises en purée. Passer dans un fin tamis non métallique pour retirer les graines. Ajouter dans le pichet a le jus de lime.
Note – C'est une bonne façon d'utiliser des fraises un peu trop mûr mais jetez celles qui sont moisies ou meurtries.

788 LIMONADE MEXICAINE À LA FRAISE

En préparant la variante Limonade à la fraise, avec un couteau tranchant, percer 6 trous dans 1 piment jalapeño et l'ajouter avec le zeste de lime.
Note – Percer des trous dans le piment permet l'infusion d'une note épicée subtile.

789 CITRONNADE ROSE

En préparant la Citronnade, réduire en purée dans le mélangeur 225 g (8 oz) de framboises. Passer dans un fin tamis non métallique pour retirer les graines. Ajouter dans le pichet avec le jus de citron.

790 CITRONNADE PASTÈQUE ET ROMARIN

Préparer la Citronnade en ajoutant les feuilles de 2 brins de romarin au zeste de citron. Ôter l'écorce et les pépins de 1,5 kg (3 ¼ lb) de pastèque. Mettre la chair en purée, par petites quantités, dans le mélangeur. Passer dans un fin tamis non métallique. Verser dans le pichet avec le jus de citron à la place de l'eau.

791 CERISADE À LA VANILLE

Préparer la Citronnade en ajoutant une gousse de vanille fendue avec le zeste de citron. Mettre en purée dans le mélangeur 225 g (8 oz) de cerises coupées en deux et dénoyautées. Verser dans le pichet avec le jus de citron.

792 CITRONNADE THAÏE

Préparer la Citronnade en ajoutant ¼ de tige de citronnelle, 6 feuilles de basilic, 6 feuilles de coriandre et 6 feuilles de menthe au zeste de citron. Mettre 1 petit concombre en purée dans le mélangeur et le passer dans un fin tamis non métallique. Verser dans le pichet avec le jus de citron.
Note – Essayez de trouver du basilic thaï pour une boisson plus authentique.

793 LIMONADE BRÉSILIENNE CRÉMEUSE

Préparer la Citronnade en remplaçant les citrons par 7 à 8 limes. Ajouter 75 ml (⅓ tasse) de lait concentré sucré dans le pichet, puis ajouter en brassant le jus de lime.
Note – Combler avec de l'eau pétillante.

794 CITRONNADE AU PAMPLEMOUSSE ROSE

Préparer la Citronnade en remplaçant l'eau par du jus de pamplemousse rose fraîchement pressé.
Note – Si cette boisson est trop acide à votre goût, diluez-la avec un peu d'eau.

795 Limonade instantanée

Voici ce qu'on vous sert dans un café au Mexique, au Brésil et dans les pays voisins quand vous demandez une *limonada*. Comme elle se prépare en quelques minutes, on peut donc la préparer sur demande au cours d'un dîner de fête.

INGRÉDIENTS

4 limes, pelées et grossièrement hachées
150 gr (5 ¼ oz) de sucre
250 ml (1 tasse) d'eau filtrée ou minérale

750 ml à 1,25 l (3 à 5 tasses) d'eau filtrée ou minérale, ou de soda

Mettre les limes, le sucre et 250 ml (1 tasse) d'eau dans le mélangeur, puis mixer jusqu'à ce que les limes soient pulvérisées et le liquide obtenu, crémeux et mousseux.

Verser le mélange dans un fin tamis non métallique au-dessus d'un pichet, en pressant le mélange pour extraire le plus de jus possible. Combler au goût avec l'eau ou le soda et servir immédiatement.

DONNE 6 verres

CONSEIL PRATIQUE

Ne pressez jamais une lime qui sort du réfrigérateur. Les limes donnent plus de jus quand elles sont pressées à la température de la pièce, ou après 10 secondes au micro-ondes.

Variantes

797 LIMONADE À L'HIBISCUS

En utilisant 4 sachets de thé à l'hibiscus et 8 brins de menthe, préparer une infusion forte de thé à l'hibiscus. Laisser refroidir. Dans un pichet, combiner avec la recette Limonade instantanée ou la variante Citronnade instantanée.
Note – Pour une version alternative, préparez la Limonade instantanée, mais comblez avec le Panaché à l'hibiscus (voir la page 158).

798 PÉTILLANT AU GINGEMBRE VITE FAIT

Préparer la Limonade instantanée en ajoutant 5 cm (2 po) de racine de gingembre dans le mélangeur avec les limes. Combler avec du soda.
Note – Les limes des Keys sont plus petites que les autres limes et leur pelure est plus fine. Elles sont plus astrigentes que les limes communes et leur saveur est amère.

799 LIMONADE À LA MANGUE VITE FAITE

Préparer la Limonade instantanée en ajoutant 170 g (6 oz) de mangue hachée avec les limes.
Note – Servez avec un sirop complémentaire comme le sirop de romarin, de framboise ou de vanille. Les invités peuvent utiliser ces sirops pour sucrer éventuellement la limonade si elle est trop acide à leur goût.

796 CITRONNADE INSTANTANÉE

Préparer la Limonade instantanée en remplaçant les limes par 3 citrons.

800 LIMONADE VITE FAITE AU FRUIT DE LA PASSION

Préparer la Limonade instantanée en ajoutant la chair de 3 fruits de la Passion aux limes.
Note – Achetez des limes biologiques non cirées et lavez-les soigneusement.

801 Punch de Noël aux canneberges

Ce punch est préparé à partir de canneberges cuites avec du sucre et des épices pour faire ressortir la fragrance de Noël.

INGRÉDIENTS

300 g (10 ½ oz) de canneberges fraîches
250 g (8 ¾ oz) de sucre granulé ou de cassonade
4 lanières de zeste d'orange
6 clous de girofle
6 baies de piment de la Jamaïque
2 (7,5 cm/3 po) bâtonnets de cannelle
1 anis étoilé

175 ml (¾ tasse) d'eau
310 ml (1 ¼ tasse) de jus d'orange, fraîchement pressé de préférence
75 ml (⅓ tasse) de jus de lime, fraîchement pressé de préférence
1,5 l (6 tasses) environ de soda, froid

Dans une casserole, mettre les canneberges, le sucre, le zeste d'orange, les clous de girofle, les baies de piment de la Jamaïque, la cannelle, l'anis et l'eau. Cuire à feu moyen, en brassant à l'occasion, 8 à 10 minutes ou jusqu'à ce que les canneberges commencent à éclater. Laisser refroidir un peu, puis passer le mélange dans un fin tamis non métallique au-dessus d'un bol à punch ou d'un pichet, en pressant le mélange pour extraire autant de pulpe de fruit que possible. Laisser refroidir.

Ajouter en brassant les jus de lime et d'orange dans le bol ou le pichet. Au moment de servir, ajouter le soda, au goût.

DONNE environ 20 verres

CONSEIL PRATIQUE

Préparer le punch la veille de la fête, en n'ajoutant le soda qu'au moment de servir.

Variantes

802 PUNCH DE NOËL AU GINGEMBRE

Préparer le Punch de Noël aux canneberges en omettant les baies de piment de la Jamaïque et l'anis étoilé et en ajoutant 30 ml (2 c. à soupe) de racine de gingembre râpée. Remplacer le soda par de la bière de gingembre.
Note – Si vous n'avez pas de bol à punch, utilisez un grand bol à salade et une louche. Vous pouvez le mettre au centre d'une couronne de houx, ou décorer l'extérieur du bol.

803 PUNCH DE NOËL VITE FAIT

Remplacer la sauce aux canneberges maison par 2 boîtes de 450 g (1 lb) de sauce aux canneberges entières du commerce et les mixer dans le robot culinaire jusqu'à ce que la sauce soit lisse. Continuer la recette Punch de Noël aux canneberges tel qu'indiqué.

804 PUNCH DE NOËL CRÉOLE

Ajouter 310 ml (1 ¼ tasse) de jus d'ananas, fraîchement réduit de préférence, au Punch de Noël aux canneberges avec les autres jus.
Note – Préparez cette variante avec du soda, de la bière de gingembre ou de la limonade pétillante.

805 PUNCH DE NOËL AU SORBET LAITIER

Préparer le Punch de Noël aux canneberges en ajoutant 1 l (4 tasses) de sorbet à l'orange, aux canneberges ou aux framboises avec le soda.
Note – Ajoutez à la dernière minute la moitié du sorbet directement du congélateur, puis le reste quand il commence à fondre.

806 PUNCH À LA RHUBARBE

Préparer le Punch de Noël aux canneberges en remplaçant les canneberges par 900 g (2 lb) de rhubarbe hachée. Remplacer le jus d'orange par du jus d'ananas, si désiré.

807 PUNCH RHUBARBE ET GINGEMBRE

Préparer la variante Punch à la rhubarbe en omettant les baies de piment de la Jamaïque et l'anis étoilé, et en ajoutant 30 ml (2 c. à soupe) de racine de gingembre râpée. Cuire 10 à 15 minutes, jusqu'à ce que la rhubarbe soit tendre. Remplacer le soda par de la bière de gingembre.

808 Apéritif vert

Cette boisson désaltérante est légère, rafraîchissante et facile à boire. C'est une bonne entrée avant un repas officiel ou un buffet. Vous pouvez la préparer à l'avance et la garder réfrigérée jusqu'au moment de servir.

INGRÉDIENTS

1 concombre
1 melon miel Honeydew, ou
   1 melon Ogen, pelé et haché

2 branches de céleri
6 brins de menthe fraîche

Mettre tous les ingrédients dans l'extracteur à jus. Verser dans des verres et servir immédiatement.

DONNE 4 verres

CONSEIL PRATIQUE

Le melon Ogen est délicieux, mais tout melon à chair verte fera l'affaire.

Variantes

809 APÉRITIF VERT CONCOMBRE ET MELON

Préparer l'Apéritif vert en omettant la menthe et le céleri et en augmentant la quantité de concombre à 1 ½.
Note – Si vous achetez un concombre anglais, vous n'aurez besoin que de ⅔ de concombre pour l'Apéritif vert et de 1 concombre pour cette variante.

810 APÉRITIF VERT MENTHE ET GINGEMBRE

Préparer l'Apéritif vert en ajoutant 4 cm (1 ½ po) de racine de gingembre pelée aux autres ingrédients.
Note – Utilisez un sirop de gingembre (voir la page 252) si vous n'avez pas de gingembre frais.

811 APÉRITIF VERT CONCOMBRE, POMME ET MENTHE

Préparer l'Apéritif vert en omettant le melon et le céleri et en ajoutant 2 pommes en quartiers.
Note – Cette boisson accompagnerait parfaitement un antipasto de charcuteries.

812 APÉRITIF VERT CONCOMBRE ET CÉLERI

Préparer l'Apéritif vert en omettant le melon et la menthe et en augmentant la quantité de céleri à 4 branches et le concombre à 1 ½.

813 APÉRITIF VERT À LA SAUCE TABASCO

Préparer l'Apéritif vert en ajoutant quelques gouttes de sauce Tabasco et quelques gouttes de jus de lime dans chaque verre.
Note – Servez la sauce Tabasco et les quartiers de lime à la table : ainsi chacun pourra assaisonner son jus à son goût.

814 APÉRITIF VERT À L'ORANGE

Préparer l'Apéritif vert en ajoutant 1 grosse orange pelée et hachée aux autres ingrédients.
Note – Servez sur des glaçons au jus de melon dans de petits verres à cocktail.

815 APÉRITIF VERT CONCOMBRE ET FRAISE

Préparer l'Apéritif vert en remplaçant le melon par 450 g (1 lb) de fraises.
Note – Il est préférable d'utiliser des fraises bien mûres pour le jus, car les fraises moins mûres contiennent moins de jus et sont aussi moins sucrées et savoureuses.

816 SMOOTHIE APÉRITIF VERT

Peler le concombre et détacher les feuilles des brins de menthe. Répartir en 2 ou 3 lots, selon la capacité de votre mélangeur. Mixer jusqu'à ce que ce soit homogène.

817 Sangria sans alcool

Cette fantastique boisson vous transportera dans les bars ensoleillés du sud de l'Espagne. C'est un délicieux mélange de jus de raisin et de fruits. Choisissez un jus de raisin rouge de bonne qualité et gorgé de saveur, car il remplace le goût corsé du vin rouge espagnol.

INGRÉDIENTS

4 prunes pourpres, dénoyautées et tranchées
3 oranges, pelées et hachées
2 citrons, pelés et hachés
1 lime, pelée et hachée
6 brins de menthe
700 ml (3 tasses) de jus de raisin rouge, froid
250 ml (1 tasse) de jus de grenade, froid

1 petite pomme rouge, le cœur enlevé et tranchée
4 kumquats, tranchés
1 carambole, tranchée
2 brins de romarin
2 (7,5 cm/3 po) bâtonnets de cannelle
Glace broyée

Passer les prunes, les oranges, les citrons, la lime et la menthe dans l'extracteur à jus. Dans un pichet, combiner ce jus avec le jus de raisin rouge et le jus de grenade. Ajouter les pommes, les kumquats, la carambole, le romarin et la cannelle. Laisser infuser 1 heure. Servir sur de la glace broyée.

DONNE 6 à 8 verres

CONSEIL PRATIQUE

Pour préparer des glaçons géants aux agrumes, qui sont spectaculaires dans un pichet, mettez une mince tranche de citron ou de lime dans chaque coupelle d'un moule à muffins (ceux en silicone sont les meilleurs) et remplir aux deux tiers d'eau. Congelez jusqu'à ce qu'ils soient requis.

Variantes

818 SANGRIA SANS ALCOOL AU GOJI

Préparer la Sangria sans alcool en remplaçant le jus de grenade par du jus de goji.
Note – N'oubliez pas de manger tous les jolis fruits infusés ; sinon, ils peuvent être dégustés plus tard dans du yogourt.

819 SANGRIA BLANCHE SANS ALCOOL

Préparer la Sangria sans alcool en remplaçant le jus de raisin rouge par du jus de raisin blanc, les prunes pourpres par des prunes jaunes et le jus de grenade par le jus de 3 pommes acides.

820 SANGRIA SANS ALCOOL À LA PÊCHE

Préparer la Sangria sans alcool en remplaçant les prunes par 2 pêches pelées et dénoyautées.
Note – Les kumquats sont de petits agrumes à l'écorce tendre et sucrée qui peuvent être mangés en entier.

821 SANGRIA SANS ALCOOL PÉTILLANTE

Préparer la Sangria sans alcool en remplaçant le jus de raisin par du jus de raisin pétillant. Remplir les verres aux trois quarts et combler avec du soda, du soda citron-lime ou du soda à l'orange. Servir immédiatement.

822 VIN CHAUD SANS VIN

Préparer la Sangria sans alcool en remplaçant la pomme, les kumquats et la carambole par 1 orange tranchée. Verser dans une casserole. Ajouter 15 ml (1 c. à thé) de baies de piment de la Jamaïque, 3 ml (½ c. à thé) de grains de poivre et 4 cm (1 ½ po) de racine de gingembre. Laisser mijoter 10 minutes. Servir chaud.

823 Jus d'Halloween

Le vert sinistre de ce jus en fait la boisson parfaite pour l'Halloween, mais les enfants l'adoreront à tout moment de l'année.

INGRÉDIENTS

4 kiwis, pelés
600 g (1 ¼ lb) de raisins verts sans pépins

1 petit melon miel Honeydew, pelé et haché
6 pommes vertes

Passer tous les ingrédients dans l'extracteur à jus. Verser dans les verres et servir immédiatement.

DONNE environ 6 verres

POUR SERVIR

Pour un effet spectaculaire, trouvez des pailles noires et des gobelets en plastique décorés de toiles d'araignées ou de fantômes. Givrez le bord des verres de sucre orangé.

824 JUS D'HALLOWEEN AVEC ASTICOTS

Préparer le Jus d'Halloween en ajoutant des asticots à la gelée dans les verres pour un effet encore plus dramatique.
Note – Les lacets de réglisse rouge ou noire seraient aussi des ajouts amusants.

825 JUS MONSTRE ROUGE

Préparer le Jus d'Halloween en remplaçant les kiwis, les raisins verts et le melon par 4 prunes pourpres, des raisins rouges sans pépins et de la pastèque hachée.

826 JUS RAISIN ET KIWI

Préparer le Jus d'Halloween en omettant le melon miel Honeydew et les pommes. Ajouter 2 kiwis de plus et doubler la quantité de raisins.
Note – Le kiwi est bon pour les femmes enceintes.

827 JUS RAISIN ET MELON

Préparer le Jus d'Halloween en omettant les kiwis et les pommes. Augmenter la quantité de raisins à 800 g (1 ¾ lb) et utiliser 1 gros melon miel Honeydew.
Note – Le melon et les raisins sont tous deux faibles en calories.

828 Panaché à la cerise

La saveur acide des cerises est très rafraîchissante, ce qui rend ce jus très désaltérant.

INGRÉDIENTS

150 g (5 ¼ oz) de cerises, dénoyautées
2 pommes

2 oranges, pelées et hachées
500 ml (2 tasses) de soda

Passer les fruits dans l'extracteur à jus. Verser dans des verres et combler de soda. Servir immédiatement.

DONNE environ 4 verres

POUR SERVIR

Servez avec une cerise au marasquin enfilée sur un cure-dent déposé sur le bord du verre.

variantes

829 PANACHÉ CERISE ET POMME

Préparer le Panaché à la cerise en remplaçant les oranges par 2 autres pommes.
Note – Choisissez des pommes sucrées pour contrebalancer l'acidité des cerises.

830 PANACHÉ CERISE ET PÊCHE

Préparer le Panaché à la cerise en remplaçant les pommes par 1 pêche pelée et dénoyautée.
Note – Achetez les cerises en été quand elles sont abondantes et congelez-les pour un usage ultérieur.

831 PANACHÉ CERISE ET FRAISE

Préparer le Panaché à la cerise en remplaçant 50 g (1 ¾ oz) de cerises fraîches par 50 g (1 ¾ oz) de fraises.
Note – Décongelez les fraises et les cerises avant de les réduire en jus.

832 PANACHÉ AUX PETITS FRUITS

Préparer le Panaché à la cerise en remplaçant 50 g (1 ¾ oz) de cerises fraîches par 50 g (1 ¾ oz) de framboises.
Note – Remplacez le soda par 250 ml (1 tasse) d'eau plate. Mettre dans un thermos pour le dîner.

Servir garnie de quelques cerises dénoyautées pour une boisson d'été rafraîchissante et raffinée.

833 PANACHÉ CERISE ET MENTHE

Préparer le Panaché à la cerise en ajoutant 8 feuilles de menthe fraîche aux ingrédients et servir garni de menthe fraîche.

834 PANACHÉ CERISE ET POIRE

Préparer le Panaché à la cerise en remplaçant les pommes par des poires.
Note – Des poires très tendres boucheront l'extracteur à jus. Donc, choisissez des poires fermes mais mûres, et hachez-les avant de les réduire.

835 Frappé à la tomate

Un accompagnement rafraîchissant pour le brunch. Faites-vous des jus de tomate en saison ; il n'y a rien en bouteille qui puisse rivaliser avec ce goût.

INGRÉDIENTS

15 ml (1 c. à soupe) d'huile d'olive
1 petit oignon rouge, finement haché
¼ de poivron rouge, finement haché
¼ de branche de céleri, finement hachée
5 ml (1 c. à thé) de sucre
15 ml (1 c. à soupe) de jus de lime
1 ml (¼ c. à thé) de sauce Worcestershire
Pincée de sel
1 l (4 tasses) de jus de tomate, fraîchement réduit de préférence
Quartiers de lime, pour servir

Dans une petite poêle, chauffer l'huile d'olive. Ajouter l'oignon et faire sauter 2 minutes. Ajouter le poivron et le céleri. Continuer la cuisson jusqu'à ce que les légumes soient très tendres.

Mettre les légumes cuits, le sucre, le jus de lime, la sauce Worcestershire et le sel dans le mélangeur avec 250 ml (1 tasse) de jus de tomate. Mixer jusqu'à ce que ce soit homogène. Combiner avec le reste de jus de tomate, verser dans une rôtissoire ou un contenant de congélation et congeler.

Environ 30 minutes avant de servir, sortir du congélateur et laisser en attente. Briser le mélange en morceaux, mettre dans le mélangeur en petites quantités et mixer à basse vitesse jusqu'à ce que ce soit homogène. Servir avec un quartier de lime.

DONNE 4 à 6 verres

CONSEIL PRATIQUE

325 g (11 ½ oz) de tomates donne environ 250 ml (1 tasse) de jus.

variantes

836 FRAPPÉ TOMATE ET CRESSON

Préparer le Frappé à la tomate en ajoutant un petit bouquet de cresson aux autres ingrédients dans le mélangeur.
Note – Si le cresson n'est pas disponible, vous pouvez lui substituer de la roquette.

837 FRAPPÉ À LA TOMATE AU CARI

Préparer le Frappé à la tomate en ajoutant 3 ml (½ c. à thé) de poudre de cari avec le poivron.
Note – La poudre de cari est un mélange contenant jusqu'à 20 épices, herbes et graines moulues, et sa saveur peut varier selon la marque et le pays d'origine. Évitez le cari de Madras ou une poudre de cari très forte, à moins que vous et vos invités soyez des amateurs éprouvés de mets piquants.

838 FRAPPÉ POIVRÉ À LA TOMATE

Préparer le Frappé à la tomate en ajoutant, avec la sauce Worcestershire, une généreuse dose de chacun : sauce au piment fort, poivre de Cayenne et poivre noir moulu.
Note – Servez avec un surplus de sauce Worcestershire ou Tabasco sur la table pour ceux qui aiment manger vraiment épicé.

839 FRAPPÉ TOMATE ET CONCOMBRE

Préparer le Frappé à la tomate en ajoutant ½ concombre pelé et épépiné dans le mélangeur avec le jus de tomate et en réduisant le jus de tomate à 750 ml (3 tasses).
Note – Vous pouvez réduire le concombre en jus sans le peler ni l'épépiner, si vous préférez.

840 FRAPPÉ À LA TOMATE À LA MEXICAINE

Préparer le Frappé à la tomate en ajoutant un avocat pelé et dénoyauté et 6 brins de coriandre dans le mélangeur avec le jus de tomate. Remplacer la sauce Worcestershire par de la sauce Tabasco.
Note – Remplacez la sauce Tabasco par un piment jalapeño épépiné, si vous préférez.

841 FRAPPÉ À LA TOMATE À L'ITALIENNE

Préparer le Frappé à la tomate, mais remplacer les légumes cuits par 1 courgette, 1 grosse carotte, 8 brins de basilic et 1 gousse d'ail. Combiner ce jus frais avec le jus de tomate. Remplacer la lime par du jus de citron.

842 Thé glacé aux pêches fraîches

Le thé glacé est une boisson populaire des fêtes d'été et lui ajouter du jus de pêche frais le rend encore plus alléchant.

INGRÉDIENTS

30 ml (2 c. à soupe) de thé noir en feuilles, ou 6 sachets
750 ml (3 tasses) d'eau filtrée ou minérale, bouillante
60 à 115 g (2 à 4 oz) de sucre au goût
4 grosses pêches, pelées et dénoyautées

1 citron, pelé et haché
750 ml (3 tasses) d'eau filtrée ou minérale, froide
Tranches de pêche, tranches de citron et feuilles de menthe, pour garnir

Mettre les feuilles de thé ou les sachets dans une théière ou un récipient résistant à la chaleur et y verser l'eau bouillante. Laisser infuser 10 minutes. Passer, si vous utilisez du thé en feuilles, ou enlever les sachets. Ajouter le sucre en brassant jusqu'à ce qu'il soit dissous. Laisser refroidir.

Passer les pêches et le citron dans l'extracteur à jus, puis verser le jus dans un pichet avec le thé refroidi. Combler d'eau froide. Ajouter les tranches de pêche, de citron et la menthe. Servir sur des glaçons.

DONNE 10 à 12 verres

CONSEIL PRATIQUE

Le thé *English Breakfast* est parfait pour cette recette.

Variantes

843 THÉ *EARL GREY* GLACÉ AUX PÊCHES FRAÎCHES

Préparer le Thé glacé aux pêches fraîches en utilisant du thé *Earl Grey*.
Note – Sucrez le thé avec un sucre à faible teneur en calories ou sans calorie, au goût.

844 CHAÏ GLACÉ AUX PÊCHES FRAÎCHES

Préparer le Thé glacé aux pêches fraîches en utilisant un thé chaï.
Note – Le chaï est gorgé d'arômes d'épices exotiques. Pour une autre touche tropicale, remplacez jusqu'à la moitié de l'eau froide par de l'eau de coco.

845 THÉ GLACÉ ORANGE ET CITRON

Préparer le Thé glacé aux pêches fraîches en remplaçant les pêches par le jus pressé de 2 petites oranges et de 1 autre citron.
Note – Réservez du zeste d'orange et de citron pour garnir.

846 THÉ GLACÉ AGRUMES ET ESTRAGON

Préparer la variante Thé glacé orange et citron en ajoutant 5 brins d'estragon avec les sachets de thé.
Note – Pour un verre au bord givré de sucre à l'estragon, saupoudre du sucre et de l'estragon finement ciselé dans une soucoupe, mouillez bord du verre et trempez-le dans le sucre pour l'enrober.

847 — THÉ GLACÉ HAWAÏEN

Préparer le Thé glacé aux pêches fraîches en remplaçant les pêches par ½ petit ananas pelé et haché et 3 brins de menthe.
Note – Vous pouvez utiliser 3 brins de sauge ananas plutôt que des brins de menthe.

848 — THÉ GLACÉ MANGUE ET ANANAS

Préparer le Thé glacé aux pêches fraîches en remplaçant les pêches par 1 mangue pelée et dénoyautée et ¼ d'ananas pelé et haché.
Note – Le thé Orange Pekoe convient bien à cette variante.

849 — THÉ GLACÉ AU CITRON

Préparer le Thé glacé aux pêches fraîches en remplaçant les pêches par le jus pressé de 3 citrons supplémentaires.
Note – Si le thé refroidit trop vite, les tanins qu'il contient le rendront trouble. Si cela arrive, ajoutez simplement un peu d'eau bouillante et il redeviendra clair.

850 — THÉ GLACÉ À LA MANGUE

Préparer le Thé glacé aux pêches fraîches en remplaçant les pêches par 2 mangues pelées et dénoyautées ou 375 ml (1 ½ tasse) de nectar de mangue.
Note – Les mangues biologiques Alphonso sont les meilleures.

851 — THÉ GLACÉ PÊCHE ET FRAMBOISE

Préparer le Thé glacé aux pêches fraîches en remplaçant une des pêches par 150 g (5 ¼ oz) de framboises.
Note – Ne soyez pas tenté d'ajouter les fruits avant que le thé ne soit complètement froid.

852 Refresco au cantaloup

Les *Refresco* sont des boissons aux fruits en mélange populaires au Mexique et dans les autres pays d'Amérique centrale, où on les achète auprès des vendeurs de rue. Ils sont une excellente façon d'essayer de nouveaux fruits exotiques.

INGRÉDIENTS

320 g (11 oz) de cantaloup pelé, épépiné et haché

10 à 20 ml (2 à 4 c. à thé) de piloncillo (sucre de canne non raffiné) ou de sucre granulé

30 à 60 ml (2 à 4 c. à soupe) de jus de lime

500 ml (2 tasses) d'eau filtrée ou minérale, froide

Mettre le cantaloup dans le mélangeur et mixer jusqu'à ce que ce soit homogène. Ajouter le piloncillo, ou le sucre, et le jus de lime, au goût. Le jus devrait être juste assez sucré et très acide. Verser dans un pichet et combler d'eau froide.

DONNE 4 verres

DIGNE D'INTÉRÊT

Le piloncillo (ou panela) est un type de sucre de canne non raffiné, de couleur brun doré, au goût riche et délicieux, semblable à celui de la mélasse. Traditionnellement, on le vend moulé en forme de cône dur, quoique des boutiques l'offrent en briques de formats variés.

Variantes

853 REFRESCO AU COROSSOL

Préparer le *Refresco* au cantaloup en remplaçant le cantaloup par 500 ml (2 tasses) de chair de corossol (*guanábana*). Servir garni d'un peu de muscade moulue. Vous pouvez aussi ajouter 15 à 30 ml (1 à 2 c. à table) de lait concentré sucré plutôt que du sucre.
Note – Le corossol est un fruit qui a presque la forme d'un cœur couvert de petites protubérances.

854 REFRESCO AU TAMARIN

Préparer le *Refresco* au cantaloup en remplaçant le melon par 1 paquet de 200 g (7 oz) de pulpe de tamarin. Passer le mélange de tamarin dans un tamis au-dessus d'un pichet avant d'ajouter l'eau.
Note – La pulpe de tamarin provient du tamarin, fruit semblable à une gousse, déjà préparé pour la cuisine.

855 REFRESCO ROSADO

Préparer le *Refresco* au cantaloup en remplaçant le cantaloup par 2 carottes moyennes et ¼ d'ananas pelé, le cœur enlevé et haché.
Note – Servez garni de noix finement hachées et d'un petit quartier d'ananas.

856 REFRESCO À LA MANGUE

Préparer le *Refresco* au cantaloup en remplaçant le cantaloup par 330 g (11 ½ oz) de mangue pelée, dénoyautée et hachée.
Note – Ces boissons sont parfois servies depuis des contenants de verre en forme de baril appelés *vitroleros*.

858 REFRESCO TANGERINE ET SAPOTE

Préparer le *Refresco* au cantaloup en remplaçant le cantaloup par 375 ml (1 ½ tasse) de chair de sapote et 250 ml (1 tasse) de jus de tangerine, fraîchement pressée de préférence.
Note – Le mot « sapote » réfère à plusieurs fruits tendres non apparentés que l'on trouve en Amérique Centrale et en Amérique du Sud.

859 REFRESCO AUX FRUITS DU DRAGON

Préparer le *Refresco* au cantaloup en remplaçant le cantaloup par 2 fruits du dragon. À la cuillère, retirer la chair et la mettre dans le mélangeur. Mixer jusqu'à ce qu'elle soit moelleuse. Passer la purée dans un fin tamis non métallique au-dessus d'un pichet et procéder tel qu'indiqué.
Note – *Pitaya* est un autre nom du fruit du dragon.

860 REFRESCO AUX FRUITS DE LA PASSION

Préparer le *Refresco* au cantaloup en remplaçant le cantaloup par 3 fruits de la Passion. Passer la chair dans un fin tamis non métallique au-dessus d'un pichet et procéder tel qu'indiqué.
Note – Garnir de quelques tranches de carambole.

857 REFRESCO A LA FRAISE

Préparer le *Refresco* au cantaloup en remplaçant le cantaloup par 300 g (10 ½ oz) de fraises.
Note – Si vous n'aimez pas les graines dans la boisson, passez-la dans un fin tamis non métallique.

861 REFRESCO AUX ABRICOTS

Préparer le *Refresco* au cantaloup en remplaçant le cantaloup par 10 abricots sans la peau et dénoyautés.
Note – Pour plus de rapidité, utilisez 500 ml (2 tasses) de nectar d'abricot de bonne qualité.

862 Pétillant aux raisins rouges

Voici une élégante combinaison de raisins sucrés et de pommes acides. Elle donne une excellente boisson à servir avec un repas ou elle peut également être utile comme boisson non alcoolisée à une fête où d'autres boivent du vin.

INGRÉDIENTS

900 g (2 lb) de raisins rouges sans pépins
8 pommes acides, en quartiers
1 citron, pelé et haché
Sucre glace, au goût
Glace broyée
500 ml (2 tasses) d'eau pétillante

Passer les raisins, les pommes et le citron dans l'extracteur à jus. Verser dans un pichet et sucrer au goût avec le sucre glace. Verser dans des verres sur de la glace broyée et combler d'eau pétillante.

DONNE 4 verres

POUR SERVIR

La pomme rend cette boisson particulièrement bonne à servir avec des plats de porc.

Variantes

863 PÉTILLANT RAISINS ROUGES ET FRAMBOISE

Préparer le Pétillant aux raisins rouges en ajoutant 100 g (3 ½ oz) de framboises aux raisins.
Note – Réservez quelques framboises entières pour garnir.

864 PÉTILLANT AUX RAISINS BLANCS

Préparer le Pétillant aux raisins rouges en remplaçant les raisins rouges par des raisins verts et 4 des pommes par ½ melon miel Honeydew ou melon Ogen.
Note – Les raisins sont classés parmi les baies parce que le fruit est un ovaire à maturité et que l'enveloppe est charnue.

865 PÉTILLANT AUX RAISINS VERTS

Préparer le Pétillant aux raisins rouges em remplaçant les raisins rouges par des raisins verts et 4 des pommes par 3 kiwis pelés.
Note – Servir avec de minces tranches de kiwi.

866 PÉTILLANT MOUSSEUX AUX RAISINS ROUGES

Prendre le quart des fruits mixés et sucrés, les mettre dans un shaker (coquetelier) avec 1 blanc d'œuf frais et agiter vigoureusement 30 secondes. Ajouter 3 glaçons et continuer d'agiter 1 minute. Passer au-dessus d'un verre et combler d'eau pétillante ou de soda. Servir avec un zeste de citron frisé.
Note – Les femmes enceintes devraient éviter les œufs frais.

Punch des caraïbes

Quand vient le temps de faire la fête, quoi de mieux qu'un grand bol de punch ? Vous pouvez utiliser des jus commerciaux de bonne qualité, parce que réduire un telle quantité de fruits serait toute une tâche et, le remplissage du bol une fois vide, une véritable corvée.

INGRÉDIENTS

1 l (4 tasses) de jus de grenade en bouteille, froid
1 l (4 tasses) de jus d'ananas en bouteille ou en boîte, non sucré, froid
60 ml (¼ tasse) de jus de lime

500 ml (2 tasses) de bière de gingembre, froide
500 ml (2 tasses) de soda, froid
Graines (arilles) de grenade, feuilles de menthe et petits quartiers d'ananas, pour garnir

Combiner tous les ingrédients dans un bol à punch et laisser flotter les arilles de grenade et les feuilles de menthe sur le dessus. Garnir chaque verre d'un quartier d'ananas.

DONNE environ 12 verres

CONSEIL PRATIQUE

Préparez des glaçons de jus de grenade la veille. Ainsi, les glaçons ne dilueront pas le punch.

variantes

868 PUNCH GRENADE ET PAMPLEMOUSSE

Préparer le Punch des Caraïbes en remplaçant le jus d'ananas par du jus de pamplemousse rose et en omettant le jus de lime.
Note – Si le punch n'est pas assez sucré, ajoutez en brassant du sirop d'agave, au goût.

869 PUNCH GRENADE ET BLEUET

Préparer le Punch des Caraïbes en remplaçant le jus de grenade par du jus de grenade et bleuet.
Note – Pour réduire les calories, remplacez la bière de gingembre par plus de soda.

870 PUNCH ABRICOT ET ORANGE

Préparer le Punch des Caraïbes en remplaçant les jus de grenade et d'ananas par 500 ml (2 tasses) de nectar d'abricot et 1,5 l (6 tasses) de jus d'orange.
Note – Pour une saveur plus complexe, ajoutez une pincée de cannelle et quelques gouttes d'extrait d'amande à ce punch.

871 PUNCH BARBOTINE DES CARAÏBES

En préparant le Punch des Caraïbes, combiner les jus et les mettre au congélateur toute la nuit. Retirer 2 heures avant l'utilisation. Juste avant de servir, ajouter la bière de gingembre et le soda. Servir en barbotine.
Note – Juste avant de servir, réduisez en purée 300 g (10 ½ oz) de fraises et versez en filet dans la barbotine.

 872 PUNCH *LUAU*

Préparer le Punch des Caraïbes en remplaçant le jus de grenade par du jus d'orange.
Note – *Luau* est le mot hawaïen pour désigner une fête où les plats typiques sont le poulet cuit dans le lait de coco ou *kalua*, et le porc cuit au barbecue. N'oubliez pas le *lei*, le collier de fleurs colorées.

873 PUNCH *LUAU* À LA NOIX DE COCO

Préparer la variante Punch *luau* en ajoutant une boîte de 410 g (15 oz) de lait de coco.
Note – Vous pouvez remplacer la bière de gingembre par du soda citron-lime, si vous préférez.

 874 PUNCH DES CARAÏBES AU SORBET

Préparer le Punch des Caraïbes en réduisant le jus de grenade à 250 ml (1 tasse) et en ajoutant 300 g (10 ½ oz) de sorbet à la lime, à l'orange ou à la framboise.
Note – Verser d'abord la bière de gingembre dans le bol à punch pour minimiser le pétillement.

cocktails sans alcool

L'objectif des cocktails sans alcool est avant tout le plaisir et ce chapitre est plein de sensations gustatives et de merveilles qui séduiront le palais. La différence entre un cocktail sans alcool et une boisson aux fruits est quelque chose d'audacieux, une profondeur de goût qui en fait une boisson pour adulte révélant un astucieux équilibre doux-amer. Ce chapitre contient un éventail de boissons courtes ou allongées, de boissons fruitées et épicées, de vieux classiques et de nouveaux candidats. Les sirops au début du chapitre peuvent être infusés d'épices et d'herbes pour servir de base à plusieurs recettes ultérieures. Ne soyez pas tenté de sauter cette étape. Leur préparation ne demande que quelques minutes, mais ils impressionneront considérablement vos invités.

875 Daïquiri pétillant à la fraise sans alcool

Parfaite pour le barbecue, cette boisson pétillante douce-amère fait oublier la chaleur de l'été. Si vous voulez une saveur plus proche de celle d'un vrai daïquiri, ajoutez quelques gouttes d'arôme de rhum. Le goût amer du soda au citron donne à la boisson une saveur distinctement adulte mais, pour une alternative plus douce, utilisez du soda citron-lime. Servez-le sur des glaçons dans un verre à eau ou un verre à gin *highball*.

INGRÉDIENTS

4 fraises, moyennes à grosses
10 ml (2 c. à thé) de sucre semoule
30 ml (2 c. à soupe) de jus de lime frais
350 ml (1 ½ tasse) de soda amer au citron ou de citron-lime de bonne qualité, froid
4 glaçons
Tranches de fraises et de lime, pour garnir

Mettre les fraises, le sucre, le jus de lime et un trait de soda amer au citron ou de soda citron-lime dans le récipient du mélangeur. Mixer à basse vitesse jusqu'à ce que ce soit en purée. Ajouter les glaçons et mixer jusqu'à ce que ce soit moelleux. Si votre mélangeur ne peut concasser les glaçons, ajouter plutôt des glaçons broyés ou de la glace broyée.

Diviser entre 2 verres et combler de soda amer au citron ou de soda citron-lime. Garnir de fraises et de lime.

DONNE 2 verres

CONSEIL PRATIQUE

Pour un cocktail sans alcool homogène, après le mixage, passer le mélange dans un fin tamis non métallique et jeter les graines. Mêler ensuite au soda.

Variantes

876 DAÏQUIRI À LA FRAISE SANS ALCOOL

Préparer le Daïquiri pétillant à la fraise sans alcool, mais utiliser 6 fraises et ajouter 45 ml (3 c. à soupe) de jus de grenade et 15 ml (1 c. à soupe) de lait. Ne pas combler avec le soda. Servir dans des verres à cocktail.
Note – Essayez d'éviter les fraises hors saison, produites en masse et ayant beaucoup voyagé : elles ont peu de saveur.

877 DAÏQUIRI BARBOTINE À LA FRAISE SANS ALCOOL

Préparer le Daïquiri pétillant à la fraise sans alcool, mais utiliser 6 fraises et 6 feuilles de menthe. Omettre le sucre. Ajouter 2 cuillerées de sorbet à l'orange. Mixer jusqu'à ce que ce soit homogène.
Note – Essayez cette recette comme dessert, servie dans de petits bols en verre, garnie de tranches de fraises et d'orange.

878 DAÏQUIRI PÉTILLANT MELON ET GINGEMBRE SANS ALCOOL

Préparer le Daïquiri pétillant à la fraise sans alcool en remplaçant les fraises par 160 g (5 ½ oz) de cantaloup épépiné et haché, et utiliser de la bière de gingembre plutôt que du soda amer au citron.

879 DAÏQUIRI PÉTILLANT À LA PASTÈQUE SANS ALCOOL

Préparer le Daïquiri pétillant à la fraise sans alcool en remplaçant les fraises par 210 g (7 ½ oz) de pastèque épépinée et hachée. Omettre le sucre.
Note – Les autres variantes peuvent être préparées avec une base de pastèque.

880 DAÏQUIRI PÉTILLANT À LA MANGUE SANS ALCOOL

Préparer le Daïquiri pétillant à la fraise sans alcool en remplaçant les fraises par 210 g (7 ½ oz) de mangue hachée.
Note – Un petit trait de lime rehausse toujours le goût de la mangue.

881 DAÏQUIRI PÉTILLANT À LA PÊCHE SANS ALCOOL

Préparer le Daïquiri pétillant à la fraise sans alcool en remplaçant les fraises par 1 petite pêche mûre, dénoyautée et pelée, et en ajoutant 30 ml (2 c. à soupe) de jus ou de nectar de pêche et 15 ml (1 c. à soupe) de lait. Remplacer le jus de lime par du jus de citron et omettre le soda citron-lime.
Note – Cette boisson se prépare bien avec des pêches en conserve dans leur jus. Utilisez le jus des fruits plutôt que du jus de pêche.

882 Bière de gingembre

Je vous présente ici un ingrédient essentiel dans plusieurs cocktails sans alcool. Un ingrédient qui combine à la fois le pétillement, le piquant et, élément tellement important, le panache. Vous devriez acheter une bière de gingembre de bonne qualité ; après tout, même la plus chère ne coûte qu'une fraction du coût du champagne, qu'elle remplace souvent. Mieux encore, préparez votre propre sirop de gingembre.

INGRÉDIENTS

250 ml (1 tasse) de sirop de gingembre
   intense (voir page 252)
1 l (4 tasses) de soda, froid

Verser le sirop de gingembre dans un pichet, puis ajouter le soda. Brasser pour mêler. Ajuster la proportion sirop et soda, au goût.

DONNE 4 à 6 verres

CONSEIL PRATIQUE

L'exacte quantité de sirop de gingembre pour la quantité de soda est affaire de goût. Prenez aussi en considération l'usage que vous ferez de la boisson. Pour un bellini au goût délicat, vous pourriez utiliser un rapport 1:5, mais vous pourriez préférer un rapport 1:4 si vous l'associez à un jus à saveur forte, comme l'ananas.

883 Sirop de gingembre intense

Ajouter un sirop aux herbes ou aux épices à une boisson peut transformer quelque chose d'ordinaire en merveille vraiment inattendue. Il est bon d'expérimenter pour découvrir les combinaisons de saveurs que vous aimez. Ajoutez environ 15 ml (1 c. à soupe) pour 250 ml (1 tasse) de jus.

INGRÉDIENTS

250 ml (1 tasse) d'eau
60 g (2 oz) de sucre
115 g (4 oz) de racine
   de gingembre, pelée
   et finement hachée

Dans une casserole à feu doux, mettre le sucre et l'eau et faire dissoudre le sucre en brassant. Augmenter le feu à moyen-fort et amener à ébullition. Laisser bouillir 1 minute. Ajouter le gingembre et laisser refroidir. Infuser 30 minutes avant de tamiser le mélange. Verser dans une petite bouteille ou un petit pot stérilisés. Le sirop épaissira en refroidissant. Il se conservera au réfrigérateur plusieurs mois.

DONNE 4 à 6 verres

CONSEIL PRATIQUE

En plus d'être la base de la bière de gingembre (voir page 251), le sirop de gingembre est excellent ajouté à des jus ou à des smoothies à base de jus d'orange ou d'ananas. Il est bon aussi en filet sur le yogourt du déjeuner, agrémenté d'une banane fraîche et de noix du Brésil hachées.

Variantes

SIROP DE VANILLE

Préparer le Sirop de gingembre intense en remplaçant le gingembre par 1 gousse de vanille fendue.
Note – Utilisez en combinaison avec des jus, des smoothies et des frappés aux petits fruits.

SIROP DE MENTHE

Préparer le Sirop de gingembre intense en omettant le gingembre. Une fois retiré du feu, ajouter 60 g (2 oz) de feuilles de menthe broyées. Infuser et continuer tel qu'indiqué.
Note – Essayez d'autres herbes, dont la verveine citronnée, la citronnelle, l'estragon et le basilic.

SIROP DE ROMARIN

Préparer le Sirop de gingembre intense en omettant le gingembre. Une fois retiré du feu, ajouter 4 brins de romarin grossièrement hachés, très légèrement broyés avec un maillet ou l'extrémité d'un rouleau à pâte. Infuser et continuer tel qu'indiqué.
Note – Les autres herbes à essayer incluent la sauge, le thym et les feuilles de laurier. Ces dernières donnent un joli sirop brouillé (fumé).

SIROP SIMPLE

Préparer le Sirop de gingembre intense, en omettant le gingembre et le temps d'infusion.
Note – Ce sirop est utilisé pour sucrer les cocktails sans alcool parce qu'il n'ajoute aucune saveur concurrentielle.

888 SIROP ANIS ÉTOILÉ ET ORANGE

Préparer le Sirop de gingembre intense en remplaçant le gingembre par 8 anis étoilés, 2 capsules complètes de cardamome et le zeste de ½ orange, coupé en lanières. Infuser et continuer tel qu'indiqué.
Note – Essayez-le avec du jus de pastèque ou d'ananas.

889 SIROP DE LAVANDE

Préparer le Sirop de gingembre intense en remplaçant le gingembre par 15 ml (1 c. à soupe) de fleurs de lavande. Infuser et continuer tel qu'indiqué.
Note – La lavande se marie bien au jus de citron et aux boissons à base de fraises.

890 SIROP DE CANNELLE

Préparer le Sirop de gingembre intense en remplaçant le gingembre par 3 bâtonnets de cannelle de 7,5 cm (3 po). Infuser et continuer tel qu'indiqué.
Note – Ajouter ¼ de gousse de vanille ou 2 grandes tranches de zeste d'orange pour une autre dimension de saveur. Vous pouvez aussi utiliser de la cassonade.

891 SIROP DE CITRONNELLE

Préparer le Sirop de gingembre intense en remplaçant le gingembre par 2 tiges de citronnelle hachées en petits morceaux. Infuser et continuer tel qu'indiqué.

892 SIROP DE GENÉVRIER

Préparer le Sirop de gingembre intense en remplaçant le gingembre par 15 ml (1 c. à soupe) de baies de genévrier. Infuser et continuer tel qu'indiqué.

893 Bellini framboise et menthe

Servi dans une élégante flûte à champagne, ce cocktail aux fruits sans alcool, pétillant et sophistiqué, devient la boisson de bienvenue idéale. Le fruit infuse très subtilement la boisson d'une note framboise-menthe. Par conséquent, utilisez la meilleure qualité que vous puissiez trouver.

INGRÉDIENTS

1 framboise
2 gouttes d'extrait de vanille
2 petites feuilles de menthe, légèrement broyées
Un généreux 75 ml (⅓ tasse) de jus de raisin blanc
Un généreux 75 ml (⅓ tasse) de bière de gingembre

Presser la framboise dans un fin tamis non métallique au-dessus d'une flûte à champagne. Ajouter la vanille et les feuilles de menthe. Remplir à moitié de jus de raisin blanc, puis combler de bière de gingembre. Servir immédiatement.

DONNE 1 verre

CONSEIL PRATIQUE

Le jus de raisin et la bière de gingembre doivent être glacés. Gardez les bouteilles dans un seau à glace pendant le service.

Variantes

894 BELLINI FRAISE ET MENTHE

Préparer le Bellini framboise et menthe en remplaçant la framboise par 1 fraise.
Note – Pour un goût un peu plus relevé, laissez tremper le fruit dans le jus de raisin blanc 1 heure avant de servir.

895 BELLINI FRAISE ET BALSAMIQUE

Préparer la variante Bellini fraise et menthe en remplaçant la vanille par 1 ml (¼ c. à thé) de vinaigre balsamique.
Note – Fraise et vinaigre balsamique sont une combinaison classique.

896 BELLINI DOUX À LA PÊCHE

Préparer le Bellini framboise et menthe en omettant la framboise, la vanille et la menthe. Dans un mélangeur, réduire en purée 1 pêche, pelée et dénoyautée. Remplir le verre au tiers avec la purée de pêche, combler de jus de raisin et de bière de gingembre.

897 BELLINI LITCHI ET BASILIC

Préparer le Bellini framboise et menthe en remplaçant la framboise et la menthe par 1 litchi et 1 petite feuille de basilic.
Note – Si possible, utilisez du basilic thaï. De même origine que le litchi, ils se marieront bien.

898 BELLINI CERISE ET VANILLE

Préparer le Bellini framboise et menthe en remplaçant la framboise et la menthe par 2 cerises mûres dénoyautées et en utilisant 4 gouttes de vanille.

899   BELLINI TANGERINE ET MENTHE

Préparer le Bellini framboise et menthe en remplaçant la framboise par 15 ml (1 c. à soupe) de jus de tangerine fraîchement pressé.
Note – Garnissez avec 2 quartiers de tangerine.

900   BELLINI POIRE ET FENOUIL

Préparer le Bellini framboise et menthe en remplaçant la framboise par le jus de ⅛ de poire. Garnir avec une pincée de feuilles de fenouil.
Note – Roulez délicatement le fenouil pour libérer sa saveur.

901   BELLINI POIRE ET GINGEMBRE

Préparer le Bellini framboise et menthe en remplaçant la framboise par le jus de ⅛ de poire. Garnir d'une très mince tranche de racine de gingembre.

902   BELLINI EAU DE ROSE ET GENÉVRIER

Préparer le Bellini framboise et menthe en remplaçant la framboise, la vanille et la menthe par 6 gouttes d'eau de rose et 3 gouttes de sirop de genévrier (voir page 253).
Note – L'utilisation de fines herbes ajoute de la profondeur.

903   BELLINI LAURIER ET GINGEMBRE

Préparer le Bellini framboise et menthe en remplaçant la framboise, la vanille et la menthe par 3 ml (½ c. à thé) de sirop de feuilles de laurier (voir sirop au romarin, page 252). Garnir d'une très mince tranche de racine de gingembre.

904 Délice clémentine, lavande et sauge

L'ajout de sirop aromatisé donne une autre dimension au jus de fruits frais. Vous trouverez une grande variété de sirops sur le marché, mais vous pouvez utiliser l'une des recettes de sirop présentées aux pages 252-253.

INGRÉDIENTS

250 ml (1 tasse) de jus de clémentine, fraîchement pressé de préférence
Glace broyée
1 feuille de sauge

5 à 10 ml (1 à 2 c. à thé) de sirop de lavande (voir page 252), ou au goût

Verser le jus de clémentine dans un grand verre contenant beaucoup de glace broyée et 1 feuille de sauge. Ajouter en brassant le sirop de lavande, au goût. Servir immédiatement.

DONNE 1 verre

CONSEIL PRATIQUE

Certaines personnes trouvent le jus fraîchement pressé trop intense ; si c'est le cas, diluez-le avec 60 ml (¼ tasse) d'eau filtrée ou minérale.

906 DÉLICE CLÉMENTINE ET MENTHE

Préparer le Délice clémentine, lavande et sauge en remplaçant le sirop de lavande par du sirop de menthe (voir page 252). Garnir d'un brin de coriandre ou de citronnelle.
Note – Bon aussi avec du jus de pamplemousse.

905 DÉLICE CLÉMENTINE, LAVANDE ET RAISIN

Préparer le Délice clémentine, lavande et sauge en utilisant seulement 125 ml (4 ¼ oz) de jus de clémentine et en ajoutant 125 ml (4 ¼ oz) de jus de raisin pétillant.

907 DÉLICE CLÉMENTINE ET GINGEMBRE

Préparer le Délice clémentine, lavande et sauge en remplaçant le sirop de lavande par du sirop de gingembre (voir page 252).
Note – Préparer cette boisson au premier signe d'un rhume.

908 Délice pastèque et genévrier

Par une chaude journée d'été, le jus de pastèque frais est une merveille. Affinez-le en ajoutant simplement un sirop aromatisé.

INGRÉDIENTS

250 ml (1 tasse) de jus
de pastèque
15 ml (1 c. à soupe) de jus
de lime
Glace broyée

1 petite feuille de laurier
5 à 10 ml (1 à 2 c. à thé)
de sirop de genévrier
(voir page 253)

Verser les jus de pastèque et de lime dans un grand verre contenant beaucoup de glace broyée et 1 feuille de laurier. Ajouter en brassant le sirop de genévrier, au goût. Servir immédiatement.

DONNE 1 verre

CONSEIL PRATIQUE

Il faut environ 225 g (8 oz) de pastèque pour obtenir 250 ml (1 tasse) de jus.

Variantes

909 DÉLICE PASTÈQUE ET ANIS ÉTOILÉ

Préparer le Délice pastèque et genévrier en remplaçant le sirop de genévrier par 1 anis étoilé et du sirop d'orange (voir page 253). Garnir de 1 petite feuille de laurier ou de 1 brin de menthe.
Note – La majeure partie du contenu nutritionnel d'une pastèque est dans la pelure. Par conséquent, considérez de ne pas la peler avant de la réduire en jus, quoique cela altère légèrement le goût.

910 DÉLICE PASTÈQUE ET ROMARIN

Préparer le Délice pastèque et genévrier en remplaçant le sirop de genévrier par du sirop de romarin (voir page 252).
Note – Cette boisson rafraîchissante accompagne bien les plats d'agneau ou de porc.

911 DÉLICE PASTÈQUE, GRENADE ET GENÉVRIER

Préparer le Délice pastèque et genévrier en n'utilisant que 125 ml (½ tasse) de jus de pastèque et en ajoutant 125 ml (½ tasse) de jus de grenade.
Note – La combinaison pastèque et grenade est appelée Viagra naturel. Les deux fruits ont des propriétés qui améliorent la structure des vaisseaux sanguins et qui, par conséquent, peuvent aider la dysfonction érectile.

912 Petite flèche de cupidon

À la base de cette boisson, on trouve les jus de cerise, de pomme et de citron, mais si les cerises fraîches ne sont pas disponibles, les framboises seront aussi bonnes. Ce cocktail sans alcool doit être servi avec beaucoup de glace dans des verres à whisky, qu'on appelle parfois *old-fashioned*.

INGRÉDIENTS

Glace broyée
30 ml (2 c. à soupe)
   de jus de pomme
15 ml (1 c. à soupe)
   de jus de citron

1 goutte d'extrait d'amande
3 gouttes d'angustura
4 cerises fraîches, dénoyautées
125 ml (½ tasse) environ de jus
   de raisin blanc pétillant, froid

Mettre la glace broyée dans le verre à whisky. Verser les jus de pomme et de citron, puis ajouter l'extrait d'amande et l'angustura. Bien brasser pour mêler. Ajouter les cerises et combler de jus de raisin pétillant.

DONNE 1 verre

POUR SERVIR

L'angustura contient de l'alcool, mais comme elle est employée en quantité infime, son utilisation dans une boisson non alcoolisée est généralement acceptée. Si vous servez des personnes qui respectent très strictement les règles, omettez l'angustura. Vous pouvez la remplacer par du sirop de genévrier (voir page 253).

Variantes

913 ESPOIR DE CUPIDON

Préparer la Petite flèche de Cupidon en remplaçant le jus de pomme par du jus de poire frais ou du nectar de poire.
Note – Comme le jus de poire brunit vite, réduisez la poire en jus avec un morceau de citron pelé et haché et ajustez le jus de citron au goût en complétant le cocktail sans alcool.

914 PASSION DE CUPIDON

Préparer la Petite flèche de Cupidon en remplaçant le jus de pomme par le jus de ½ fruit de la Passion passé dans un fin tamis non métallique.
Note – Il est toujours préférable de goûter un jus avant de le servir pour la première fois. Les jus de pomme et de raisin pétillant varient en sucrosité.

915 FLAMME DE CUPIDON

Préparer la Petite flèche de Cupidon en remplaçant le jus de pomme par du jus d'abricot frais ou du nectar d'abricot.
Note – Du jus ou du nectar de pêche peut remplacer l'abricot dans cette variante.

916 FLÈCHE ROUGE DE CUPIDON

Préparer la Petite flèche de Cupidon en remplaçant le jus de pomme par du jus de grenade fraîchement réduit et le jus de citron par 5 ml (1 c. à thé) de jus de lime.
Note – Si vous achetez du jus de grenade, achetez du jus biologique de très bonne qualité.

917 Angustura et tonique

Voici une boisson simple basée sur le tonique. De nombreuses marques de soda toniques sont disponibles et il est intéressant de les essayer et d'acheter la meilleure pour cette boisson, dans laquelle il est le faire-valoir. Il vaut la peine de consacrer du temps à préparer de jolis glaçons pour cette boisson, ne serait-ce que pour la simple nouveauté de la chose.

INGRÉDIENTS

3 généreux traits d'angustura (voir la note sous la recette 912)

150 ml (⅔ tasse) de tonique

Petit quartier de citron

Glaçons aux arilles de grenade

Mettre 3 généreux traits d'angustura dans une flûte à champagne ; en enduire les parois en faisant tourner le verre. Verser le tonique, ajouter le quartier de citron et un glaçon à la grenade dans le verre.

DONNE 1 verre

POUR SERVIR

Pour préparer les glaçons aux arilles de grenade, mettez quelques arilles dans chaque compartiment d'un tiroir à glace, comblez d'eau filtrée ou minérale. Pour faire plus chic, vous pouvez aussi ajouter une très fine lanière de zeste de citron.

919 MANDARINE ET TONIQUE

Préparer l'Angustura et tonique en remplaçant l'angustura par 10 ml (2 c. à thé) de sirop de mandarine. Remplacer le quartier de citron par un quartier de lime.

Note – Le sirop de mandarine et autres sirops de fruits sont populaires dans les pays européens comme la France, où ils sont souvent servis en mélange avec du vin pétillant.

918 GRENADINE ET TONIQUE

Préparer l'Angustura et tonique en remplaçant l'angustura par 10 ml (2 c. à thé) de grenadine et un trait de lime. Remplacer le quartier de citron par un quartier de lime.

Note – La grenadine, comme l'angustura, contient une petite quantité d'alcool.

920 CASSIS ET TONIQUE

Préparer l'Angustura et tonique en remplaçant l'angustura par 10 ml (2 c. à thé) de sirop ou de cordial de cassis et un trait de citron.

Note – Pour une note épicée, ajouter 3 à 5 ml (½ à 1 c. à thé) de sirop de gingembre (voir page 252).

921 coupe orange, mangue et lime

Voici une boisson qui déborde de saveur. Le secret des cocktails sans alcool, c'est de créer une boisson complexe avec juste assez de piquant ou d'amertume pour contre-balancer la sucrosité sans rompre le charme.

INGRÉDIENTS

3 oranges, pelées
1 grosse mangue pelée, dénoyautée et en morceaux

Pincée de sel de mer
Jus de ½ lime

Passer les oranges et la mangue dans l'extracteur à jus. Passer dans un tamis non métallique au-dessus d'un verre et garnir d'une pincée de sel de mer et de jus de lime. Servir immédiatement.

DONNE 2 verres

CONSEIL PRATIQUE

Ne pensez pas vous en tirer avec des jus en bouteille ; pour que des cocktails sans alcool méritent d'être présentés à des amis, ils doivent être préparés avec des jus de fruits frais.

variantes

922 SHAKER MANGUE, FRUIT DE LA PASSION ET LIME

Préparer la Coupe orange, mangue et lime en remplaçant les oranges par une autre mangue et en ajoutant la chair tamisée de 2 fruits de la Passion avec le jus de lime. Mettre dans un shaker avec 4 glaçons et 15 ml (1 c. à soupe) de blanc d'œuf.
Note – Il est recommandé aux femmes enceintes de ne pas consommer d'œuf cru.

923 COUPE MANGUE ET ANANAS

Préparer la Coupe orange, mangue et lime en remplaçant les oranges par 250 g (8 ¾ oz) de morceaux d'ananas frais. Mettre de la glace broyée au fond du verre, puis arroser de grenadine ou de sirop de grenadine. Combler avec le jus de fruits préparé.
Note – Cette boisson est servie avec un bâtonnet à cocktail pour mélanger.

924 HIGHBALL ORANGE ET MANGUE

Passer les oranges et la mangue tel qu'indiqué dans la recette Coupe orange, mangue et lime. Mettre de la glace broyée au fond du verre, puis arroser de grenadine ou de sirop de grenadine. Remplir le verre à la moitié avec le jus préparé, puis combler avec du soda ou du tonique.
Note – Vous pouvez remplacer le sel de mer par une pincée d'épices mexicaines Tajín, *salsa en polvo*, préparées avec des piments moulus, de la lime déshydratée et du sel.

925 cocktail matcha et raisin sans alcool

Non seulement le thé vert est réputé avoir des bienfaits considérables sur la santé, mais il se mêle parfaitement aux fruits frais, donnant à la boisson cette profondeur raffinée que l'on recherche dans un cocktail. Ce cocktail sans alcool répond à toutes les attentes.

INGRÉDIENTS

Pincée de matcha (thé vert) en poudre
125 ml (½ tasse) d'eau bouillante
1 pomme
180 g (6 ½ oz) de raisins verts sans pépins
Glace broyée

Mêler la poudre de matcha avec l'eau bouillante ; laisser refroidir, puis réfrigérer. Passer la pomme et les raisins dans l'extracteur à jus. Mêler le jus et le thé vert refroidi. Servir sur de la glace broyée.

DONNE 1 verre

CONSEIL PRATIQUE

Pour votre tranquillité, préparez le thé vert longtemps à l'avance. Vous serez ainsi certain qu'il sera assez froid avant que les invités arrivent.

927 COCKTAIL MATCHA ET PÊCHE SANS ALCOOL

Préparer le Cocktail matcha et raisins sans alcool en remplaçant les raisins et la pomme par 3 pêches dénoyautées.
Note – Si vous préférez la saveur du thé vert au jasmin, utilisez-le à la place du thé matcha.

928 COCKTAIL MATCHA ET MANGUE SANS ALCOOL

Préparer le Cocktail matcha et raisins sans alcool en remplaçant les raisins et la pomme par 250 g (8 ¾ oz) de mangue pelée et hachée.
Note – Comme ce sont de petites quantités de fruits, laissez fonctionner l'extracteur 20 secondes avant d'ajouter les fruits.

926 COCKTAIL MATCHA ET POMME SANS ALCOOL

Préparer le Cocktail matcha et raisins sans alcool en omettant les raisins et en augmentant la quantité de pommes à 2.
Note – Soyez à l'affût d'accessoires à cocktail inhabituels et achetez-les quand vous en voyez.

929 COCKTAIL MATCHA ET ANANAS SANS ALCOOL

Préparer le Cocktail matcha et raisins sans alcool en remplaçant les raisins et la pomme par 250 g (8 ¾ oz) d'ananas pelé et haché.
Note – Achetez votre thé dans une boutique reconnue pour qu'il soit frais et n'ait pas séjourné longtemps sur la tablette.

930 Mojito sans alcool

Cette boisson vous amène directement sur le plancher de danse des bars de la Havane où elle fut créée. Associant le goût vif de la lime fraîche à la saveur désaltérante de la menthe fraîche, elle éveille le corps et satisfait les sens.

INGRÉDIENTS

10 feuilles de menthe fraîche, légèrement broyées	1 ml (¼ c. à thé) de jus de gingembre
5 ml (1 c. à thé) de sucre semoule	Glaçons
3 petits quartiers de lime, environ ⅓ de lime	2 tranches de concombre
	Soda

Mettre les feuilles de menthe, le sucre et les quartiers de lime dans un gobelet et « piler » les ingrédients. Ne pas sauter cette étape, car elle libère et combine les saveurs. Verser le jus de gingembre, suivi des glaçons et des tranches de concombre. Combler ensuite le verre de soda.

DONNE 1 verre

CONSEIL PRATIQUE

« Piler » consiste à presser les ingrédients ensemble, habituellement au fond d'un verre-mélangeur, en les pressant avec un pilon. Si vous n'en avez pas, utilisez le manche d'une grosse cuillère en bois.

Variantes

931 MOJITO LIME ET ORANGE SANS ALCOOL

Préparer le Mojito sans alcool en n'utilisant que 2 quartiers de lime et en ajoutant 1 quartier d'orange.
Note – Pour presser de petites quantités de gingembre frais, pelez la racine et réduisez-la dans un presse-ail.

932 MOJITO ORANGE SANGUINE ET MANGUE SANS ALCOOL

Préparer le Mojito sans alcool en remplaçant la lime par 2 quartiers d'orange sanguine. Remplir le verre à moitié de jus de mangue frais ou de nectar de mangue avant de combler avec du soda.
Note – Traditionnellement, les pilons étaient en bois, mais l'acier et le plastique ont maintenant la faveur. Quoi qu'il en soit, tous remplissent bien leur fonction.

933 MOJITO AU PAMPLEMOUSSE ROSE SANS ALCOOL

Préparer le Mojito sans alcool en remplaçant les quartiers de lime par 1 quartier de pamplemousse rose coupé en 3 ou 4 morceaux.
Note – Les pamplemousses rouge et rose contiennent plus de nutriments que le pamplemousse blanc.

934 COSMO ROSE AU GINGEMBRE SANS ALCOOL

Préparer cette boisson dans un petit pichet. Préparer le Mojito sans alcool en n'utilisant que 1 quartier de lime et en ajoutant 1 quartier de pamplemousse rose coupé en 3 ou 4 morceaux. Remplacer le soda par 45 ml (3 c. à soupe) de jus de canneberge. Mettre dans un shaker et bien agiter. Tamiser au-dessus d'un verre à cocktail et ajouter une tranche de concombre.
Note – Pour un raccourci, mettre dans un shaker : 45 ml (3 c. à soupe) de jus de pamplemousse rose, 30 ml (2 c. à soupe) de jus de canneberge, 8 ml (1 ½ c. à thé) de jus de lime et 1 ml (¼ c. à thé) de jus de gingembre.

935 MOJITO À LA FIGUE DE BARBARIE SANS ALCOOL

Préparer la base lime-gingembre comme dans la recette Mojito sans alcool. Remplir le verre à moitié de jus de figue de Barbarie avant de combler de soda.
Note – Si vous ne trouvez pas de figues de Barbarie, achetez le jus dans une épicerie multi-ethnique. On l'appelle parfois jus de poire cactus.

936 PICHET DE MOJITO SANS ALCOOL

Dans un pichet, combiner 50 g (1 ¾ oz) de feuilles de menthe, 60 g (2 oz) de sucre, 3 grosses limes en quartiers et 13 ml (2 ½ c. à thé) de jus de gingembre frais. Piler comme indiqué. Ajouter beaucoup de glace et de tranches de concombre. Combler de soda. Donne 10 portions.
Note – En vieillissant, le gingembre est plus sec et fibreux et ne donne pas beaucoup de jus.

937 Pichet d'été à l'anglaise

Rien n'exprime mieux l'été qu'un pichet de jus de fruits frais, léger et aromatisé ! Ne vous laissez pas impressionner par la longue liste d'ingrédients. Vous préparez un simple sirop de base infusé qui paraît plus difficile qu'il ne l'est.

INGRÉDIENTS

Pour le sirop
75 g (2 ½ oz) de sucre granulé
75 g (2 ½ oz) de cassonade
150 ml (⅔ tasse) d'eau
30 ml (2 c. à soupe) de baies de genévrier
15 ml (1 c. à thé) de graines de coriandre
3 ml (½ c. à thé) d'anis étoilé
Zeste de ½ orange
2 lanières de zeste de citron
1,25 cm (1 po) de racine de gingembre
2 sachets de thé au jasmin

Pour le pichet
60 ml (¼ tasse) de jus d'orange
60 ml (¼ tasse) de jus de citron
Tranches de concombre, orange, citron et fraises et brins de menthe
   ou de citronnelle, pour garnir
Bière de gingembre

Dans une casserole, mettre le sucre, la cassonade et l'eau et faire dissoudre à feu doux en brassant. Augmenter la chaleur à moyen-fort et amener à ébullition. Ajouter le reste des ingrédients du sirop et laisser bouillir 1 minute. Laisser refroidir. Infuser au moins 30 minutes avant de tamiser le mélange. Verser le sirop dans un pichet avec les jus d'orange et de citron ainsi que le concombre, les fruits tranchés et la menthe. Combler avec la bière de gingembre.

DONNE 10 portions

CONSEIL PRATIQUE

Si vous faites une préparation au verre, ajouter 8 à 10 ml (1 ½ à 2 c. à soupe) de sirop par verre, selon la taille du verre. Ajouter la même quantité de jus d'orange et de citron ; combler avec la bière de gingembre. Ajouter beaucoup de tranches de concombre, de tranches de fruits et d'herbe. Ils ne sont pas facultatifs !

variantes

938 PICHET D'ÉTÉ À L'ANGLAISE AVEC SODA AMER AU CITRON

Préparer le Pichet d'été à l'anglaise en remplaçant la bière de gingembre par du soda amer au citron.
Note – Le soda amer au citron est utilisé de préférence à la limonade, qui serait trop sucrée dans cette boisson.

939 PICHET D'ÉTÉ À L'ANGLAISE AU CONCOMBRE

Préparer le Pichet d'été à l'anglaise en ajoutant le jus de ½ concombre avec le jus d'orange.
Note – Pour goûter vraiment l'été, ajouter des fleurs de bourrache ou autres fleurs comestibles dans le pichet.

940 COUPE D'ÉTÉ À L'ANGLAISE À L'ORANGE

Utiliser 8 à 10 ml (1 ½ à 2 c. à soupe) de sirop du Pichet d'été à l'anglaise avec 75 ml (⅓ tasse) de chacun : jus d'orange et bière de gingembre. Servir avec des feuilles de menthe et des tranches de concombre.
Note – Si vous n'utilisez pas tout le sirop en une fois, gardez le reste dans une bouteille hermétique au réfrigérateur. Il se conservera environ 1 mois.

941 COCKTAIL D'ÉTÉ À L'ANGLAISE À L'ANANAS SANS ALCOOL

Utiliser 23 à 30 ml (1 ½ à 2 c. à soupe) de sirop du Pichet d'été à l'anglaise avec 60 ml (¼ tasse) de chacun : jus d'ananas et bière de gingembre. Servir avec des feuilles de sauge ananas ou un brin de romarin et des tranches de concombre.
Note – Servez cette variante dans un verre à cocktail et prenez plaisir à la siroter.

942 COUPE CHAUDE À L'ANGLAISE À LA POMME

Mettre 23 à 30 ml (1 ½ à 2 c. à soupe) de sirop du Pichet d'été à l'anglaise dans un verre résistant à la chaleur, combler avec du jus de pomme et bien brasser. Chauffer au micro-ondes 1 à 1 ½ minute, ou jusqu'à ce que ce soit assez chaud.
Note – Préparez cette variante pour accueillir des invités par une froide journée d'hiver. Préparez les verres de jus à l'avance et chauffez-les à l'arrivée des invités.

943 Shirley Temple

Ce célèbre cocktail aurait été créé pour la jeune Shirley Temple quand elle était une enfant vedette… mais certains contestent cette origine. Quoi qu'il en soit, après toutes ces années, les enfants l'adorent toujours !

INGRÉDIENTS

5 glaçons	125 à 175 ml (½ à ¾ tasse)
Généreux trait de sirop	de bière de gingembre
de grenadine	3 cerises au marasquin

Remplir à moitié un *highball*, ou autre verre allongé, de glaçons et d'un trait de sirop de grenadine. Verser la bière de gingembre et mêler au goût. Garnir de cerises et servir avec une paille.

DONNE 1 verre

CONSEIL PRATIQUE

La quantité de sirop de grenadine ajoutée à la boisson dépend de la sucrosité désirée. Pour les enfants, en utiliser aussi peu que possible.

Variantes

944 JEUNE SHIRLEY TEMPLE

Préparer le Shirley Temple en remplaçant la bière de gingembre par du soda citron-lime. Garnir d'une tranche d'orange.
Note – Pour une version fraîche plus santé, préparez la boisson avec la Limonade instantanée (voir page 228).

945 ROY ROGERS

Préparer le Shirley Temple en remplaçant la bière de gingembre par du Coca-Cola. Servir avec un quartier de citron.
Note – Cette boisson a reçu le nom du très aimé Roy Rogers, le « Roi sain et sobre des cowboys ».

946 SHIRLEY TEMPLE À L'ANANAS

En préparant le Shirley Temple, remplir les verres à moitié de jus d'ananas. Combler avec de la bière de gingembre.
Note – La grenadine est faite avec des grenades. Il arrive qu'on utilise d'autres fruits, comme le cassis et la groseille rouge, dans la préparation de la grenadine.

947   SHIRLEY TEMPLE À LA GRENADE

Remplir le verre au tiers de jus d'orange fraîchement pressé, puis ajouter un tiers de jus de grenade et un tiers de bière de gingembre. Ne pas brasser et servir avec une paille ou un bâtonnet à cocktail.

Note – Une variante qui accompagne bien les hot-dogs.

948   SOLEIL LEVANT

Remplir à moitié de glace broyée un *highball* ou un verre à whisky, puis combler de jus d'orange fraîchement pressé et de 15 ml (1 c. à soupe) de jus de lime. Brasser pour mêler. Ajouter lentement 15 ml (1 c. à soupe) de sirop de grenadine et le laisser couler au fond.

Note – Buvez cette boisson sans la brasser ; le sirop de grenadine remontera lentement à la surface pendant que vous buvez.

949   SOLEIL LEVANT GLORIEUX

Dans un *highball*, combiner 60 ml (¼ tasse) de chacun : jus d'orange fraîchement pressé, jus d'ananas et jus de canneberge. Ajouter les glaçons et combler avec du soda. Verser lentement 15 ml (1 c. à soupe) de sirop de grenadine et le laisser couler au fond.

Note – Voici l'une des plus jolies boissons qui soient. Pourquoi ne pas imiter sa couleur en enfilant une cerise au marasquin, une tranche d'orange et un petit morceau d'ananas sur un bâtonnet à cocktail pour garnir le verre ?

950 Épices des Îles

Un mélange capiteux de fruits tropicaux, de noix de coco et d'épices qui vous transporte sur les plages blanches où murmurent doucement les eaux turquoise. Vous pouvez préparer votre propre sirop de cannelle (voir page 253), ou utiliser un sirop de café pour cette boisson.

INGRÉDIENTS

60 ml (¼ tasse) de jus de corossol
60 ml (¼ tasse) de jus d'ananas
60 ml (¼ tasse) d'eau de coco
10 ml (2 c. à thé) de sirop de cannelle

3 ml (½ c. à thé) de jus de lime
1 ml (¼ c. à thé) de jus de gingembre
Bâtonnet de cannelle, pour garnir

Combiner tous les ingrédients dans un shaker et agiter. Verser sur des glaçons dans un verre et servir garni d'un petit bâtonnet de cannelle.

DONNE 1 verre

DIGNE D'INTÉRÊT

Les propriétés chimiques naturelles de la cannelle en faisaient un des éléments utilisés pour l'embaumement dans l'ancienne Égypte. Ce sont probablement ces mêmes propriétés qui lui permettent de prolonger la conservation des aliments.

Variantes

951 COUP DE FOUDRE

Préparer les Épices des îles en remplaçant le jus de corossol par la chair de 1 fruit de la Passion.
Note – Il est important de tamiser la chair au-dessus du verre pour retirer les graines du fruit de la Passion.

952 ÉPICES DE CHINE

Préparer les Épices des îles en remplaçant le jus de corossol par du jus de litchi.
Note – Servir avec un seul anis étoilé plutôt qu'un bâtonnet de cannelle.

953 ÉPICES PIMPANTES

Préparer les Épices des îles en remplaçant le jus de corossol par du jus de pastèque.
Note – Servir avec un petit quartier de pastèque plutôt qu'un bâtonnet de cannelle.

954 ÉPICES CHICS

Préparer les Épices des îles en remplaçant le jus de corossol par du jus de papaye.
Note – Les bâtonnets de cannelle se conserveront 2 ans en lieu sombre et frais. Par contre, la cannelle en poudre perd sa saveur après 6 mois.

955 safe sex on the beach

Il existe des centaines de variantes de ce cocktail, ce qui est peu surprenant avec son nom provocateur. Il semble que chaque barman ait son mélange spécial. En voici un qui, à sa façon, s'approprie les saveurs magiques. Vos invités ne devineront jamais les deux ingrédients particuliers qu'il contient.

INGRÉDIENTS

60 ml (¼ tasse) de jus d'orange, fraîchement pressé de préférence
60 ml (¼ tasse) de jus de canneberge
3 ml (½ c. à thé) de mélasse de grenade
Généreuse pincée de poivre blanc finement moulu
Arilles de grenade, pour garnir

Combiner tous les ingrédients dans un shaker. Bien agiter pour mêler, puis verser sur des glaçons dans un verre. Garnir de quelques arilles de grenade.

DONNE 1 verre

DIGNE D'INTÉRÊT

La mélasse de grenade est une spécialité du Moyen-Orient. On la prépare en faisant bouillir du jus de grenade jusqu'à l'obtention d'un sirop épais. Sa saveur est riche et prononcée et son parfum, capiteux. Elle rehausse la saveur des fruits dans ce cocktail, mais on peut aussi l'utiliser, comme le vinaigre balsamique, dans les plats de viande et de légumes.

variantes

956 SAFE SEX ON THE BEACH À LA GRENADE

Préparer le Safe sex on the beach en remplaçant le jus de canneberge par du jus de grenade.
Note – On parle souvent des bienfaits de la grenade pour la santé ; un des plus intéressants est que, consommée pendant au moins 2 semaines, elle hausse le taux de testostérone chez les hommes et les femmes.

957 SAFE SEX ON THE BEACH À LA POMME

Préparer le Safe sex on the beach en remplaçant le jus d'orange par du jus de pomme et en ajoutant 3 ml (½ c. à thé) de jus de lime.
Note – Dans la plupart des recettes, on peut remplacer la mélasse de grenade par une égale quantité de miel liquide et de vinaigre balsamique.

958 SAFE SEX ON THE BEACH À LA BETTERAVE

Préparer le Safe sex on the beach en remplaçant le jus de canneberge par 45 ml (3 c. à soupe) de jus de betterave et en augmentant la quantité de jus d'orange à 75 ml (⅓ tasse).
Note – Le jus de betterave donne un goût particulier. Il est toujours sucré, mais avec un moelleux qui en fait un bon apéritif.

959 SAFE SEX ON THE BEACH À L'ABRICOT

Préparer le Safe sex on the beach en remplaçant le jus de canneberge par 45 ml (3 c. à soupe) de jus ou de nectar d'abricot frais et en augmentant le jus d'orange à 75 ml (⅓ tasse).
Note – Pour ce cocktail, utilisez des abricots secs pour un jus d'abricot intense (voir page 198).

960 Élixir romarin et citron

Âcre sans regrets et gorgé de fines herbes, voici un verre pour adulte qui ne cache pas son raffinement.

INGRÉDIENTS

Jus de ½ citron
5 ml (1 c. à thé) de sirop de romarin (voir page 252)
1 trait d'angustura
10 ml (2 c. à thé) de sirop de sucre
1 glaçon
Soda
Cerise au marasquin

Combiner le jus de citron, le sirop de romarin, l'angustura, le sirop de sucre et le glaçon dans un shaker. Agiter pour mêler. Verser dans un verre à cocktail froid et combler de soda. Servir garni d'une cerise au marasquin.

DONNE 1 verre

CONSEIL PRATIQUE

Ajustez toujours le sucre au goût, en ajoutant un peu plus de sirop de sucre, au besoin.

Variantes

961 ÉLIXIR ROMARIN, CITRON ET GRENADINE

Préparer l'Élixir romarin et citron en ajoutant 3 ml (½ c. à thé) de grenadine.
Note – Servir avec un petit quartier de citron ou un brin de romarin plutôt qu'une cerise au marasquin.

962 ÉLIXIR ROMARIN ET LIME

Préparer l'Élixir romarin et citron en remplaçant le jus de citron par ½ lime. Ajuster la sucrosité avec un surplus de 3 à 5 ml (½ à 1 c. à thé) de sirop de sucre, au besoin.
Note – Pour presser le jus de lime plus rapidement, utilisez le traditionnel presse-lime en métal. Ils sont offerts en tailles assorties aux différents agrumes.

963 ÉLIXIR ROMARIN, LIME ET CASSIS

Préparer la variante Élixir romarin et lime en ajoutant 3 ml (½ c. à thé) de cordial ou de sirop de cassis.
Note – Quand vous préparez des cocktails sans alcool, si on suggère une petite quantité d'un ingrédient dans une recette, ne soyez pas tenté d'avoir la main lourde. Un peu trop d'une saveur contrastante peut altérer complètement le goût d'une boisson.

964 ÉLIXIR ROMARIN ET CLÉMENTINE

Préparer l'Élixir romarin et citron en remplaçant le citron par le jus de ½ clémentine et en ajoutant 10 ml (2 c. à thé) de jus de citron. Ajuster le sucre avec 3 à 5 ml (½ à 1 c. à thé) de sirop de sucre, au besoin.

965 ÉLIXIR ROMARIN ET PAMPLEMOUSSE ROSE

Préparer l'Élixir romarin et citron en remplaçant le citron par 45 ml (3 c. à soupe) de jus de pamplemousse rose fraîchement pressé.
Note – Même si plus il est rouge, plus il est sucré, la différence de goût est minime entre le pamplemousse rouge et le pamplemousse rose. La différence marquée, c'est avec le pamplemousse blanc.

966 ÉLIXIR ROMARIN, PAMPLEMOUSSE ROSE ET FRAMBOISE

Préparer l'Élixir romarin et citron en ajoutant 3 ml (½ c. à thé) de sirop de framboises.
Note – Utilisez un sirop de framboises que vous aurez préparé (voir page 177) ou un sirop conçu pour les boissons. Un sirop préparé pour garnir la crème glacée est trop épais pour les boissons.

967 Piña colada

Même si ce cocktail classique a été le sujet de chansons légères, son intense saveur des Caraïbes mérite d'être prise au sérieux. La version sans alcool demeure toujours savoureuse grâce à ses arômes uniques.

INGRÉDIENTS

250 g (8 ¾ oz) de morceaux
   d'ananas
60 ml (¼ tasse) de lait de coco
4 glaçons

Eau pétillante
Tranche d'ananas, pour servir
Cerises au marasquin, pour servir

Passer l'ananas dans l'extracteur à jus. Verser dans le mélangeur avec le lait de coco et les glaçons. Mixer 1 minute. Verser dans 1 grand verre ou 1 verre à pied. Combler avec un trait d'eau pétillante. Servir avec 1 tranche d'ananas et quelques cerises au marasquin.

DONNE 1 verre

CONSEIL PRATIQUE

Le rhum dans la version originale a une saveur de caramel. Si vous voulez retrouver cette note caramélisée, ou si vous désirez une boisson plus sucrée, ajouter jusqu'à 15 ml (1 c. à soupe) de cassonade foncée.

Variantes

968 SMOOTHIE VITE FAIT À LA PIÑA COLADA

Dans le mélangeur, combiner 250 ml (1 tasse) de jus d'ananas, 60 g (2 oz) de crème de coco et 250 ml (1 tasse) de glace broyée et mixer jusqu'à ce que ce soit homogène.
Note – De tous les cocktails, c'est celui qui se prête le mieux aux décorations excessives. Essayez en trempant le bord du verre dans du blanc d'œuf légèrement battu, puis trempez-le dans du sucre coloré.

969 SMOOTHIE VITE FAIT PIÑA COLADA ET PÊCHE

Préparer la variante Smoothie vite fait à la piña colada en ajoutant 1 petite pêche pelée et dénoyautée dans le mélangeur.
Note – Si vous servez le cocktail dans un petit verre, coupez les pailles à la taille requise pour qu'elles ne basculent pas.

970 COLADA À LA MANGUE

Préparer la Piña colada en remplaçant l'ananas par 250 g (8 ¾ oz) de mangue pelée et hachée.
Note – Un reste de lait de coco se conserve jusqu'à 1 semaine au réfrigérateur. Ou bien, congelez les restes jusqu'à 2 mois. Il se séparera en décongelant, mais se recombine après avoir été brassé.

971 COLADA À LA BANANE

Préparer la Piña colada en remplaçant l'ananas par 1 ½ banane, pelée et hachée.
Note – Ce cocktail accompagne bien un plat mexicain épicé comme des fajitas.

972 COLADA À LA PAPAYE

Préparer la Piña colada en remplaçant l'ananas par 300 g (10 ½ oz) de papaye, pelée et hachée.

Note – Beaucoup de gens prennent de l'enzyme de papaye comme supplément pour la digestion, mais la vraie papaye est toujours meilleure.

973 COLADA AUX FRAISES

Préparer la Piña colada en remplaçant l'ananas par 150 g (5 ¼ oz) de fraises.

Note – Si la saveur du rhum vous manque, il existe des sirops et des extraits aromatisés au rhum et sans alcool.

974 Margarita givrée sans alcool

Ce classique mexicain, tant aimé dans les cafés tex-mex du monde entier, est traditionnellement servi dans un verre dont le bord est salé. Cette version sans alcool inclut un petit zeste d'orange pour un surplus de couleur et de saveur.

INGRÉDIENTS

1 ml (¼ c. à thé) de zeste d'orange, râpé
15 ml (1 c. à soupe) de sel
1 quartier de lime
60 ml (¼ tasse) de sirop simple (voir page 252)

45 ml (3 c. à soupe) de jus de lime
30 ml (2 c. à soupe) de jus d'orange
30 ml (2 c. à soupe) de jus de citron
175 ml (¾ tasse) de glace broyée

Mêler le zeste d'orange avec le sel. Frotter le bord du verre avec le jus de lime, puis le tremper dans le mélange de sel. Combiner tous les autres ingrédients dans le mélangeur et mixer jusqu'à ce que ce soit homogène. Verser dans le verre préparé et servir immédiatement.

DONNE 1 verre

POUR SERVIR

Utilisez le zeste de lime enroulé autour du pied du verre à cocktail et en garniture dans la boisson.

variantes

975 MARGARITA SANS ALCOOL

Préparer la Margarita givrée sans alcool en remplaçant la glace broyée par 1 glaçon. Combiner tous les ingrédients dans un shaker à cocktail. Agiter pour mêler. Verser dans le verre préparé et servir garni d'une boucle de zeste de lime.
Note – Les margaritas sont meilleures servies avec une assiette de nachos chauds garnis de fromage et de piments.

976 MARGARITA GIVRÉE SANS ALCOOL AUX FRAISES

Préparer la Margarita givrée sans alcool en ajoutant dans le mélangeur 4 fraises moyennes fraîches ou surgelées.
Note – Les fraises surgelées sont préférables dans cette recette, car elles gardent le mélange bien froid au mixage.

977 MARGARITA GIVRÉE SANS ALCOOL À L'ANANAS

Préparer la Margarita givrée sans alcool en remplaçant le jus de citron par du jus d'ananas.
Note – L'ananas s'associe bien au porc ; cette boisson est donc excellente avec de bonnes saucisses ou des brochettes de porc sur le gril.

978 MARGARITA GIVRÉE SANS ALCOOL AU CONCOMBRE

Préparer la Margarita givrée sans alcool en ajoutant dans le mélangeur 7,5 cm (3 po) de concombre pelé et épépiné.
Note – Cette variante est bonne pour quiconque trouve le jus de lime trop acide. Le concombre ajoute du moelleux et en fait une excellente boisson à servir avec des fajitas piquantes.

979 MARGARITA GIVRÉE SANS ALCOOL AUX MÛRES

Réduire en purée 8 mûres en les pressant dans un tamis non métallique pour enlever les graines. En préparant la Margarita givrée sans alcool, les ajouter aux autres ingrédients dans le mélangeur.
Note – Les margaritas givrées aux fraises, à l'ananas, au concombre et aux mûres peuvent toutes être adaptées pour préparer une variante aromatisée de la margarita sans alcool en suivant les instructions ci-dessus.

980 MARGARITA GIVRÉE SANS ALCOOL À LA LAVANDE

Préparer la Margarita givrée sans alcool en remplaçant le sirop simple par du sirop de lavande (voir page 253).
Note – Disposez un brin de lavande sur le bord du verre ou remplacez le zeste d'orange par quelques fleurs de lavande séchées.

981 MARGARITA GIVRÉE SANS ALCOOL AU PIMENT

Quand vous salez le verre pour la Margarita givrée sans alcool, omettre le zeste d'orange et utiliser plutôt une généreuse pincée de piment en poudre.
Note – Pour une saveur fumée, utilisez une poudre de piment chipotle.

982 Iceberg

Voici un ajout amusant au répertoire des cocktails sans alcool et ce serait une excellente boisson de bienvenue à une fête costumée pour mettre les gens dans l'ambiance. Vous pouvez combler les verres de vin blanc pétillant, si certains invités préfèrent une boisson alcoolisée.

INGRÉDIENTS

250 ml (1 tasse) de chacun : sorbet au citron et sorbet aux pêches

1 bouteille de jus de raisin blanc pétillant, froid

Mettre au froid 6 verres à cocktail. Ajouter une très petite cuillerée de sorbet dans chaque verre et combler de jus de raisin pétillant.

DONNE 6 verres

CONSEIL PRATIQUE

Soit vous laissez les invités choisir quelle saveur de sorbet ils désirent et préparez les boissons sur commande, soit vous préparez les boissons en utilisant les deux saveurs de sorbet et vous les déposez sur un plateau qui peut circuler parmi les invités.

984 ICEBERG AU RAISIN

Mettre 250 ml (1 tasse) de sorbet aux pêches dans le mélangeur avec 125 ml (½ tasse) de jus de raisin blanc et mixer jusqu'à ce que ce soit homogène. Remplir les verres à moitié du mélange de sorbet et combler de jus de raisin blanc pétillant.
Note – Cette variante est meilleure avec du sorbet au pêche, plus goûteux que le sorbet au citron.

983 ICEBERG ROUGE

Préparer l'Iceberg en remplaçant le jus de raisin blanc pétillant par du jus de raisin rouge pétillant et le sorbet au citron par du sorbet aux framboises.
Note – Si vous préparez des commandes, gardez le sorbet dans un seau à glace pendant que vous préparez les boissons.

985 ICEBERG DE NORMANDIE

Préparer l'Iceberg en remplaçant le jus de raisin pétillant par du jus de pomme pétillant et le sorbet aux pêches par du sorbet aux framboises.
Note – Si vous préparez les boissons pour des enfants, ils adoreront l'attrait visuel des sorbets multicolores aux arômes variés.

986 cocktail kumquat et verveine sans alcool

La verveine citronnelle est une herbe qu'il est courant de trouver dans les jardins. Utilisez-la pour préparer cette boisson élégante qui allie une délicatesse florale unique et un soupçon d'acidité un peu osée.

INGRÉDIENTS

500 ml (2 tasses) d'eau bouillante
50 g (1 ¾ oz) de feuilles de verveine citronnelle, environ 40 feuilles, et un surplus pour garnir

10 ml (2 c. à thé) de sirop de sucre ou d'agave, ou plus au goût
2 kumquats, épépinés et tranchés
Glaçons

Amener l'eau à ébullition et verser sur les feuilles de verveine citronnelle. Laisser refroidir, puis sucrer au goût. Réfrigérer au moins 1 heure ou, mieux, toute la nuit. Écraser avec un pilon 1 kumquat avec un peu de sirop de sucre au fond de chaque verre à whisky. Ajouter des glaçons, puis combler de tisane de verveine tamisée. Servir garni de feuilles de verveine citronnelle fraîches.

DONNE 2 verres

CONSEIL PRATIQUE

Ne faites pas bouillir les feuilles de verveine citronnelle dans l'eau. Cela détruit la délicate saveur et les feuilles deviennent visqueuses.

variantes

987 THÉ GLACÉ CITRON ET VERVEINE

Préparer le Cocktail kumquat et verveine sans alcool en remplaçant le kumquat par ½ citron tranché. Ne pas piler ; verser simplement la tisane sur les tranches de citron.
Note – C'est un excellent cocktail à servir avec des canapés parce qu'une gorgée nettoie le palais, le préparant pour la prochaine sensation gustative. La tisane de verveine citronnelle est un remède maison contre l'indigestion souvent causée par les réceptions.

988 COCKTAIL BLEUET ET VERVEINE SANS ALCOOL

Préparer le Cocktail kumquat et verveine sans alcool en remplaçant le kumquat par 20 bleuets.
Note – Si vous ne trouvez pas de verveine citronnelle fraîche, vous pouvez utiliser 2 sachets de verveine citronnelle à la place.

989 COCKTAIL MENTHE ET VERVEINE SANS ALCOOL

Préparer le Cocktail kumquat et verveine sans alcool en utilisant ⅔ de la quantité de feuilles de verveine citronnelle et ⅓ de feuilles de menthe.
Note – On dit que la verveine citronnelle réduit le stress. Excellent pour certaines réceptions !

990 Pétillant à la Romanoff

Idéal pour les jours d'été où les fraises sont parfumées et savoureuses. Servez le pétillant dans de grands verres, garni de fraises et de feuilles de menthe.

INGRÉDIENTS

10 fraises moyennes
125 ml (½ tasse) de jus
  d'orange, fraîchement pressé
  de préférence

Glaçons
125 ml (½ tasse) de soda

Dans le mélangeur, combiner les fraises et le jus d'orange et mixer jusqu'à ce que ce soit homogène. Mettre les glaçons dans chacun des deux verres et verser le jus fraise et orange. Verser le soda dans le mélangeur et utiliser le mode pulsion pour colorer légèrement le soda. Combler les verres. Brasser, puis servir immédiatement garni de fraises et de feuilles de menthe.

DONNE 2 verres

POUR SERVIR

La couleur du pétillant à la Romanoff est si magnifique qu'il mérite le traitement complet réservé à un cocktail : garni de fraises, de feuilles de menthe et d'une jolie paille.

Variantes

991 PÉTILLANT ROSE À LA ROMANOFF

Préparer le Pétillant à la Romanoff en remplaçant le jus d'orange par du jus de pamplemousse rose fraîchement pressé.
Note – Avec un zesteur, retirez la partie du pamplemousse qui présente le plus de rose. Pour que le zeste prenne une jolie forme spiralée qu'il conservera, enroulez cette lanière autour du manche d'une cuillère.

992 PÉTILLANT NOIR À LA ROMANOFF

En préparant le Pétillant à la Romanoff, mettre 15 ml (1 c. à soupe) de sirop de cassis au fond de chaque verre avant d'ajouter les glaçons. Ne pas brasser, mais servir avec un bâtonnet à cocktail.
Note – Pas de sirop de cassis à portée de la main ? Utilisez de la grenadine.

993 PÉTILLANT À L'ANANAS À LA ROMANOFF

Préparer le Pétillant à la Romanoff en remplaçant le jus d'orange par du jus d'ananas frais.
Note – À coup sûr, les enfants adoreront cette boisson pétillante à l'ananas et aux fraises.

994 PÉTILLANT À LA FRAMBOISE À LA ROMANOFF

Préparer le Pétillant à la Romanoff en remplaçant les fraises par 20 framboises. Passer la purée dans un tamis non métallique au-dessus des verres pour enlever les graines.

Note – Pour chaque verre, trempez deux framboises dans le jus d'orange, roulez-les dans du sucre semoule, enfilez-les sur un bâtonnet avec une petite feuille de menthe.

995 PÉTILLANT À LA GRENADE À LA ROMANOFF

Préparer le Pétillant à la Romanoff en remplaçant le jus d'orange par du jus de grenade.

Note – Servez ce pétillant avec un tajine ou autre ragoût du Moyen-Orient ou d'Arabie. Il s'associe parfaitement aux épices.

996 BARBOTINE À LA ROMANOFF

Préparer le Pétillant à la Romanoff, mais omettre le soda. Mettre le jus fraises-orange dans un contenant en plastique et congeler 1 heure. Sortir la purée gelée et la mettre dans le mélangeur. Ajouter 60 ml (¼ tasse) de thé aux petits fruits froid et mixer jusqu'à l'obtention d'une barbotine. Verser dans les verres à cocktail et servir immédiatement.

997 Mousseux

Ce cocktail mousseux est la boisson idéale à utiliser pour un toast de bienvenue au cours d'une fête officielle. Pour les occasions très spéciales, recherchez un jus de raisin préparé avec un seul cépage, comme le chardonnay. Ces jus sont mis sur le marché dans des bouteilles de style champagne ; ils ont une saveur plus caractéristique, quoique, évidemment, ils soient plus chers.

INGRÉDIENTS

1 cube de sucre
Trait de bitter à l'orange
  sanguine

Jus de raisin blanc pétillant,
  froid
Zeste d'orange pour garnir

Laisser tomber le cube de sucre dans une flûte à champagne et ajouter un généreux trait de bitter, assez pour saturer le cube de sucre. Verser lentement le jus de raisin pétillant et servir, garni d'un zeste d'orange frisé.

DONNE 1 verre

DIGNE D'INTÉRÊT

Les bitters (amers) ont originellement été commercialisés comme traitement contre le mal de mer. Aujourd'hui, ils sont surtout utilisés pour donner du corps aux cocktails. Le bitter à l'orange sanguine est un mélange d'oranges sanguines et d'épices douces qui donnent à l'amer une saveur inattendue et intrigante.

Variantes

998 MOUSSEUX ROSÉ

Préparer le Mousseux en mettant 30 ml (2 c. à soupe) de jus de grenade avant d'ajouter le jus de raisin pétillant. Garnir avec une seule framboise.

Note – La boisson parfaite pour un toast dans une occasion spéciale comme un anniversaire, ou pour célébrer des fiançailles.

999 MOUSSEUX TROPICAL

Préparer le Mousseux en mettant 30 ml (2 c. à soupe) de jus d'ananas et 15 ml (1 c. à soupe) de jus d'orange dans le verre avant de mettre le cube de sucre. Ajouter un trait de bitter et un trait de sirop de grenadine. Combler de jus de raisin pétillant.

Note – Garnissez le cocktail d'un petit quartier d'ananas et d'une cerise au marasquin.

1,000 MOUSSEUX DU BRUNCH

Préparer le Mousseux, mais omettre le cube de sucre. Remplir une grande flûte à champagne au ⅔ de jus d'orange fraîchement pressé. Ajouter un trait de bitter et combler de jus de raisin blanc pétillant.

Note – Le Buck's Fizz est servi traditionnellement le matin de Noël. Cette version adhère à la règle : pas de boisson alcoolisée avant midi.

REMERCIEMENTS

L'éditeur tient à remercier Andrew James UK Ltd pour la fourniture de l'équipement ayant servi à la préparation des recettes de ce livre.

CRÉDITS PHOTOGRAPHIQUES

Toutes les photographies sont de Simon Pask, à l'exception des pages : 7, 10, 13, 15, 18, 21, 45, 59, 133, 141, 187, 195, 233, 239, 243, © Shutterstock et 16, 43, 75, 165, 181, © iStockphoto. Illustrations : pages 10 et 17 © iStockphoto.